V. Blasco Ibáñez, ses roman de sa vie

Camille Pitollet

Alpha Editions

This edition published in 2024

ISBN : 9789362512628

Design and Setting By
Alpha Editions
www.alphaedis.com
Email - info@alphaedis.com

Contents

I

L'homme et ses distractions.—Son amour des livres et sa haine pour les manuscrits et brochures, ainsi que les articles de presse.—Les cinq bibliothèques différentes.—Son oubli du passé et de ses propres œuvres.—Incapable de vieillir, il n'a de pensées que pour l'avenir.

Il y a bien longtemps que je me sens attiré par l'originale et forte personnalité de Blasco Ibáñez. J'étais à peine reçu agrégé d'espagnol que, dans l'hiver de 1902-1903, j'obtenais de lui l'autorisation de traduire en français l'un de ses meilleurs romans. La traduction, déjà fort avancée, fut interrompue, malheureusement, par un voyage professionnel en Allemagne, qui devait durer trois années. Mais à peine étais-je installé à Hambourg que, dans diverses conférences, j'y révélais au public lettré de la grande ville hanséatique l'œuvre, encore à peine connue, du romancier de Valence. De l'une au moins de ces conférences, l'écho parvenait jusqu'à Madrid et un résumé en fut donné par le professeur de Madrid, D. Fernando Araujo, dans la revue: *La España Moderna*, N° de Décembre 1903, p. 167-172. En outre, l'un des livres espagnols expliqué dans les cours que je faisais au *Johanneum* dans l'année scolaire 1905-1906, fut le roman de Blasco Ibáñez: *La Horda*. Et actuellement, la traduction de diverses œuvres de cet écrivain occupe le meilleur de mes loisirs.

De là, cependant, à écrire sa biographie, il y a une nuance. J'ai connu Blasco Ibáñez à Madrid et à Paris. Toutefois, le soumettre à une observation prolongée n'était pas chose facile. Ce romancier est un peu comme la femme, dont l'*Enéide* de Virgile nous a appris qu'elle était *varium et mutabile semper*. Pendant la guerre, il est vrai, il fit en France son plus long séjour fixe, travaillant ardemment pour la cause des Alliés, ainsi qu'il sera dit plus bas. Mais, alors, j'étais moi-même fort loin de Paris, appelé, comme tous les Français de mon âge, à défendre la patrie en danger.

Avant qu'éclatât l'incendie européen, d'autre part, Blasco Ibáñez vivait dans l'Amérique du Sud, absorbé par cette entreprise colonisatrice qui a tous les caractères du roman d'aventures transposé dans la réalité. Si, quelquefois, il lui arrivait d'abandonner les déserts de la Patagonie ou du Grand Chaco pour faire une apparition dans la capitale française, ces séjours ne laissaient pas de participer de l'extraordinaire existence de l'auteur dans la *pampa* argentine. C'étaient des intermèdes de «vie intense», dont l'un ne fut que de dix jours et qui coûtaient des milliers de francs à cet homme toujours prêt à risquer joyeusement une double traversée de vingt journées pour reprendre contact avec une civilisation presque oubliée. Pour lui, l'Atlantique n'était alors en toute vérité qu'une sorte de Grand Boulevard bleu et le paquebot reliant Buenos Aires à Boulogne une façon de tramway. En cinq ans, il réalisa ainsi sept voyages d'aller et retour entre le Vieux Monde et le Nouveau, soit donc quatorze traversées!

Il ne sera pas superflu de remarquer ici que, dans sa jeunesse, Blasco Ibáñez se prépara à entrer dans la marine de guerre espagnole et qu'il aime la mer de cette passion de riverain de la Méditerranée dont tant de personnages de ses livres sont dévorés. Faut-il citer l'un des plus célèbres, *Mare Nostrum*, où le protagoniste, Ulysse Ferragut, apparaît, en ses allures typiques de vieux loup de mer, la vivante représentation de l'auteur même du roman? Mais, dès ses premières œuvres, nous retrouvons déjà ce trait, si caractéristique, de sa nature. Qui n'a présent à l'esprit cette *Flor de Mayo*, qui date de 1895 et où Pascualet, bien qu'âgé de 13 ans et ayant l'air d'un petit clerc d'église—à tel point que les pêcheurs l'ont surnommé le *Retor* (le *Recteur*)—s'engage, malgré la frayeur de sa mère, comme mousse, grimpe aux mâts, tout de suite devenu marin expérimenté et, finalement, se mue en audacieux contrebandier, introduisant en Espagne, au péril de sa vie, des marchandises d'Algérie?

Cependant la difficulté d'écrire une biographie de Blasco Ibáñez résidait moins encore dans la nature unique de son existence écoulée, que dans le genre tout à fait spécial de son caractère. Outre qu'il est incapable de rien collectionner de ce qui, aux quatre coins de l'Univers, se publie sur ses livres, il semble que, pour lui, le passé n'ait pas de signification. Aucun écrivain, peut-être, ne se préoccupe moins que lui de son œuvre littéraire. Il arrive fréquemment que des critiques célèbres, d'Europe et d'Amérique, lui écrivent pour lui demander des renseignements bio-bibliographiques sur sa personne et sa production. Ces sortes d'enquêtes lui causent infailliblement la plus extrême perplexité. «Je ne sais, dit-il; il faudra chercher... On a pas mal écrit sur ce sujet. Mais où diable le trouver?» La vérité vraie est que Blasco Ibáñez, qui consent bien à garder toute espèce d'imprimés le concernant, comme aussi de manuscrits, finit, un beau jour, par s'impatienter devant ces monceaux de paperasses qui, de sa table de travail, sont allés aux rayons d'une bibliothèque, d'où ils menacent de submerger son cabinet de travail. Alors, s'armant d'un courage héroïque, il décide, brusquement, de se défaire de ce fatras et, passant de la volonté à l'acte, détruit tout, absolument tout, dans l'impossibilité de trier les choses importantes parmi la masse formidable qui, chaque jour, à chaque courrier, vient accroître la masse déjà existante. Ainsi, notre romancier se trouve-t-il provisoirement dégagé de toute contrainte, jusqu'à ce qu'un autre auto-da-fé, devenu indispensable, lui rappelle qu'ici-bas, comme a dit le poète, «il ne faut jurer de rien».

On voit, par ce trait curieux, que les nombreux correspondants de Blasco Ibáñez peuvent être tranquilles. Il ne connaît pas le jeu perfide des petits papiers. Ne gardant rien, nul n'aura à redouter quelqu'une de ces publications intempestives qui font les délices du monde littéraire. Je crois bien que ses débiteurs, s'il en a, n'auraient pas de peine à se faire payer deux fois la même dette. Car les quittances ont, chez lui, le même sort que d'autres manuscrits: tôt ou tard, la flamme purificatrice en a raison. Aussi se produit-il le fait curieux que Blasco Ibáñez, dans l'impossibilité de rien retrouver de concret, tant en matière de louanges que de blâmes, confond dans une même sympathie amis et ennemis. Les premiers sont assurés de sa

BLASCO IBÁÑEZ ÉTUDIANT

BLASCO IBÁÑEZ A PARIS EN 1890

reconnaissance; le talent des seconds ne laisse pas de mériter son admiration. Comme il n'a sous la main absolument rien de matériel pour confirmer, dans un sens ou dans l'autre, un jugement enclin de soi-même à la bienveillance, amis et ennemis bénéficient, de ce chef, d'un optimisme généreux.

Non que Blasco Ibáñez ne soit fervent amoureux des livres. Au contraire. Dans les autos-da-fé auxquels je viens de faire allusion, jamais n'a figuré aucun volume, si misérable qu'ait pu être son apparence extérieure. Sa fièvre de faire table rase ne s'en prend qu'aux feuilles volantes, imprimées ou manuscrites, et, d'autre part, son amour des livres n'est pas celui des bibliophiles: ce qui revient à dire qu'il aime les livres pour leur contenu spécifique et non par caprice d'amateur. Il ne se passe pas de jour qu'il ne consacre de trois à quatre heures à la lecture. Et rien de moins unilatéral que ce goût des livres. Blasco Ibáñez possède une curiosité éveillée pour toutes les choses de l'esprit. A part les sciences exactes, il n'est pas de domaine de la spéculation intellectuelle où il ne soit familier. Les œuvres en apparence le moins en harmonie avec ses aptitudes professionnelles le tentent et, si l'on s'en étonne, il remarque qu'un romancier véritable ne doit rien ignorer de ce qui sollicite, d'une façon ou de l'autre, l'activité mentale des hommes. Peut-être me sera-t-il permis d'observer, à ce propos, que les derniers romans du maître se ressentent un peu de ce prodigieux désir d'universalité dans la connaissance. Lisant trop, Blasco Ibáñez a été ainsi amené, comme inconsciemment, à déposer dans ses œuvres le sédiment de tant de science acquise par pure volupté d'intelligence. Ainsi le courant de la narration, naguère si limpide et léger, se trouve-t-il parfois obstrué par un limon pesant de notions toujours intéressantes, certes, mais agissant, à plus d'une reprise, à la façon de hors-d'œuvre.

Quoi qu'il en soit, il serait frivole de ne point admirer sincèrement cette immense soif de connaître dont Blasco Ibáñez est pénétré. Ce voyageur inquiet, ce *globe-trotter* impénitent n'a pas plus-tôt fixé ses pénates quelque part, ne fût-ce que pour quelques mois, qu'aussitôt on le voit s'entourer d'une bibliothèque. Tel ces crustacés marins dont il a si magistralement décrit les mues successives dans *Mare Nostrum*, il ne se dépouille de sa carapace que pour en reprendre aussitôt une nouvelle. Arrivé à Paris, du fond de l'Argentine, en l'été tragique de 1914, il était, je le crois bien, sans un seul volume et les hostilités n'avaient pas encore éclaté qu'il en possédait plusieurs milliers. Actuellement, quoique vivant seul et toujours se déplaçant, il n'a gardé son appartement à Paris qu'à cause de ses chers livres. Dans sa villa de Nice, où il s'est installé récemment pour y passer les hivers, les livres se comptent par milliers également. A Madrid, dans le petit hôtel de la Castellana, il en possède quantité d'autres, oubliés depuis des années. Sa bibliothèque de Valence; celle de sa belle villa de la Malvarrosa aux bords de la Méditerranée; une autre aussi, perdue à Buenos Aires: qui dénombrera jamais le chiffre exact des livres qu'a possédés et lus cet homme qui, propriétaire actuel de cinq maisons et d'autant de «librairies», vous avoue ingénuement que son plus cher désir est de construire une sixième demeure, «où il pourrait enfin avoir ensemble tous ses livres»! Réunis, je sais que ceux-ci dépassent cinquante mille. En attendant, Blasco Ibáñez ne laisse pas de souffrir comiquement de cette ubiquité de domicile. Il lui arrive de donner la chasse à un volume qu'il croit à Nice et qui, en fait, se trouve à Paris, à moins que sur le rayon madrilène! Ainsi en va-t-il, d'ailleurs, avec sa garde-robe. Un frac laissé à Buenos-Aires fut longtemps cherché sur la Côte d'Azur. Ce que voyant, le maître imagina le biais ingénieux de doter chacune de ses principales bibliothèques des ouvrages les plus indispensables et d'avoir une garde-robe à peu près complète dans chacun de ses divers domiciles.

J'en ai dit assez—et je pourrais continuer sur ce ton anecdotique longtemps encore—pour que le lecteur se rende un compte exact de la difficulté que présentait un livre sur BLASCO IBAÑEZ, SES ROMANS ET LE ROMAN DE SA VIE. Il eût été plus aisé de construire une documentation rigoureusement scientifique sur un personnage historique du moyen-âge que sur ce romancier contemporain, dont il n'existe pas de bibliographie et qui, objet d'une multitude d'articles dans les deux hémisphères, n'a rien gardé de tout ce papier noirci à sa louange! Non seulement il n'en a rien gardé, mais— et c'est chose pire encore—il serait superflu de rien lui demander qui soit quelconque précision sur la date et le lieu de parution de ces études. Doué de la plus merveilleuse faculté de se souvenir pour tout ce qui a trait à l'observation des choses et des êtres—de la vie, en un mot—, il se révèle hautement incapable de rien retenir des incidents de son existence matérielle. Lui, qui n'a jamais pris aucunes notes pour la préparation de ses romans, ne sait rien vous dire qui vaille dès qu'il s'agit de monter cet appareil critique qui est comme l'armature de toute œuvre non plus d'imagination, mais de science. J'ai donc dû rechercher pour mon propre compte un peu partout la matière de ce livre, encore que je doive humblement confesser que je n'ai pu recueillir qu'une minime partie de ce qui a vu le jour en Espagne, en France, en Italie, en Russie, en Angleterre, en Allemagne et aux Etats-Unis sur une production dont la valeur mondiale est tellement manifeste qu'il n'est plus permis aujourd'hui de la discuter de ce point de vue.

Au fond, pour qui connaît Blasco Ibáñez, cette ignorance de ce que l'on est convenu d'appeler, en style de critique, la bibliographie de son œuvre, n'est étrange qu'en apparence. Cet homme ne vit que par une idée fixe, qui le cloue, positivement, en marge des réalités ordinaires. Naguère, dans les belles années de sa batailleuse jeunesse, il se consacra tout entier à un idéal politique. Il rêvait alors de faire de sa chère Espagne une République Fédérative. Pour cela, il fallait d'abord en finir avec la monarchie. On verra plus loin ce que ces luttes rapportèrent au tribun de Valence. Néanmoins, et comme nul n'échappe ici-bas à son destin, au milieu de cette existence troublée et batailleuse, parmi les incidents variés d'une carrière de député, de journaliste et de conspirateur, il sut déjà se réserver les instants nécessaires à la production d'œuvres qui sont les plus belles dont s'honore cette période de l'histoire littéraire d'Espagne. Mais cet aspect de son activité débordante comptait alors si peu pour lui que, lorsque—à la suite d'un hasard, qui lui avait mis entre les mains le roman *La Barraca*, publié en 1898—M. Georges Hérelle s'avisa, en 1901, d'écrire à l'auteur pour lui demander l'autorisation de traduire le livre en français, celui-ci négligea de lui répondre et que ce ne fut que sur les instances répétées du professeur du lycée de Bayonne qu'enfin deux lignes laconiques vinrent lui donner satisfaction! Or, nul n'ignore que c'est de la publication de *Terres Maudites* dans la *Revue de Paris* en Octobre et Novembre 1901, puis en volume chez l'éditeur du présent livre, que datera le commencement de la renommée mondiale de Blasco Ibáñez. C'est seulement aujourd'hui que celui-ci, ayant renoncé aux agitations de la politique et à ses rêves de colonisation lointaine, commence enfin à accorder aux choses de la littérature une attention soutenue. Désormais, traducteurs et éditeurs sont assurés de trouver en lui un correspondant méthodique et régulier et il n'est pas jusqu'au flot polyglotte de ses passionnés admirateurs qui ne puisse compter sur le retour fidèle des cartes postales et des albums qu'ils lui adressent pour qu'il y appose sa signature autographe. Cependant, l'idée fixe d'antan tient toujours Blasco Ibáñez sous sa tyrannique puissance et elle n'a que changé de nature. Pour lui, il n'existe plus qu'une réalité, la plus chimérique de toutes et cependant la plus féconde: l'avenir. Point de passé ni de présent qui vaillent, à ses yeux. S'il veut bien en reconnaître l'existence, ce n'est que pour autrui. Absorbé tyranniquement par la vision d'un demain infini, il ne parle et ne songe qu'à ce qu'il fera, non à ce qu'il a fait. Semblable sur ce point à tous les grands créateurs, il est incapable de trouver une quelconque jouissance dans la contemplation de l'œuvre réalisée, sa puissance totale d'attention étant concentrée et absorbée par l'œuvre à produire. Je lui ai demandé quel était celui de ses romans qu'il préférait. Sa réponse le peint en pied. Il m'a dit simplement: «*La que voy á escribir*»[1]. Et il aime à développer, dans l'intimité, le thème suivant: «Qu'il ne faut pas que l'écrivain, tels ces Bouddhas dont la vue est rivée au nombril, oublie le principe que ce qui est fait est fait et qu'il faut toujours aller en quête de nouveauté.»

Cette conception un peu spéciale du métier d'homme de lettres est cause que Blasco Ibáñez tombe parfois dans des erreurs amusantes. En voici une que beaucoup connaissent, dans la capitale argentine. Elle a le mérite d'illustrer de graphique sorte une vérité qui, avec tout autre que Blasco Ibáñez, aurait l'aspect d'un paradoxe: à savoir qu'il serait aisé de lui faire admettre comme appartenant à autrui le développement romanesque à la base d'une quelconque de ses œuvres anciennes. Il les a tellement oubliées— et leur armature et leurs développements essentiels—qu'une telle conception est pour lui chose naturelle. Mais venons-en à cette anecdote. C'était à Buenos Aires, lors de la représentation d'une comédie lyrique tirée de *Cañas y Barro* et intitulée, en français: *La Tragédie sur le Lac*. Fort intrigué par l'un des personnages secondaires, le maître en manifesta une vive surprise devant les amis qui l'entouraient. «*Comment*—s'écriait-il avec un désespoir navrant—, *comment ai-je omis cette création? C'est la figure qui eût si bien fait dans mon livre!*» Ce qu'entendant, quelqu'un s'empressa de rectifier: le personnage en question figurait bel et bien dans *Cañas y Barro*. Dénégations énergiques de Blasco Ibáñez. Répliques des autres, scandalisés. Finalement, l'on propose un pari. Le maître, sûr de gagner, accepte, avec enthousiasme. On va chercher un exemplaire du roman et, naturellement, le personnage en litige y figurait... Une autre fois—c'était au Mexique—Blasco Ibáñez lisait un ouvrage traitant des édifices religieux dans ce pays, où, je ne sais comment, se trouvait, à propos des confréries monacales, un chapitre sur Saint François d'Assise. «*Voilà*—pensa Blasco Ibáñez—*des choses que je dirais, si jamais il m'arrivait d'écrire sur le mystique d'Ombrie. Il est vraiment extraordinaire que je sois en une telle conformité d'idées avec cet auteur. Mais, au fait, je dois avoir lu cela déjà, quelque part...*» Il continua sa lecture et, arrivé à la dernière page du livre, y trouva, à sa profonde stupeur, la mention que le passage sur Saint François d'Assise était extrait du volume de Blasco Ibáñez: *En el País del Arte*, dont il constitue le trentième chapitre!

Certains seront, sans doute, tentés de sourire de ces historiettes parfaitement authentiques. Loin d'en être humilié, le maître, au contraire, en serait plutôt fier. C'est qu'il professe la croyance que l'une des qualités primordiales du romancier consiste—et on l'a déjà insinué plus haut—à savoir oublier. Il ne cesse de revenir, quand l'occasion s'en présente, sur ce constat élémentaire: que l'oubli est la condition *sine quâ non* d'état de grâce de l'artiste vrai et que, si l'on ne savait point oublier, en commençant une œuvre nouvelle, toute la production antérieure, la plus désolante uniformité ruinerait d'avance la création entreprise. D'autre part, il n'est point malaisé de s'imaginer quelles conséquences entraîne, pour Blasco Ibáñez, cette conception si merveilleusement activiste de son art. Vivant comme il vit dans l'avenir, c'est chez lui chose fréquente de mentionner des projets qui supposent, de sa part, une confiance illimitée au lendemain. Cette arrogante tranquillité d'un vainqueur du Temps et de la Mort a en soi quelque aspect sombrement tragique par son épique grandeur. Au bas de la page de garde de son dernier volume: *El Militarismo Mejicano*, il n'annonce rien moins que dix romans nouveaux et lorsqu'il parle de ses œuvres futures, on croirait entendre un jeune homme de vingt ans évoquant l'heure où, autour de la cinquantaine, il pourra enfin donner sa pleine mesure! Eternelle jeunesse d'esprit, qui découle spontanément d'un long entraînement au travail et d'une prodigieuse énergie à l'action. L'un des amis les plus intimes de Blasco Ibáñez me confessait, à ce propos: «Il ne vieillira pas. Il dédaigne le repos. Il ne semble pas croire à la mort. Peut-être estime-t-il que nous mourons quand nous le voulons, que la mort ne se présente que lorsque, las de vivre, nous nous signons à nous-mêmes le passeport pour l'au delà. Vous le verrez encore, plus qu'octogénaire, projeter, avec l'assurance d'en avoir raison, des œuvres de Titan. Et, à l'agonie, je suis presque sûr qu'il aura une phrase comme celle-ci: «*Se me ha ocurrido una novela, mañana me pongo á trabajar...*»[2].

Le romancier D. Eduardo Zamacois, cousin de l'écrivain et poète Michel Zamacois, bien connu à Paris, a publié, il y a une dizaine d'années, la description la plus exacte qui soit, à mon sens, de la personne physique et morale de Blasco Ibáñez. Ce petit livre, qui s'intitule: «*Mis contemporáneos. I.—Vicente Blasco Ibáñez*»[3], ne contient que peu de renseignements sur l'existence romanesque du maître, mais, en revanche, l'auteur a parfaitement su rendre l'impression de force et de puissance qui émane de cet homme extraordinaire. Aujourd'hui, la peinture de Zamacois est encore exacte, avec cette différence pourtant que, si l'homme est, en somme, le même, un détail important de son visage: la barbe—depuis le séjour en Argentine—en a

MEETING RÉPUBLICAIN PRÉSIDÉ PAR BLASCO IBÁÑEZ DANS UN VILLAGE DE LA RÉGION DE VALENCE

**PORTRAIT DE BLASCO IBÁÑEZ PEINT PAR J. A.
BENLLIURE A ROME, EN 1896**

disparu et l'on ne voit plus sur sa bouche, comme naguère, cet éternel cigare de la Havane qui fleurissait ses lèvres. Zamacois était donc allé trouver Blasco Ibáñez dans son petit hôtel de Madrid, dont il a été dit plus haut qu'il se trouve situé à proximité de l'aristocratique promenade de la Castellana. Il était midi, heure à laquelle—vu l'habitude tardive du déjeuner en la capitale d'Espagne—il n'est pas rare que l'on rende des visites, ou que l'on en reçoive. «Je le trouvai en train d'écrire devant une vaste table, couverte de papiers. Les joues charnues sont quelque peu congestionnées par la fièvre de l'effort mental. Sa tête énergique est nimbée par la fumée d'un cigare de la Havane. En me voyant, le maître s'est levé. A l'expression belliqueuse de ses mains crispées, à l'élastique promptitude avec laquelle son corps robuste se rejette en arrière et s'érige sur les jambes rigides, j'ai la sensation bien nette d'une volonté, en même temps que d'une force physique. Il vient d'avoir quarante-trois ans. Il est grand, râblé, massif. Sa face brune et barbue a quelque chose d'arabe. Sur le front haut, plein d'inquiétude et d'ambition, les cheveux, qui ont dû être bouclés et abondants, résistent encore à la calvitie. Entre les sourcils, la pensée a marqué un profond sillon, impérieux, vertical. Les yeux sont grands et vous regardent en droite ligne, franchement. Le nez, aquilin, ombre une moustache dont l'exubérance recouvre une bouche voluptueuse et souriante, où de grosses lèvres de sultan tremblent d'une moue d'insatiable buveur. Un moment, le merveilleux auteur de *Boue et Roseaux* reste debout devant moi, m'observant, et je sens dans mes pupilles l'expression de ses pupilles, qui me scrutent curieusement. Il porte des pantoufles de drap gris et est vêtu d'une rustique pelisse de velours de coton à côtes, agrafée sur le cou herculéen, court et rond, débordant de sèves vitales. La poignée de mains qui m'accueille est aimable et sympathique, mais rude, à la façon de celles qu'échangent, avant la lutte, les athlètes dans un cirque. La voix, forte, est celle d'un marin. Son débit est abondant, brusque, et coupé généreusement d'interjections. Il a tout l'aspect d'un artiste, mais aussi d'un conquistador. Il me fait l'effet d'un de ces aventuriers de légende qui, dans l'obligation de se servir simultanément de la lance et du bouclier, guidaient leur bête par la seule pression des genoux et qui, bien que fort peu nombreux, surent—ainsi qu'il l'a écrit lui-même—éclaircir de leur sang le cuivre d'Amérique. Né à notre époque, c'est la douceur des mœurs contemporaines qui a désarmé son bras. Mais un lointain atavisme le pousse, ce bras, à faire le geste qui blesse l'adversaire ou qui s'assure la conquête. S'il eût vu le jour sur le déclin du quinzième siècle, Blasco eût revêtu la cuirasse et suivi l'astre rouge de Pizarre ou de Cortez.»

II

Sa jeunesse et ses ascendants.—Le prêtre *guerrillero*.—Enthousiasme pour la mer.—Horreur des mathématiques.—L'étudiant indiscipliné.—Madrid et D. Manuel Fernández y González.—Le premier discours révolutionnaire.—Un sonnet gratifié de six mois de prison.

C'est à Valence qu'est né Vicente Blasco Ibáñez le 29 Janvier 1867. Son prénom, très populaire dans toute l'Espagne, mais spécialement dans la cité levantine, rappelle le souvenir du célèbre dominicain né en ces lieux en 1357 et mort à Vannes, en Bretagne, en 1419. Si, dans l'une de ses premières œuvres, Blasco Ibáñez évoque pittoresquement la fête de Saint Vincent Ferrer à Valence—voir *Arroz y Tartana*, p. 198—tous les lecteurs de *Mare Nostrum* se souviendront que l'ineffable *Caragòl* eut un coup au cœur le jour où un marin du Morbihan lui fit découvrir que le fameux apôtre de Valence était aussi, quelque peu, le compatriote des gars du pays d'Armor: *Mare Nostrum*, p. 405. Blasco était le nom de famille de son père et Ibáñez celui de sa mère, les Espagnols, pour éviter des confusions, ayant coutume d'accoler le patronymique maternel à la suite de celui du père, quelquefois en les réunissant par la préposition *de*, ou la conjonction *y*. Les premiers essais littéraires du maître sont, cependant, signés: *V. Blasco*. Mais comme, à cette époque, il y avait, en Espagne, un auteur dramatique et bon journaliste du nom d'Eusebio Blasco—son frère, M. Ricardo Blasco, a été longtemps, à Paris, président de l'Association Syndicale de la Presse étrangère—, notre débutant ne tarda pas à adjoindre à son habituelle signature le nom de famille de sa mère, pour que l'on ne fût pas tenté d'attribuer à d'autres qu'à lui les productions de sa plume. Et c'est ainsi que le public espagnol s'accoutuma à le connaître, à son tour, sous ce double nom, que la renommée universelle devait plus tard consacrer.

J'ai cru devoir donner cette petite précision, parce qu'il ne manque pas de gens qui s'imaginent—en dépit de ce que le cas de Blasco Ibáñez est aussi celui d'autres romanciers espagnols modernes: Pérez Galdós, Palacio Valdés et Madame Pardo Bazán, entre autres—que Blasco représente le nom de baptême de l'auteur. Non seulement quantité de correspondants libellent: *A Don Blasco*, les adresses de leurs missives—et l'on sait que *Don*, à la ressemblance du *Sir* anglais, ne se met que devant le prénom espagnol—mais encore entend-t-on couramment parler, dans les pays de langue anglaise, d'un *mister* Ibáñez, qui fait un digne pendant à l': «*Ibáñez* prononcé: *Iwánjeth*» de l'article consacré au maître au tome 29 de la 6ème édition du Grosses *Konversations-Lexikon* de Meyer en 1912, article d'ailleurs inspiré de celui du *Nouveau Larousse Illustré, Supplément*, p. 301, datant de 1906, où l'on ne connaît, également, et à travers maintes confusions, qu'un «*Ibáñez (Vicente Blasco)*»! Des confusions de cette nature pourraient, à la rigueur, trouver, en l'espèce, un semblant d'explication du fait qu'il a existé et existe présentement en Espagne des écrivains dont le premier patronymique est Ibáñez. Mais précisément pour ce motif, lorsqu'on parle, à l'étranger, à des Espagnols, non avertis de l'erreur commune, du «grand romancier Ibáñez», il est rare que ceux-ci ne restent pas d'abord assez perplexes, jusqu'à ce qu'un peu de réflexion leur fasse découvrir l'énigme et qu'ils s'écrient: «¡Ah! ¿Es Blasco Ibáñez de quien usted me habla?»[4]. Je n'en finirais pas, si je voulais épuiser ce thème du patronymique de Blasco Ibáñez. Il a reçu par milliers des lettres d'Amérique et divers articles ont été publiés sur la question, sans compter les paris que l'on a engagés. Il y eut même des originaux qui ont voulu savoir si *Saint Blasco*—vague réminiscence, j'imagine, de l'authentique *Saint Blaise*, lequel, en espagnol, s'appelle *Blas*—existait au calendrier et dans quel tome de *l'Année Chrétienne* étaient narrés ses faits et gestes. Aujourd'hui, les derniers traducteurs anglais et italiens des romans du maître affectent de joindre par un trait d'union les deux vocables de son nom: V. Blasco-Ibáñez et c'est ainsi qu'un hispanologue italien le graphie dans l'article dédié à la version italienne de *Mare Nostrum* par Gilberto Beccari, article inséré dans *Il Marzocco*, de Florence, du 9 Janvier 1921.

La famille de Blasco Ibáñez venait—comme celle du chantre valencien de la *Huerta*, Don Teodoro Llorente, venait de la Navarre—de la province d'Aragon, légendaire en Espagne pour sa loyale ténacité. Son père était originaire de Téruel, qu'arrose le Guadalaviar, fleuve de Valence, et qu'a immortalisée dans la littérature la légende de ses célèbres amants, tour à tour célébrés par Pedro de Alventosa (1555), Rey de Artieda (1581), Juan Yagüe de Salas (1616), Tirso de Molina (1627), Pérez de Montalbán (1638) et J.-E. Hartzenbusch (1877). Sa mère avait vu le jour à Calatayud, non loin de l'antique colonie italique de Bilbilis, patrie du poète Martial. Il est curieux d'observer que maints illustres Valenciens descendent ainsi d'Aragonais émigrés dans la cité du Cid. Tel est, en particulier, le cas de D. Joaquín Sorolla y Bastida, le célèbre peintre de portraits et de marines. Les Aragonais ont coutume de s'établir à Valence pour s'y adonner au commerce. Dans leurs montagnes natales, l'industrie et le négoce en sont encore à l'état rudimentaire, alors que, sur les rivages méditerranéens, leur état florissant les incite à venir y tenter fortune. C'est là, sur une petite échelle, une émigration qui rappelle l'immense flot de prolétaires espagnols qui, annuellement, gagnent l'Amérique. Race brave et dure, la race aragonaise pratique depuis des siècles cet exode des déserts semi-africains de sa Celtibérie aux pittoresques costumes pour les paradis terrestres de l'antique «royaume de Valence», où l'art arabe de l'irrigation entretient, dans les plaines côtières dites *huertas* (vergers, ou, mieux, jardins potagers), une fécondité sans exemple ailleurs en Espagne:

Valencia es tierra de Dios,
pues ayer trigo y hoy arroz...[5]

Il est vrai que cette prospérité, qui contraste singulièrement avec la misère rurale espagnole, a, de bonne heure, éveillé le sens satirique des riverains de cet Eden, qui prétendent qu'à Valence *«la carne es hierba, la hierba agua, el hombre mujer, la mujer nada»*[6] et ajoutent que ces lieux sont *«un paraíso habitado por demonios»*[7]. Toujours est-il que la Californie espagnole reste, dans la péninsule, une région unique, et que ses habitants, dont la langue est une variété du limousin antique aux formes moins rudes que le catalan, sont, dans leur animation, leur bon naturel, leur laboriosité, une vivante réminiscence de leurs ancêtres maures.

Beaucoup de critiques, tentant d'expliquer le caractère des écrivains par leurs origines ethniques, commettent de singulières erreurs en traitant de Blasco Ibáñez. J'ai eu l'occasion d'en relever une, de date récente, dans la revue: *Hispania,* d'abord (Janvier-Mars 1920, p. 90), puis dans le journal de Barcelone *La Publicidad* (N° du jeudi 10 Février 1921). C'est celle du professeur américain et bon hispaniste J.-D.-M. Ford, qui, dans ses *Main Currents of Spanish Literature,* parus à New-York chez H. Holt et Cⁱᵉ en 1919, fait, à deux reprises, de notre auteur un Catalan. D'autres, sachant seulement que Blasco Ibáñez est né à Valence, parlent de sa mentalité méridionale, «levantine» pour employer la façon de dire espagnole, de sa conception de vivre méditerranéenne, etc., etc. Pour un peu, ils transformeraient cet austère travailleur en un «enfant de volupté» à la D'Annunzio. Mais, sans nier d'aucune sorte l'influence du milieu sur un écrivain, je ne puis pas ne pas protester contre ces déductions erronées, en rappelant ce simple fait: que par-dessus la naissance se situe l'origine, et que Blasco Ibáñez ne me démentira pas, si je le définis un Aragonais tout court, c'est-à-dire un de ces hommes dont on prétend, en Espagne, que leur tête est si dure que l'on peut s'en servir en guise de marteau pour enfoncer des clous: image pittoresque qui symbolise une volonté invincible. Et, en réalité, quiconque a fréquenté d'un peu près Blasco Ibáñez, n'aura pas laissé de noter promptement que la caractéristique de sa personne morale, c'est un vouloir à toute épreuve, un vouloir tranquille et sûr de lui-même, fuyant les manifestations tapageuses, fonctionnant automatiquement, en quelque sorte, et seulement susceptible d'une détente lorsque son objet est atteint.

J'ai entendu un jour quelqu'un adresser à Blasco Ibáñez une pétition véritablement extraordinaire. Sa réponse fut d'abord: *«No sé hacerlo»*[8]. Puis, après réflexion, il ajouta—et cette clause est révélatrice: *«Pero que me den tiempo y lo emprenderé seguramente»*[9]. Et il y avait, dans le ton de sa voix, une confiance en soi-même tellement absolue, tellement «inconditionnelle» que j'en restai, comme disait Corneille, «stupide». Hérédité celtibérique? Cette solution est plus aisée à proposer qu'à démontrer. L'on aimerait, d'ailleurs, à savoir s'il n'est point quelquefois arrivé à Blasco Ibáñez, à cet homme si complexe et si fort, de désirer des choses hors du cercle déjà si étendu et élastique de sa formidable volonté... Toujours est-il que Zamacois s'en était tenu, pour expliquer cette surhumaine faculté, au facteur de l'ascendance ancestrale. «C'est à ses aïeux, écrivait-il, que l'on doit attribuer ces excellentes aptitudes physiques de lutteur, et les incroyables prouesses de volonté qui distinguent le grand romancier. Il serait impossible de justifier d'autre sorte les complexités étranges de son caractère. Caractère bizarre et changeant, qui semble être parfois celui d'un pur artiste, détaché de toute fin pratique et qui, d'autres fois, revient au réel, sait faire de la Fortune son esclave et se révéler, extraordinairement, dompteur d'hommes...»

Parmi les ascendants les plus notables du romancier, il faut relever ce prêtre aragonais, dont plusieurs critiques ont fait grand état, appelé *Mosén*—ainsi désigne-t-on, dans quelques provinces d'Espagne, les ecclésiastiques: du limousin *Mosén*, monsieur—Francisco. C'était un frère de son aïeule paternelle. Doué d'une force herculéenne et d'un caractère violent, cet oint du Seigneur n'hésita pas, lors de la première guerre carliste, de 1833 à 1839, à s'enrôler dans les rangs des partisans de la monarchie absolue, comme, aussi bien, beaucoup de ses congénères du clergé séculier et régulier. Grand ami du fameux Ramón Cabrera, il commanda un bataillon aux ordres de ce terrible *guerrillero*, qui, lui-même, était un ex-séminariste. D'ailleurs, toute la famille paternelle du futur agitateur républicain se distinguait par son zèle carliste. Mais l'oncle curé, qui avait été un grand chasseur devant l'Eternel, fut d'un secours particulier, durant les sept années que dura la lutte en faveur du frère de Ferdinand VII, aux carlistes d'Aragon. Sa connaissance exacte du terrain lui permettait d'échapper aux poursuites des *cristinos*—ainsi appelait-on les partisans de la reine régente, *doña* Cristina—et de leur tendre plus d'une meurtrière embuscade. Son nom est resté populaire en Aragon et le souvenir de ses exploits laissa dans la mémoire du jeune Blasco Ibáñez une trace profonde, car il le connut enfant, alors que *Mosén* Francisco, cuivré comme un Marocain, aux mains semblables aux griffes d'un ours des *sierras*, à l'allure toujours martiale malgré l'âge avancé, le berçait, bon géant en soutane, sur ses genoux. On n'a pas de peine à en retrouver les traces dans ce *pare Miquèl*[10], *cura de escopeta* plus encore que de *misa y olla*, toujours prêt à casser son fusil de chasse—sa houlette à lui!—sur le dos de son misérable troupeau, dans *Cañas y Barro*. Et il réapparaîtra à six ans de là, dans *La Catedral*, sous l'aspect de cet archevêque désinvolte, Don Sebastián, qui, lors de la Fête-Dieu à Tolède, surgit dans le cloître haut, en tournée d'inspection, s'appuyant sur sa canne de commandement—le *bastón de mando*, insigne, en Espagne, du commandement militaire—encore droit, en dépit de l'âge, et avec un certain air martial malgré l'obésité,—terrible gros homme qui mène avec ses chanoines la plus sourde des guerres et vit crânement avec sa fille dans le palais au rez-de-chaussée duquel est, bizarrement, installée la *Bibliothèque* de la Province. C'est lui encore que nous retrouvons, l'an d'après, dans *El Intruso*, devenu un Don Facundo, qui transporte sur ses robustes épaules les morts de Gallarta en rugissant le thrène liturgique:

Qui dormiunt in terræ pulvere evigilabunt...

Et c'est lui, enfin, qui, en 1909, dans le roman baléare *Los Muertos Mandan*, traîne, demi-guerrier, demi-prêtre, ses éperons de Commandeur de Malte, sous le nom de Priamo Febrer... Mais, pour finir cette évocation, je traduirai encore M. Zamacois: «Sans doute, l'écrivain qui a tant bataillé comme fougueux paladin de la liberté et de la république, se souvient-il avec sympathie de *Mosén* Francisco, défenseur fanatique de l'absolutisme. Comment? Peut-être que l'intransigeance de cet hercule en soutane, qui sacrifia tant de fois sa tranquillité et si souvent exposa sa vie pour un idéal, a conservé, aux yeux du romancier, cette beauté grâce à laquelle son indulgence divine d'artiste comprend le *guerrillero* et lui serre les mains...»

Les parents de Blasco Ibáñez n'étaient ni pauvres ni riches. Ils appartenaient à la classe moyenne, à cette petite bourgeoisie espagnole dont toutes les aspirations semblent se résumer en l'amour de la tranquillité et qui a à peine su s'assurer de modestes rentes, qu'on la voit promptement abandonner les affaires et savourer les délices d'une honorabilité consciente, dans la médiocrité d'une vie qui rappelle celle de nos artisans à l'aise et que caractérise une beaucoup plus totale limitation des horizons intellectuels. Durant son enfance, Blasco Ibáñez fut fils unique, sa sœur n'étant née que lorsque, adolescent, il commençait à vaquer à ses goûts littéraires. Cette période de sa vie eût permis à l'observateur d'anticiper sur l'avenir et de deviner l'homme dans le *niño* tumultueux, plus passionné pour les jeux d'agilité et de vaillance que pour les tristes exercices de routine mnémotechnique en quoi se résume, au delà des Pyrénées, tout l'enseignement de la jeunesse. Mais il arrivait que le petit diable renonçât soudain à l'agitation de ses camarades de lutte pour, durant des mois et des mois, se plonger dans de capricieuses lectures, entrecoupées de longues pauses de mélancolique tristesse, en apparence sans objet. Plus tard, une fois à l'*Instituto*—nom par lequel on désigne, là-bas, le lycée—et à l'Université, il continua d'être l'enfant indocile et intelligent des premières années, réfractaire à toute méthode comme à toute discipline et doué, cependant, d'une prodigieuse facilité pour apprendre. Il semble qu'il y avait en son tempérament un excès de vigueur, un débordement désordonné d'activité, qui l'obligeaient à s'agiter dans une perpétuelle rébellion.

Il voulut être marin. Le cas s'était présenté déjà, trente-cinq ans plus tôt, avec le sentimental poète G.-A. Bécquer, de Séville. Mais si celui-ci avait dû renoncer à la carrière de pilote par ce que l'école de San Telmo avait été supprimée un an après qu'il y était entré, Blasco Ibáñez, lui, se vit contraint d'abandonner son beau rêve, qu'il caressait en dépit de l'opposition maternelle—qu'effrayaient les périls nautiques—par suite de sa complète inaptitude aux mathémathiques. La table des logarithmes, la trigonométrie sont encore aujourd'hui des monstres effroyables dont le nom seul lui inspire un effroi tremblant. L'algèbre lui ayant fermé la porte des mers—du moins provisoirement—, il songea à correspondre aux vœux de sa famille en choisissant quelque autre carrière libérale. Mais quelle pouvait-elle être, sinon celle d'avocat? «*Todo Español*, dit un adage courant, *es abogado, mientras no pruebe lo contrario*»[11]. Chez nos voisins transpyrénaïques, comme chez nous, naguère, le journalisme, le métier d'avocat semble conduire à tout, à condition qu'on en sorte à temps. Mais a-t-on besoin, au fait, d'en sortir, si les trois quarts des avocats espagnols—*abogadillos* plutôt qu'*abogados*—n'ont jamais eu l'occasion d'exercer? J'ai connu en Espagne plus d'un honnête mendiant qui était avocat, exactement comme D. Antonio Maura. En somme, quiconque, au-delà des Pyrénées, désire avoir une profession pour ne la pratiquer jamais, se fait avocat. Ce titre représente un honneur, pour des parents désireux de voir leur rejeton monter d'un échelon sur l'échelle sociale. Et c'est ainsi que Blasco Ibáñez, pour ne point chagriner les siens, prit, lui aussi, le rang d'avocat, pour l'oublier aussitôt qu'il l'eut obtenu.

Mauvais élève, il avait été, naturellement, mauvais étudiant. Il m'a avoué qu'il ne pénétrait à l'Université de Valence—dans la cour de laquelle une statue de Luis Vives rappelle à propos, au touriste, que ce grand humaniste du XVIème siècle et ami d'Erasme naquit en cette ville, l'année même où Ferdinand et Isabelle conquéraient Grenade et où Colomb, croyant trouver les Indes par la route d'Occident, découvrait le Nouveau Monde—qu'aux jours de tumulte, pour exciter ses camarades à la rébellion et que les appariteurs le désignaient par la périphrase de: «*pájaro anunciador de la tempestad*»[12]. Dans les périodes d'accalmie—les étudiants espagnols travaillant par intervalles—il fuyait les salles de cours, s'en allait ramer au port ou s'étendait simplement sous les roseliers de la *Huerta*, pour y rêver à l'aise. Quant aux terribles «*libros de texto*»—sorte de guide-ânes scolaires, indispensables dans les cours espagnols et qui, source copieuse de revenus pour les professeurs, sont une des plaies de l'enseignement public en ce pays—il les vendait pour acheter des romans. Ses professeurs ne le voyaient que sur la fin de l'année académique, quand le vagabond, dans un effort héroïque de volonté, compensait, en quelques semaines d'application forcenée, la paresse délicieuse de longs mois de liberté et arrivait, par des prodiges d'habileté mnémotechnique, à subir avec succès un examen dont il lui avait suffi, pour avoir raison de la routine d'un enseignement inerte, de s'assimiler superficiellement les matières. Gavage provisoire dont on devine les fruits, mais qui suffisait, amplement, aux ambitions du jeune homme.

A seize ans, quand Blasco Ibáñez en était à sa seconde année de droit, il crut devoir se libérer, par une fugue à Madrid, de cette absurde existence de contraintes à demi supportées, de libertés à demi avouées. Il avait son idée. Il voulait ne devoir qu'à lui-même son existence et gagner sa vie comme écrivain. Il fit le voyage dans un wagon de troisième, avec, pour tout bagage, la classique cape et une liasse de feuilles de papier écrites au crayon. C'était le manuscrit d'un grand roman historique, pour lequel il se faisait fort de trouver un Mécène, sous les espèces et apparences d'un riche éditeur de la capitale des Espagnes. A cette époque—nous sommes en 1882—régnait encore le père du monarque actuel, lequel, répondant aux prénoms de Francisco de Asís, Fernando Pío, Juan María, Gregorio Pelayo, portait le titre d'Alphonse XII. Marié en 1879, en secondes noces, avec la princesse autrichienne Marie-Christine, il avait su exercer, dans un pays en proie aux *pronunciamientos* militaires, une action relativement réparatrice, organisant le régime parlementaire et instituant les deux grands partis qui allaient alterner un pouvoir: le conservateur avec Cánovas, et le libéral avec Sagasta. A cette époque, la littérature nationale oscillait encore entre un romantisme atténué et un timide réalisme, avec une tendance de plus en plus marquée vers l'observation précise et l'écriture simplifiée, allégée du fatras qui alourdissait les proses et les vers des épigones romantiques. Mais, de cela, le jeune fugitif de Valence n'avait cure. Tel Diogène cherchant en plein jour, une lanterne allumée à la main, un homme dans les rues d'Alexandrie, Blasco Ibáñez parcourait la *Corte* en quête de l'introuvable éditeur. Je l'ai entendu dépeindre avec une éloquente ironie la mine stupéfiée et scandalisée de ces marchands de livres madrilènes, lorsque, ayant franchi le seuil de leurs antres archaïques, il se résolvait à leur proposer le marché qui eût mis un terme à sa navrante misère d'enfant abandonné. «*¡Qué tiempos!*», s'écriaient ces vautours rapaces autant qu'avares. «*¡Qué juventud tan atrevida! ¿Y desde cuándo escriben los mocosos novelas?*»[13]. C'est alors que Blasco Ibáñez connut la triste gloire de devenir secrétaire du célèbre D. Manuel Fernández y González. Il avait trouvé asile dans un taudis appartenant à une masure en ruines datant du XVIIᵉ siècle, sise dans la rue de Ségovie, tout près de ce pont qui la traverse à 23 mètres de hauteur, que le peuple appelle *El Viaducto*, et d'où tant d'épaves de la vie de Madrid ont fait et font encore le grand saut dans l'inconnu. Sa patronne, pauvre tenancière de garni à l'usage d'une bohème dont l'impécuniosité était le moindre vice, appliquait à sa clientèle un tarif si bas, qu'elle se voyait contrainte—tellement les paiements, malgré le bon marché de ses prix, se faisaient attendre—à pratiquer à son égard une subtile prestidigitation, en vertu de laquelle un œuf se transformait en deux œufs et un *beefsteak* en une demi-douzaine de *beefsteaks*! C'était *la novela picaresca* du XVIIᵉ siècle revécue sur la fin du XIXᵉ et il faudrait la plume de Quevedo pour esquisser dignement le tableau d'une certaine nuit de Noël, où Blasco Ibáñez, par le froid glacial de ce haut plateau de Castille et dans un Madrid poudré à frimas par une neige qui tombait en rafales, s'amusa divinement, avec ses compagnons d'infortune. Seulement, ni les uns ni les autres ne rabattirent jamais, ce soir-là, dans les cafés où ils entrèrent, cette partie de la cape qui sert à couvrir le bas du visage et que l'on nomme *embozo*. De quoi avaient donc peur ces personnages de mélodrame? Simplement de montrer leur nudité pitoyable. Ils étaient en manches de chemises. Pour pouvoir, comme les heureux de ce monde, goûter quelque joie en cette nuit consacrée, ils avaient héroïquement mis leurs vestes en gage. Comme quoi, selon un vieux proverbe de là-bas, «*la capa todo lo tapa*»[14].

Il serait frivole de vouloir présenter à quiconque possède la moindre teinture de littérature espagnole le curieux romancier que fut D. Manuel Fernández y González. Né à Séville en 1821, poète et dramaturge, cet esprit doué d'une rare puissance d'invention, d'un don attachant de conter, avait abusé de son talent et, sacrifiant tout à l'action et ne cherchant qu'à produire de l'effet, n'avait été, même à sa bonne époque—celle où, de 1860 à 1869, la

MANIFESTATION POPULAIRE EN L'HONNEUR DE BLASCO IBÁÑEZ, DEVANT LA RÉDACTION DE «EL PUEBLO»

FÊTE EN L'HONNEUR DE BLASCO IBÁÑEZ A MADRID
Sur la scène figure la typique barraca de la Huerta valencienne. A
droite, quelques-unes des danseuses valenciennes qui concoururent à
la cérémonie. Au centre Blasco, ayant à sa droite Pérez Galdós. Dans
le groupe, le peintre Sorolla, le musicien Chapí, le sculpteur
Benlliure, les écrivains Mariano de Cavia, López Silva et autres.

maison parisienne Rosa y Bouret éditait plusieurs de ses romans en espagnol
et où Ch. Yriarte mettait en notre langue sa *Dama de Noche* (*La Dame de Nuit*,
1864, 2 vol.)—qu'un adroit feuilletoniste, quelque chose comme le Ponson
du Terrail de son pays, alors qu'il eût pu en devenir le Walter Scott. On a dit
plaisamment que l'Espagne lui doit une statue, au pied de laquelle il faudrait
brûler ses œuvres. De celles-ci, cependant, beaucoup continuent à être lues
et des romans historiques comme *El Cocinero de Su Majestad, Martín Gil, Los
Monfíes de las Alpujarras,* ou encore *Men Rodríguez de Sanabria*—qui remonte à
1853—rivalisent avantageusement avec les productions les meilleures de
notre Dumas, sauf cette différence, tout à l'honneur de l'Espagnol, qu'en
écrivant à la fois trois ou quatre romans différents, il n'exploita jamais les
plumes de collaborateurs et n'eut pas à signer de son nom les œuvres d'un
Auguste Maquet. Quand le jeune Blasco Ibáñez connut Fernández y
González, celui-ci,—il mourut à Madrid en Janvier 1888—épuisé et à demi
aveugle, n'était plus que l'ombre de lui-même. Il s'obstinait cependant à
produire, dictant avec fatigue de pénibles élucubrations, fruits séniles d'une
veine irrémédiablement paralysée. La nuit venue, il se trouvait, avec son
secrétaire, au populaire *Café de Zaragoza,* Place Antón Martín, et, au milieu
d'une clientèle de toreros, de filles en châles—les *chulas de mantón,*
descendantes bâtardes des *majas* de Goya—et d'ouvriers qui parlaient
politique, y soupait d'un *beefsteak* copieusement additionné de pommes de

terre, seul repas sérieux du jeune Blasco, et hélas! seul paiement, aussi, qu'en échange de ses bons offices pût lui offrir le vieillard. Ce frugal repas achevé, les deux hommes descendaient par les rues tapageuses des *barrios bajos*[15] jusqu'à l'humble demeure du romancier, non sans que celui-ci ne fît de fréquentes stations en route, dans des bars où il prenait diverses rasades d'eau-de-vie anisée, à la mode du pays. Puis commençait, jusqu'à l'aube, la monotone besogne de dictée et d'écriture, entrecoupée de quelques légers sommes de Fernández y González, pendant lesquels Blasco, entraîné par l'intérêt de la narration et déjà brûlant du feu sacré, continuait la rédaction du récit. A son réveil, le vieux romancier, en dépit d'un orgueil presque puéril, se faisait lire l'improvisation du secrétaire et, se renversant dans son fauteuil de cuir, articulait, sur un ton cavalier, ce jugement: «*¡No está mal! La verdad es, muchacho, que tienes un poquito de talento para estas cosas...*»[16]. Ainsi furent composés plusieurs livres, Fernández étant contraint de produire sans relâche, pour vivre. La meilleure de ces œuvres bâclées, où l'on retrouverait aisément quelque chose de la future manière de *Sangre y Arena*, me semble un roman de toreros et de petites maîtresses: *El mocito de la Fuentecilla*, qui a les prétentions d'être un tableau de mœurs madrilènes au commencement du XIXᵉ siècle, dont certaines pages sont brossées avec les tons chauds et pittoresques du peintre des *majos* et des *majas*, des *manolos* et des *manolas*, l'Aragonais Francisco Goya y Lucientes. Mais il est tout à fait absurde de présenter—comme l'a fait M. J. Fitzmaurice-Kelly dans la dernière édition française de sa *Littérature Espagnole*—Blasco Ibáñez comme «ancien secrétaire du romancier Fernández y González» sans plus de précisions, car l'on voit, par ce qui précède, combien accidentel et, en somme, insignifiant fut cet épisode d'une vie par ailleurs si riche en incidents.

L'escapade à Madrid n'était pas sans précédents dans l'histoire littéraire d'Espagne au XIXᵉ siècle. Un auteur qui compte comme romancier et poète, P.-A. de Alarcón, né à Guadix en 1833, n'avait-il pas déjà fui de sa cité natale pour, après divers avatars à Cadix et à Grenade, venir chercher fortune à Madrid, en y combattant, en 1854, dans son journal *El Látigo*, le régime de la fille de Ferdinand VII, Isabelle II, qui fut, en réalité, le régime de Narváez et d'O'Donnell? Mais, entre ce «chevalier errant de la Révolution et soldat du scandale»—comme il s'appellera plus tard, lorsque, ayant abdiqué l'idéal de sa jeunesse, il sera devenu l'homme de confiance de la monarchie—et Blasco Ibáñez, il n'y a de commun que la fugace analogie d'une aventure pittoresque et celle de Blasco devait, aussi bien, être de plus courte durée. Un jour où il y pensait le moins, elle prit fin, brusquement. Notre adolescent, lorsqu'il n'était pas occupé avec Fernández y González,—c'est-à-dire une bonne partie du jour, du jour de Madrid, qui commence fort tard,—employait son temps à errer à travers les rues, «parlant», nous révèle Zamacois, «avec les pauvres femmes qui exhibent leur beauté sur les trottoirs. Celles-ci, séduites par sa jeunesse ainsi que par sa chevelure bouclée, le recherchaient avec la générosité la plus désintéressée». Ces bonnes fortunes alternaient avec une propagande politique affectant la forme de discours de tribun dans les meetings de quartiers ouvriers, où des mains calleuses de cordonniers, de maçons, de charpentiers et autres artisans applaudissaient frénétiquement l'éloquence fougueuse de l'*estudiantito*[17]. A l'issue d'une de ces réunions, où son triomphe avait été particulièrement vif, il retournait à son humble logis en compagnie d'une petite escorte de jeunes travailleurs manuels, lorsque, arrivé à la porte de la maison de la rue de Ségovie, deux policiers lui en barrèrent le seuil avec un: «*Queda usted detenido*»[18].

Ils l'emmenèrent, non pas au commissariat de police du quartier, mais à la Direction Générale de Police. Allait-on, déjà, le traiter en agitateur politique? Mais il était à peine introduit dans le bureau du Directeur qu'une femme, en proie à une agitation extrême qu'elle s'efforçait, sans résultat apparent, d'étouffer, se précipitait, les bras ouverts, sur le coupable et le couvrait de ses baisers et de ses larmes. C'était sa mère, qui, fatiguée d'une vaine attente, était venue elle-même arracher l'Enfant Prodigue aux séductions et aux pièges de la *Villa y Corte* et, ne sachant comment découvrir son adresse, s'était adressée aux sbires de la capitale qui, eux, n'avaient point eu de peine à identifier le fugitif. En compagnie de sa mère, Blasco Ibáñez repartit donc pour Valence, où s'achevèrent ses études de droit dans les conditions mentionnées plus haut. Mais ce stage à Madrid avait été pour lui le baptême du feu et il en sortait armé pour la lutte de protestation républicaine et d'agitation politique contre le gouvernement. Il ne tarda pas à se trouver, de la sorte, mêlé à des conspirations sérieuses, dont les auteurs, hommes mûrs et expérimentés, ne parlaient rien moins que de soulèvements militaires, de barricades, d'émeutes, etc. Grâce à son jeune âge, il était employé par eux comme émissaire échappant aux soupçons et, bien souvent, il fut ainsi chargé de transmettre aux organisations affiliées des documents révolutionnaires, ou de procéder au transfert et à l'installation de dépôts d'armes. Plus d'une fois aussi, dans ces missions délicates, il se coudoyait avec quelques-uns des graves professeurs qui, le matin même, avaient, à l'Université où il eût dû être, disserté gravement, devant un auditoire de futurs fonctionnaires monarchistes, des droits et prérogatives de la Couronne.

Cette étrange existence connaissait cependant des heures de trêve, consacrées au démon d'écrire. Mais de telles proses n'avaient rien de littéraire, conditionnées qu'elles étaient par une fin de propagande politique. Ce Don Quichotte de la République n'avait alors pour Dulcinée que la farouche maîtresse de Danton et les livres de chevalerie qui lui avaient tourné la tête s'appelaient Mignet, Michelet, Lamartine, et autres moindres historiens de notre Révolution. Comme le héros de la Manche, il entendait vivre son rêve. «Je me couchais, m'a-t-il avoué, avec les *Girondins* de Lamartine; je déjeunais de Louis Blanc et un tome complet de Michelet constituait mon repas principal. Le cycle de mes jours était tracé. Je serais le Danton de l'Espagne, puis je mourrais...» Je disais tout à l'heure que les proses de Blasco Ibáñez n'avaient rien de littéraire. Les vers qu'il composa à cette période de son existence l'étaient-ils davantage? Car il importe de marquer qu'il rimait alors pour la République. Et rien ne s'oppose à ce que soit admise l'hypothèse qu'à travers ces rimes passait un souffle d'ardente sincérité, qui en conditionnait la relative beauté. D'autres vers, que Blasco Ibáñez consacra, avant d'avoir atteint vingt ans, à des Philis moins irréelles que la Déité de la future République d'Ibérie, je ne saurais rien relater ici, si ce n'est qu'ils furent nombreux et qu'ils sont religieusement couverts par le voile profond du mystère, de ce mystère que l'auteur a toujours gardé sur sa vie sentimentale et ses aventures passionnelles. Il n'est certes pas de ceux qui accommodent les cœurs brisés à la sauce passe-partout de la fiction romanesque et ses propres amours ne lui ont jamais servi à pimenter sa littérature. Si, dans quelques-uns de ses romans, il se dégage, encore que rarement, comme un relent affaibli de personnelles expériences, l'on peut être sûr que ces pages autobiographiques s'y sont glissées par une sorte de mouvement réflexe et contre la volonté de l'auteur. Mais, pour en revenir à ses vers d'amour, s'il n'en a rien gardé, je sais, moi, que quelques-unes des femmes qui les ont reçus, et qui vivent encore, quelque part, en Espagne, les ont conservés et les relisent parfois, avec une muette extase, dans le silence des lourds étés, alors que, devenues épouses vertueuses et matrones procréatrices à la fécondité généreuse, elles évoquent, du fond de leurs souvenirs de jeunes filles, les cours passionnées de l'étudiant «*calavera*»[19] de Valence. Laissons, cependant, cette délicate matière et tenons-nous en aux vers à la République...

De ceux-ci, il est un sonnet qui mérite une mention à part. L'histoire du sonnet abonde en bizarreries originales, relatées par L. de Veyrières dans sa *Monographie du Sonnet*, publiée en 1869-1870. J'ai, dans *América Latina* de Juin 1920[20], narré comment le grand poète nicaraguéen Rubén Darío avait, en 1896, composé en collaboration, en quatorze minutes, un merveilleux sonnet à la gloire de Rome. Mais personne n'a songé encore à exhumer des colonnes du journal républicain où ils furent publiés avant que leur auteur eût atteint ses dix-huit printemps, les quatorze vers où Blasco Ibáñez suppliait le peuple de se lever contre la monarchie, non pas seulement d'Espagne, mais de l'Europe entière, et de couper la tête aux «tyrans», en commençant par celui de son pays. Toujours est-il que l'*Audiencia Criminal* de Valence, en condamnant Blasco Ibáñez—étudiant encore imberbe—à six mois de *carcere duro*, pour, aussitôt, par égards pour sa tendre jeunesse, lui appliquer la clause du sursis, s'est couverte de ce ridicule spécial dont les Annales de la Thémis espagnole offrent tant d'exemples. Et l'on avouera qu'en tout cas, cette conception de la critique des vers n'était guère propre à encourager Blasco dans la carrière de Tyrtée et que mieux valait encore pour «une Philis en l'air faire le langoureux».

III

Le révolutionnaire.—Il émigre à Paris.—«Le grand homme numéro 52.»—
Vie joyeuse et batailleuse au Quartier Latin.—Le journal *El Pueblo.*—
Enorme labeur de journaliste.—Poursuites judiciaires et
emprisonnement.—Fuite en Italie et composition de *En el País del Arte.*—
Condamnation au bagne par le Conseil de guerre de la 3e Région
Militaire.—Du *Presidio* à la Chambre des Députés.—Triple besogne de
député, conspirateur et romancier.—Ses désillusions politiques et son
romantisme républicain.

A dix-neuf ans, Blasco Ibáñez, ayant quitté l'Université avec son titre
d'avocat, ne vécut plus que pour la cause républicaine. Mais ici, il importe de
dire quelques mots sur l'état du parti républicain entre 1880 et 1890 en
Espagne. Actuellement, il existe en ce pays un grand parti socialiste, moins
nombreux cependant et moins fortement organisé que le parti «syndicaliste»,
que mènent les anarchistes. A l'époque où Blasco Ibáñez se lança dans l'arène
du radicalisme, ces deux partis existaient déjà, certes, mais à l'état
embryonnaire et ne disposaient encore que de groupements ouvriers
restreints. La grande masse populaire était englobée dans le parti républicain,
lequel, d'ailleurs, était loin d'être uni, tiraillé qu'il se trouvait dans des
directions opposées et si, un instant, la concorde semblait s'y être faite, cette
trêve ne servait qu'à

APRÈS LE BANQUET EN L'HONNEUR DE BLASCO
Au centre sont assis Pérez Galdós et Blasco Ibáñez. Derrière eux, en
chapeaux mous, Benlliure et Sorolla

PORTRAIT DE BLASCO IBÁÑEZ PAR J. FILLOL 1900. Le
romancier, en déshabillé de marin, écrit dans un chalet de la plage de
Valence, où il passait des saisons avant que fût construite la
Malvarrosa

un recommencement de plus ardentes hostilités intestines. On rencontre,
dans les curieux pamphlets d'un agitateur radical—auteur aussi d'une petite
plaquette sur Blasco Ibáñez, où beaucoup de parti pris sectaire obscurcit la
réalité—, Ernesto Bark, de tendancieuses notations sur ces divisions
républicaines d'alors et le sociologue aura un jour à rechercher, dans ces
publications de l'écrivain auquel Pi y Margall aurait, à l'en croire, dédié en
1881 ses *Nacionalidades*[21], certains détails introuvables ailleurs. Etre
républicain, en ces temps de la régence de Marie-Christine, signifiait, de façon
d'ailleurs confuse, adhérer à un anti-cléricalisme extrêmement élastique et
patronner des réformes sociales d'autant plus libéralement prônées qu'elles
étaient pratiquement irréalisables. Et c'est sans doute la désillusion que causa
aux masses l'échec fatal de ce chimérique programme qui les fit se jeter à
corps perdu dans les rangs des deux partis, le socialiste et l'anarchiste, qui
avaient su, du moins, limiter leurs ambitions à un pratique terre à terre et
concentrer leurs efforts dans la conquête d'un idéal purement matériel.

Blasco Ibáñez tenait pour une République fédéraliste, à l'exemple de
celle des Etats-Unis d'Amérique. Son maître et son chef était ce Pi y Margall
que je viens de nommer, écrivain d'ailleurs notable à divers points de vue et
qui a laissé, en particulier, d'importantes études sur l'histoire de l'Amérique
et sur le Moyen-Age. Né à Barcelone en 1824, il fut, avec Figueras, Salmerón,
Castelar et Serrano, l'un des chefs de l'éphémère République Espagnole qui
dura du 11 Février 1873 au 29 Décembre 1874—jour où le *pronunciamiento* de

Martínez Campos mit sur le trône le fils d'Isabelle II, Alphonse XII—, et est mort à Madrid, le 29 Novembre 1901, entouré de l'estime universelle. L'armée espagnole, dont les officiers sont aujourd'hui le plus ferme appui de la Royauté, comptait alors dans ses rangs de nombreux chefs républicains, formant une association révolutionnaire affiliée à d'autres groupements civils et Blasco Ibáñez, qui appartenait à l'un de ces derniers, fut mêlé à diverses tentatives de rébellion, que la vigilance des autorités monarchiques fit échouer, au dernier moment. C'est à la suite d'un essai de ce genre, en 1889, à Valence, qu'il se vit contraint, pour sauver sa liberté, de fuir à Paris, où il devait rester un an et demi. D'antérieurs soulèvements avaient jeté dans la capitale française une émigration considérable d'officiers et de journalistes républicains et le chef des activistes du parti, le Castillan D. Manuel Ruiz Zorrilla, né à Osma en 1834, mort à Burgos en 1895, réunissait autour de lui, dans son appartement d'une des avenues proches de l'Arc de Triomphe, la fine fleur de ces conspirateurs malheureux. Blasco s'était installé sur la montagne Sainte-Geneviève et vivait assez à l'écart de ces émigrés politiques. Il occupait une chambre dans un hôtel qui existe toujours, l'*Hôtel des Grands Hommes* et qui regarde l'aile droite du Panthéon, au N° 9 de la Place de même nom, hôtel dont presque tous les hôtes étaient des étudiants ou des étrangers, que l'ignorance, ou la bizarrerie de leurs noms faisait désigner par les numéros de la pièce par eux occupée. Blasco, qui avait la chambre N° 52, était donc, comme il aime plaisamment à le rappeler, «le grand homme N° 52».

Un de ses traducteurs français—le seul qui se soit donné la peine de lui consacrer une très courte notice en notre langue—M. F. Ménétrier, a prétendu, à ce propos, et à deux reprises—en Mars 1910, au N° 2 des *Mille Nouvelles Nouvelles*, p. 54, puis en 1911, en tête de sa traduction de *Entre Naranjos*—que Blasco Ibáñez était resté plusieurs années en France, lui attribuant la composition, à Paris, d'œuvres écrites en réalité à son retour en Espagne[22]. Son séjour dura exactement le temps que j'ai dit plus haut et le seul et unique ouvrage qu'il y composa fut cette *Historia de la Revolución Española*, que le prêtre D. Julio Cejador cite, dans la très confuse bibliographie des œuvres de Blasco qu'il a mise en 1918 à la suite de son article sur l'écrivain au t. IX de sa verbeuse et partiale *Historia de la lengua y literatura castellana*, comme ayant paru à Barcelone en 1894 en 3 volumes. C'est une œuvre destinée au peuple, qui avait été rédigée sur la demande d'un éditeur catalan et qui fut publiée par fascicules. Il ne faudrait d'ailleurs pas juger, par cette production de circonstance, de la nature des occupations de Blasco à Paris. En vérité, l'étude l'absorbait au point de lui faire oublier la politique. Précédemment, alors qu'il s'était jeté à corps perdu dans les agitations de son parti, il avait écrit trois romans et de nombreux contes. Par une curieuse anomalie, ce révolutionnaire, qui aspirait à la disparition d'un passé mort et d'institutions momifiées, ne savait, pour ses œuvres d'imagination, que puiser dans les âges révolus. Ses romans étaient historiques; ses contes, des légendes dont le décor fantastique et les sombres personnages étaient empruntés au Moyen Age. Ses travaux de débutant virent le jour dans des publications illustrées de Madrid et de Barcelone et ont même trouvé un éditeur pour les réunir en volumes. Mais leur auteur s'est toujours refusé à en autoriser la réimpression. Je respecterai donc sa pudeur à l'endroit de ces fils premiers-nés de sa verve de créateur et passerai outre, moi aussi.

Peu avant son départ pour Paris, à vingt-deux ans, il avait achevé ses deux premiers romans d'ambiance moderne: *El Adiós de Schubert* et la *Señorita Norma*. Ce sont des œuvres de peu d'étendue, qui produisirent quelque sensation dans le public et furent cause que, pour la première fois, des critiques daignèrent s'occuper du romancier Blasco Ibáñez. Celui-ci ne les en a pas moins condamnées à l'oubli, comme tout le fatras de ses romans historiques, et s'est toujours opposé également à ce qu'elles fussent rééditées. A Paris, l'on a vu qu'il écrivait peu, bien qu'il y lût beaucoup. Il était dans cette situation psychologique spéciale d'un être qui, prévoyant obscurément que de grandes choses lui étaient réservées, profitait tacitement de cette courte trêve du Destin pour se préparer à vivre. La plénitude de son exubérante jeunesse, l'ardeur physique de son tempérament viril le rendaient doublement heureux, en ce Quartier Latin de la bonne époque, débordant de joyeuse sève française, aux amours faciles, à l'existence matérielle aisée. Sa famille lui assurait trois cents francs chaque mois: une petite fortune en ces jours lointains! Les correspondances qu'il envoyait à divers journaux espagnols ajoutaient une centaine de francs à la manne familiale. Que fallait-il de plus pour apparaître, aux yeux des faméliques bohêmes de l'*Hôtel des Grands Hommes*, nimbé de l'auréole d'un satrape? C'était, surtout aux premiers jours du mois, une bombance entre camarades, dont Blasco supportait généreusement tous les frais et comme, alors, il se croyait obligé, à titre d'Espagnol, de ne pas démentir la légende du Don Quichotte fanfaron et bon enfant, il s'était mis à la tête d'une bande allègre de gais lurons, Espagnols et Hispano-Américains, dont les exploits devinrent promptement légendaires au Quartier. Un soir, au Bal Bullier, l'ordre fut tellement troublé par ces joyeux drilles, que les gardes républicains durent intervenir et expulser *manu militari* la troupe tapageuse et son chef.

Blasco Ibáñez, lorsque, étant à Paris, le hasard le ramène sur cette Place du Panthéon, où l'*Hôtel des Grands Hommes* réveille ses vieux souvenirs, ne manque pas, montrant le poste de police installé dans l'édifice qui sert de Mairie au Ve Arrondissement, de dire à ses compagnons, en guignant malicieusement de l'œil: «¡*Las veces que nos han traído aquí, de noche!*»[23]. Il y avait, en ce temps là, au bureau du poste de police, un vieux fonctionnaire qui, sous l'Empire, avait été, lui aussi, conspirateur républicain et qui, au courant des antécédents politiques du jeune Blasco, considérait comme son devoir de le tancer vertement, encore qu'avec une secrète sympathie, lorsqu'il le voyait entrer, confondu pêle-mêle avec des filles et tout l'élément composite d'une bataille nocturne à Paris, aux alentours de la Sorbonne. «*Comment*, s'écriait ce brave homme, *n'avez-vous pas honte de mener une telle existence? Vous, exilé pour la cause glorieuse de la Liberté!*» Le captif avouait humblement sa honte, était loyalement relâché et recommençait de plus belle, à la prochaine occasion. Pourtant en guise de pénitence, il s'était imposé la noble tâche de racheter de la perdition quelques Madeleines repentantes et ses succès, sur ce terrain spécial de l'apostolat évangélique, eussent été, m'a-t-il déclaré, de nature à rendre jaloux cet excellent Père de la chanson, lequel, pour le rachat de leurs manquements, imposait le recommencement aux agnelles perdues qui lui confessaient certains péchés mignons...

En 1891, une amnistie des délits politiques ayant été accordée par le gouvernement espagnol, Blasco put rentrer dans sa patrie. Il y revint tout autre qu'il en était sorti. Désormais, c'en fut fait de la dissipation. L'austérité et le travail devinrent les maîtres de sa vie. Il se maria et recommença la propagande républicaine, mais en lui consacrant une énergie concentrée, toute nouvelle. Aujourd'hui qu'il s'est retiré de la politique militante, qu'il veut oublier ses triomphes oratoires et ses polémiques de presse, l'évocation de ces années obscures est propre à l'attrister. Pourtant, comment taire une période où jamais il ne montra un plus absolu désintéressement, un dévouement plus complet en faveur de la cause de l'émancipation de ce pauvre peuple d'Espagne? Il avait fondé *El Pueblo*, feuille toujours existante et qui est l'un des plus vieux journaux radicaux d'Espagne. Une telle entreprise, il la risqua sans appui pécuniaire aucun et, pour soutenir son journal, il dépensa tout ce qui lui était revenu à la mort de sa mère et d'autres biens de famille encore. On sait ce qu'il en est des journaux de parti, spécialement ceux d'idées dites «avancées». Les bailleurs d'annonces se garent d'eux comme de la peste, leurs abonnés sont clairsemés et le plus net de leurs revenus doit donc provenir de la vente au numéro. Mais l'Espagne a une moitié de sa population qui est illettrée et comme *El Pueblo* s'adressait vraiment au peuple, l'on conçoit que, des presses qui l'imprimaient, coulassent plutôt des «bouillons» que le Pactole.

A ces déboires financiers s'ajoutaient les mille tracas de la systématique persécution des autorités, qui ne pouvaient admettre les campagnes acharnées du journal contre le système gouvernemental monarchique. La prison: telle était la riante perspective qui s'offrait désormais à la vue de Blasco et il en prit plus d'une fois le chemin, non pas, comme au Quartier Latin, pour y être élargi après une paternelle semonce, mais pour y faire connaissance avec le régime cellulaire espagnol, qui n'a rien de particulièrement attrayant. Mais déjà sa seule vie quotidienne de journaliste était une sorte de bagne. D'abord, il lui fallait écrire chaque jour plusieurs articles. Ses compagnons de rédaction étaient de jeunes enthousiastes, qui travaillaient gratuitement. Aussi réclamaient-ils l'aide de leur Directeur pour les rubriques les plus diverses et cette besogne qui commençait à 6 heures du soir—le *Pueblo* paraissant le matin—ne se terminait qu'à l'aube suivante. Un Valencien, qui a eu l'occasion de participer à cet apostolat, m'a affirmé que, sauf la composition et le tirage de sa feuille, Blasco Ibáñez faisait tout le reste et qu'il aidait même fréquemment ses reporters à confectionner de quelconques faits-divers. Cette intense production au jour le jour dura près de dix années. Elle est malheureusement perdue pour nous. Il est vrai que la majorité de ces articles étaient des improvisations politiques, dont le caractère d'actualité constituait le mérite principal et qu'à ce titre, ils n'offriraient qu'un intérêt très relatif. Cependant, mêlés avec eux, on trouverait des études littéraires et artistiques, des essais de critique, tout un côté intéressant d'une ardente propagande, qui tendait à offrir au peuple, en même temps que la liberté civique, la jouissance du Beau, jusqu'alors propriété exclusive des privilégiés de la Fortune. Aucun de ces travaux n'a été conservé par Blasco. Il y a plus. Dans sa haine pour les paperasses accumulées, dont j'ai parlé suffisamment, il a détruit, il y a bien longtemps, toute la suite du *Pueblo* et la rédaction du journal n'a commencé à en collectionner les numéros que lorsque son fondateur eut cessé de le diriger. Peut-être, cependant, qu'en une discrète bibliothèque d'Espagne, l'on en trouverait les volumes reliés, au fond d'un poussiéreux magasin... Quoiqu'il en soit, Blasco ne se repent guère de cette destruction, à en juger par ce qu'il écrit dans le prologue «Au lecteur» de son dernier livre, sur *El Militarismo Mejicano*, p. 12: «J'ai toujours considéré les tâches du journalisme comme un travail éphémère, dont l'existence conditionnée et rapide ne mérite pas de se prolonger dans un livre. Je n'ai réuni en volumes que mes contes et non tous, ainsi que quelques articles littéraires, en très petit nombre. Je n'ai jamais considéré comme dignes de figurer sous une couverture d'éditeur mes travaux concernant la politique, la sociologie, l'histoire, etc. J'ai été, de longues années, journaliste, écrivant chaque jour un ou deux articles. Le lecteur dont la bienveillance me favorise s'imaginera aisément de quel péril l'a délivré mon manque de passion de collectionneur... Si j'étais de ces auteurs qui croient faire tort à la postérité lorsqu'ils oublient de réunir en volumes jusqu'aux lettres par eux envoyées à des amis, il existerait, à cette heure, de trente à quarante tomes d'articles de Blasco Ibáñez. Car j'en ai produit par milliers et je les ai si complètement oubliés, qu'il me serait parfaitement impossible, même si je le voulais, de les retrouver aujourd'hui...»

C'est dans cette période agitée que le futur maître du roman espagnol écrivit les œuvres d'imagination les plus vigoureuses de sa période valencienne. *El Pueblo* accueillit la plupart des contes qui forment actuellement les deux recueils intitulés: *Cuentos Valencianos*—qui en contient treize—et *La Condenada*—qui en contient dix-sept. *Arroz y Tartana*, son premier roman vraiment littéraire, et *Flor de Mayo*, furent d'abord des feuilletons du *Pueblo*. Puis, lorsque Blasco eut purgé la peine du bagne dont il va être question à la fin de ce chapitre, c'est encore dans le *Pueblo* que *La Barraca*, cette œuvre qui le fit connaître à l'Europe, fut publiée par tranches quotidiennes. Toutes ces créations, que l'on s'accorde à définir comme les plus fraîches et les plus attrayantes de notre auteur, ont cependant été composées dans le tohu-bohu d'une salle de rédaction de feuille populaire et sans autre prétention que celle de distraire la plèbe qui en formait la clientèle fidèle. Voilà ce qu'aucun critique n'avait songé à dire et l'observation méritait d'être faite. Le même garant de Valence que j'ai cité plus haut, me décrivant la façon de travailler de celui qu'il appelait alors «*el jefe*»[24], m'a dit, à la lettre, ce qui suit: «Il ne se couchait que plusieurs heures après le lever du soleil. Sa vie normale commençait donc dans le milieu de l'après-midi. A la nuit tombante, je le trouvais installé au journal. Il faut que vous sachiez que la rédaction du *Pueblo* était installée dans une vieille bâtisse du XVIᵉ siècle, avec un énorme salon, dont des colonnes salomoniennes soutenaient le haut plafond. Dans cette pièce gigantesque, la caléfaction n'existait pas et les fougueux rédacteurs y tremblaient, l'hiver, d'un froid humide. Blasco avait installé sa table à l'un des angles de ce hall. Son travail était haché d'interruptions, obligé qu'il se voyait de recevoir à tout instant les coreligionnaires qui, seuls ou en groupes, venaient le consulter. Ce n'est guère que passé minuit qu'il commençait à être délivré de ces visiteurs enthousiastes. Jusque vers trois heures du matin, il continuait la rédaction, classant les télégrammes de la dernière heure. A partir de trois heures, il restait seul, dans le hall plongé dans une obscurité que coupait sa petite lampe[25]. C'est alors qu'il écrivait ses contes, ceux que vous savez, et aussi cette merveilleuse histoire d'amour qui s'appelle: *Entre Naranjos*. Sous lui trépidait notre vieille presse, cependant qu'aux fenêtrages du salon immense, l'aurore aux doigts de rose teignait de vives nuances les vitres anciennes. Son existence était d'une laborieuse monotonie, entrecoupée, comme seuls incidents notables, d'excursions forcées aux geôles de la ville et même—à la suite de voyages de propagande politique en ces deux cités—à celles de Madrid et de Barcelone. Il vivait dans la plus extrême pauvreté, ayant perdu tout son avoir dans cette mauvaise affaire du journal à maintenir et, d'autre part, ne gagnait rien avec la plume, vu qu'il ne disposait pas du temps nécessaire pour écrire ailleurs qu'au *Pueblo*. Il soutint aussi de fréquents duels avec ses adversaires politiques.»

Ces duels sont restés célèbres en Espagne et l'auteur de l'article dédié à Blasco Ibáñez au T. VIII de l'*Enciclopedia Espasa*—publication de premier ordre, qui fait honneur aux éditeurs barcelonais qui l'entreprirent et sauront la mener à bien—a cru devoir rappeler comme particulièrement sensationnels ceux qu'il eut avec D. R. Fernández Arias, directeur de la feuille des officiers espagnols: *La Correspondencia Militar*, et avec le général Bernal. Je raconterai, plus loin, celui, plus fameux encore, avec certain lieutenant de la Sûreté, à

Madrid. Mais, avant d'en venir à cet incident, il en est un autre que je dois conter et dont les conséquences furent d'une gravité extrême pour Blasco. C'était en 1895—lors de la seconde et dernière guerre d'indépendance de l'île de Cuba contre l'Espagne. On sait que la perle des Antilles, après un premier essai de rébellion en 1868, dompté par Martínez Campos, s'était soulevée de nouveau sous la direction du général cubain Gómez, déjà impliqué dans le soulèvement de 1868, et de l'avocat D. José María Martí, ainsi que du patriote D. Antonio Maceo. Blasco Ibáñez voulait que fût reconnue l'indépendance de Cuba et, par suite, s'opposait à la continuation d'hostilités parfaitement inutiles—on ne le vit que trop dans la suite. Son maître, Pi y Margall, soutenait, d'ailleurs, la même thèse que lui: avec cette différence, toutefois, que le disciple, plus jeune et plus agressif, tendait aux solutions extrêmes et, ne se bornant pas à exposer des doctrines de cabinet, n'hésitait point à descendre dans l'arène des réunions publiques, où le *leit-motiv* de ses discours était que l'Amérique espagnole s'étant séparée de l'Espagne depuis un siècle après des luttes aujourd'hui oubliées, il n'y avait pas de raison sérieuse de s'opposer à ce que Cuba suivît cet exemple, puisqu'au bout de l'émancipation, l'amitié entre la mère-patrie d'antan et ses filles affranchies était chose certaine. Mais le gouvernement central madrilène ne l'entendait pas ainsi, d'autant plus que le mouvement de protestation populaire avait vite pris un caractère d'émeute, parce que, le service militaire obligatoire n'existant point alors en Espagne, c'étaient les fils des pauvres seuls qui, ne pouvant se racheter contre argent sonnant de leur devoir de servir, étaient forcés d'aller, en vertu du tirage au sort, défendre à Cuba les privilèges de quelques gros fonctionnaires de la Couronne. Blasco Ibáñez lança donc le cri: «*¡Que vayan todos á la guerra, ricos y pobres!*»[26], interprétant ainsi la commune pensée du peuple. Dès lors, les manifestations s'exaspérèrent et les femmes, en particulier, commencèrent à s'opposer violemment à l'embarquement des troupes expéditionnaires. Dans une de ces manifestations, organisée par *El Pueblo* et son rédacteur en chef à Valence, la protestation dégénéra en combat, où les gardes à pied et à cheval se virent repoussés par la multitude, et perdirent, malgré qu'ils se défendissent à coups de sabres et de fusils, plusieurs des leurs. La ville fut mise en état de siège, la loi martiale proclamée et Blasco décrété de prise de corps par les autorités militaires, heureuses de pouvoir enfin, une bonne fois, se défaire d'un redoutable ennemi. Il serait superflu de s'arrêter ici à considérer ce qui fût advenu de Blasco Ibáñez, si sa capture eût été réalisée à l'issue de cette échauffourée. Le cas d'un certain Francisco Ferrer, Catalan d'Alella, fondateur de la *Escuela Moderna* et fusillé, le 13 Octobre 1909, à Montjuich, comme instigateur de la Révolution à Barcelone, est encore trop frais dans toutes les mémoires pour que j'insiste. Mais les marins et les pêcheurs du port de Valence, de tout temps grands enthousiastes du jeune romancier, eurent le bon esprit de le tenir longtemps caché dans des antres secrets qui servent bien souvent aux contrebandiers, jusqu'à ce qu'une certaine nuit, déguisé en matelot, le proscrit, dont la tête était condamnée, utilisa le départ d'un bateau se rendant en Italie pour, à une grande distance de la côte, passer à bord et échapper ainsi aux poursuites.

Son séjour de plusieurs mois au «pays de l'art» permit au fugitif de parcourir en tous sens la péninsule et d'en visiter, quoique sans argent, les principales curiosités, réalisant de façon fort imprévue le plus cher désir de tout véritable homme de lettres, et, dans son cas particulier, un vœu qu'il caressait dès l'enfance. Depuis, il est retourné, et à diverses reprises, dans la Péninsule Italique, en y jouissant de tout le confortable d'un voyageur aisé. Il n'y a point éprouvé la fraîcheur, ni la vivacité des sensations de ce premier voyage forcé, où il n'avait pour tout bagage qu'une modeste valise et se voyait contraint de se priver du plus essentiel, s'il voulait ne point être rapidement obligé de mourir de faim. Tous ces enthousiasmes ont pris corps dans une suite d'articles envoyés au *Pueblo* et qui, réunis en volume, sous le titre: *En el País del Arte (Tres meses en Italia)*[27], volume souvent réimprimé depuis 1896, contribuèrent à lui conquérir, en Espagne, un renom de paysagiste et de descriptif aux touches vigoureuses et évocatrices, suggérant la vie avec de simples mots et la rendant aussi nettement que, si au lieu d'une plume, il eût manié le pinceau. Cependant les événements qui se précipitaient, en Espagne, par suite de la déroute cubaine, avaient vite fait oublier le choc sanglant de Valence. Blasco put ainsi revenir en cette ville, mais en y restant soumis à la surveillance des autorités militaires, qui ne le perdaient pas de vue.

A peu de temps de là, les émeutes recommencèrent de plus belle et des bandes républicaines se mirent à battre la campagne. Ce prétexte futile parut suffisant pour, de nouveau, incarcérer Blasco et lui faire le procès qu'avait évité sa fuite en Italie. Dans une caserne d'infanterie siégeait un conseil de guerre, entouré de tout l'appareil martial coutumier. Blasco y comparut entre une haie de baïonnettes. L'accusateur, un colonel, réclamait pour lui la peine de quatorze ans de bagne. L'accusé négligea de rien dire pour sa décharge. Il fut pourvu du défenseur d'office, prévu par la loi et n'ajouta pas une parole à son plaidoyer, sachant que c'eût été peine perdue. La délibération des colonels qui constituaient le tribunal, fut longue et entrecoupée de nombreuses consultations des supérieurs. Quand la sentence fut enfin arrêtée, les ombres de la nuit avaient envahi le ciel de turquoise de la *Huerta*. Dans une cour de la caserne, à la pâle lumière d'un falot, Blasco apprit que la justice des officiers l'estimait digne d'apprendre à mieux observer l'ordre social par eux incarné, non pas, comme c'eût été logique, dans une forteresse, mais, et en dépit des dispositions légales, au *presidio*, entre des assassins et des voleurs. Dans cet enfer d'ignominie et de servitude, Blasco Ibáñez est resté plus d'un an et, aujourd'hui encore, il ressent, à parler de ces jours néfastes, comme la glaciale sensation d'un sépulcre lui tenailler le corps. L'édifice où on l'enferma a été démoli. Il était situé dans le vieux Valence, entre un lacis de tortueuses ruelles où jamais ne pénétrait un rayon de soleil. Construite pour héberger quelques douzaines de moines, cette geôle donnait alors asile à plus de mille détenus. Afin d'éviter des contagions trop naturelles avec une telle agglomération de chair humaine, on procédait, chaque jour, à un lavage à grands flots de l'édifice, comme sur le pont d'un navire. Mais ces arrosages continuels y faisaient régner une telle humidité, que la vieille bâtisse rendait l'eau par tous ses pores et qu'une malsaine buée se dégageait de ses murailles, engendrant des miasmes pestilentiels. Du fond des puits qui servaient de cours, les forçats contemplaient d'un œil avide le lointain reflet solaire, qui, à midi, dorait l'arête des toits voisins, sans jamais se risquer à descendre dans ces fosses d'abomination et de désespoir. La marche, de plus en plus déplorable, de la guerre cubaine avait eu pour effet—comme il arrive toujours en de telles circonstances—de redoubler les rigueurs officielles, déjà extrêmes, à l'endroit de Blasco. Le personnel des gardiens du bagne, sachant que, s'il était là, c'était à cause du peuple, dont ils étaient, le traitait avec tous les égards possibles. La pâle troupe des galériens, où quelques monstres à l'horrible passé figuraient, n'avait pas tardé non plus à subir l'ascendant moral de ce grand conducteur d'hommes et à le respecter, avec cette déférence qu'impose, aux pires scélérats, le contact d'une nature supérieure, s'efforçant même, par une émulation touchante, de lui rendre, dans la mesure de leurs faibles moyens, sa situation plus sortable. Mais le gouvernement activait la surveillance et donnait des ordres précis. Blasco était l'ennemi de la patrie. Il devait être soumis au régime le plus rigoureux. Parce qu'il avait voulu la liberté de Cuba, on exigea que les quelques douceurs dont l'administration l'avait gratifié, fussent impitoyablement supprimées. Plus de livres, plus de papier, plus de crayons pour cet *outlaw*. Ni lecture, ni écriture pour ce paria. Il eut sa merveilleuse chevelure, trophée de virilité exubérante, rasée. Il porta l'uniforme infamant de la chiourme. La seule faveur qui fut maintenue, et encore à la condition expresse de rester secrète, ce fut de lui permettre de coucher à l'infirmerie, où mouraient les phtisiques, victimes de l'effroyable discipline de ces lieux.

Blasco Ibáñez n'a pas cru devoir écrire, comme Silvio Pellico, ses *Prisons*. A peine trouve-t-on dans ses contes quelque directe allusion à l'horreur des *presidios* en Espagne. Ainsi, dans celui qu'il a intitulé: *Un funcionario*, p. 99 de son recueil: *La Condenada*, et le conte même qui a donné son nom à ce recueil, p. 5. Dans le premier, il décrit la vie du bourreau de Barcelone, qui, une certaine nuit, avait logé près de lui au bagne. Dans le second, il relate les impressions qu'il avait gardées d'un pauvre diable de condamné à mort, avec qui il s'était entretenu plus d'une fois, à travers la grille de son cachot. Peut-être, enfin, faut-il encore rattacher à ces souvenirs le petit récit où figure un *golfo*[28] incarcéré: *La Corrección*, p. 133 des *Cuentos Valencianos*. Mais, dans ses romans, rien, absolument rien ne transparaît de cette période, qui reste encore aujourd'hui le cauchemar de Blasco.

Cependant l'opinion espagnole s'était émue en présence du cas de cet écrivain, déjà assez célèbre, que l'on traitait en criminel de droit commun. Un mouvement de protestation nationale s'esquissa. A plusieurs reprises, l'Association de la Presse réclama du gouvernement de Madrid l'élargissement du détenu, jusqu'à ce qu'enfin son président d'alors, D. Miguel Moya, journaliste bien connu et d'un réel talent, obtint de la Reine Régente l'indult du forçat. Blasco Ibáñez avait passé un an et plusieurs mois en captivité, une captivité dont le lecteur a bien compris toute l'horreur. On ne l'élargit qu'à condition qu'il résiderait à Madrid et viendrait se présenter chaque matin au bureau de la Place. De cette façon, cet homme dangereux restait à portée de l'autorité, qui avait juré, comme on dit, d'avoir sa peau et le voyait à contre-cœur lui échapper. Il importe, à ce propos, de dissiper une erreur commise par le traducteur déjà cité, M. F. Ménétrier, qui, dans la courte notice à laquelle j'ai renvoyé, prétend que Blasco Ibáñez fut amnistié au bout de neuf mois; après quoi, il se serait fixé près de Torrevieja, où il aurait écrit la plupart des nouvelles recueillies ensuite sous le titre: *La Condenada*; après quoi, enfin, et à un an de là, il serait revenu, en 1898, à Valence pour y être élu député et y composer *La Barraca*. En réalité, il n'écrivit pas une seule ligne à Torrevieja, port de mer entre Alicante et Carthagène, dont les salines sont connues. Il n'y passa qu'un mois, pour y prendre des bains, avec la permission spéciale de la *Capitanía General* de Madrid, séjour sans importance qui précéda, en effet, de peu sa nomination de député.

Cette nomination, acte spontané du peuple de Valence et effectuée à une énorme majorité, transformait incontinent la victime en personnage officiel, couvert par l'immunité parlementaire. Mais elle ne faisait nullement de Blasco un politicien, dans le sens que l'on donne ordinairement à ce vocable. Les défauts du parlementarisme—dont la nuance espagnole ne laisse pas d'être tout à fait *sui generis*—et le caractère conventionnel des partis, devenus une sorte d'entité légale, n'ont jamais eu le don de le séduire. Enthousiaste romantique, il a été un agitateur républicain, capable de donner sa vie pour son idéal, mais a toujours ressenti, pour la comédie parlementaire de Madrid, une répugnance instinctive. Si, dès l'enfance, l'atmosphère romanesque des conspirations l'avait séduit, le rêve de devenir député n'avait, par contre, oncques hanté son cerveau. Mais il n'en accepta pas moins, avec reconnaissance, cette investiture qui le mettait à l'abri des coups sournois d'ennemis qui, procédant jusqu'alors avec un arbitraire tout-puissant, se voyaient maintenant arrêtés par le caractère intangible du représentant de la nation, d'autant plus qu'à cette époque le Parlement espagnol concédait fort rarement l'autorisation préalable d'arrestation d'un de ses membres. J'ai entendu conter, sur Blasco Ibáñez député, une jolie anecdote, dont, cependant, je n'oserais garantir l'authenticité, puisque, le jour où je la rapportai au maître, il se borna à sourire. Néanmoins, étant donné son caractère, je la considère comme fort vraisemblable. Il avait alors trente ans et travaillait plus que jamais pour la cause républicaine. Or, son parti se trouvait préparer, avec la complicité de certains généraux, un grand mouvement antimonarchique, dont le succès paraissait alors assuré. Beaucoup d'officiers supérieurs avaient juré de tirer l'épée pour la Cause et le coup eût peut-être abouti, si, comme toujours, le gouvernement, averti à l'instant critique, n'eût recouru au biais ingénieux de doter de grasses sinécures ces chefs mécontents, lesquels, naturellement, se rangèrent *ipso facto* aux côtés de la royauté. Mais, quand ils étaient encore dans toute la ferveur de leur zèle révolutionnaire, il y avait eu, une nuit, une assemblée secrète, qui s'était prolongée jusqu'au matin et à laquelle avait assisté, naturellement, Blasco. On y avait réglé jusqu'en ses moindres détails l'acte libérateur. On était allé jusqu'à dresser la charte et établir les cadres du nouveau régime, en s'en répartissant les divers portefeuilles: «Vous, Blasco, dit le président du conciliabule, il faudra que vous vous chargiez de l'Instruction Publique, non pour l'Instruction en elle-même, mais à cause des Beaux-Arts, qui en dépendent...»—«Moi, répliqua l'interpellé avec stupeur? Quelle plaisanterie! Je n'ai jamais songé, pas même en rêve, à être converti en ministre. Si vous tenez absolument à ce que je sois quelque chose dans votre combinaison, envoyez-moi, de grâce, comme ambassadeur à Constantinople et permettez que j'emmène avec moi, à titre de conseillers d'ambassade, un groupe de jeunes écrivains...»

Cette boutade, si jamais elle fut prononcée, renfermerait une vérité profonde. Et c'est celle-ci: que Blasco Ibáñez n'eût pas été homme de gouvernement. En tant que chef de parti, sa situation ne laissait pas d'être singulière. Son titre, en effet, était purement nominal. En vérité, qui commandait, c'était son état-major et lui, ne faisait qu'obéir à ses subordonnés. Combatif avec l'ennemi, il n'était plus, au milieu des siens, qu'un bon camarade, d'un libéralisme anarchique. Il ne manquait jamais, après avoir communiqué une décision, d'ajouter aussitôt: «*Esto es lo que yo considero mejor, pero si ustedes opinan lo contrario, yo los seguiré, ocurra lo que ocurra...*»[29]. Beaucoup d'apparentes sottises, de pas de clerc dans sa vie politique ont été commis sciemment, à seule fin de ne pas contrarier ceux qui l'entraînaient à leur remorque. Quelques hommes astucieux et d'un sens pratique aigu exploitèrent habilement cette faiblesse pour, vivant à l'ombre du maître, faire profiter leurs combinaisons égoïstes du prestige populaire de Blasco et confisquer à leur avantage cette partie imposante de l'opinion publique ralliée autour de son nom. C'est à l'un de ces arrivistes sans vergogne qu'est attribuée une phrase qui peint en pied cette tourbe impudente. Comme on lui demandait pourquoi il se refusait à obtempérer aux consignes du patron, il répliqua cyniquement: «*Les chefs véritables du parti, c'est nous.*»—«*Mais alors*, fut-il objecté, *que devient, dans ce système, D. Vicente?*»—«*Don Vicente, c'est le héros!*» Réponse qui dégage toute la moralité de cette période. Le héros était bon pour recevoir les coups et souffrir les privations.

Quant aux profits, ces Messieurs de l'arrière-garde s'en étaient généreusement réservé le monopole.

Durant six législatures successives, Blasco Ibáñez représenta Valence à la Chambre espagnole. Si son titre de député le mettait à l'abri des persécutions que lui eût valu son activité politique, en revanche le contact familier avec ceux que l'on pourrait appeler les professionnels de cette même politique, agit sur lui à la façon d'un révulsif. Peu à peu, ses illusions d'agitateur s'évanouirent, à la pratique quotidienne de la comédie parlementaire espagnole, en même temps que disparaissaient de l'arène les derniers officiers républicains, jadis si nombreux dans l'armée. Sous la régence de Marie-Christine, l'armée espagnole offrait ce spectacle curieux que, contre toute logique, c'étaient les vieux officiers, colonels ou généraux, qui se montraient partisans de la République, ou, du moins, d'un libéralisme avancé, et qu'au contraire, les jeunes sous-lieutenants ou capitaines étaient monarchistes et conservateurs. Une telle anomalie s'explique, si l'on songe que les vieux avaient pris part à la révolution de 1868—qui fit descendre du trône l'autre Marie-Christine, non d'Autriche celle-là, mais de Bourbon—et qu'étant morts, en majorité, après les guerres coloniales, le peu qui en survivaient se rallièrent à la monarchie d'Alphonse XIII, lorsque celui-ci, à l'âge de seize ans, en 1902, eut pris possession du pouvoir royal: les uns par découragement, les autres par intérêt. Blasco, qui menait de front le métier de député et celui de conspirateur, lorsque toute possibilité de réaliser ce rêve républicain qu'il avait si tenacement caressé, lui fut apparue irrémédiablement chimérique, voulut laisser là la politique et refuser le mandat de député. La sixième fois qu'il fut nommé, son dégoût était si manifeste qu'il apparut clairement qu'à la prochaine législature, ses électeurs n'auraient plus raison de sa volonté. Je ne ferai pas l'histoire des luttes intestines, des envies, des rivalités, des trahisons qui, alors, empoisonnaient sa vie et qu'il considère aujourd'hui de très haut, avec un sourire où l'ironie se mêle à l'effroi. Une phrase de lui suffit à caractériser son attitude actuelle à l'endroit de ce lointain passé. C'est cette simple, courte et éloquente exclamation: «¿Y yo he podido vivir así?»[30].

Vers 1909, comme ses mandataires insistaient pour qu'il acceptât, une septième fois, d'aller les représenter à la Chambre, Blasco Ibáñez leur fit, en résumé, le discours suivant: «Il y a, en Espagne, vingt mille Espagnols qui peuvent être députés et remplir leur rôle aussi bien, sinon mieux que moi-même. En revanche, il en est un peu moins qui soient capables d'écrire des romans passables. De grâce, permettez-moi de suivre enfin ma voie véritable!» Cette décision n'impliquait nullement une renonciation à l'idéal politique d'antan. Ceux qui connaissent intimement Blasco Ibáñez savent que c'est un grand romantique et que la plus amère déception de son existence, ce sera peut-être de voir venir la mort en sa demeure, sans avoir vu venir auparavant la République en Espagne. Et je ne crois pas me tromper en affirmant qu'au contraire, la plus grande joie de sa vie consisterait pour lui à atteindre l'extrême vieillesse, à servir, drapeau vivant, de symbole aux masses libérées de son pays et à tomber, tel le vieux héros des *Misérables*, en dernière et sublime victime sur la dernière des barricades de la révolution triomphante...

Mais, avant de clore le chapitre où se termine le long épisode parlementaire de Blasco Ibáñez, ne faudrait-il pas que je narre—puisqu'il rentre dans cette période—le duel avec le lieutenant de la Sûreté dont j'ai parlé plus haut et qui ne fut que l'un des nombreux incidents de sa carrière de député agitateur, plusieurs fois blessé—et deux fois très grièvement—dans ces rencontres que l'intempérance de son langage lui attirait? Cependant, comme ce récit a sa place naturelle au chapitre V, je terminerai sur une historiette d'un autre genre, qui montre combien le métier du leader républicain, obligé bien souvent à outrer son attitude et ses discours pour contenter ce même peuple dont il tient son mandat, peut nuire à la carrière d'un écrivain. *La Barraca, Cañas y Barro* et *La Catedral* avaient été rédigées dans des séjours alternés à Madrid et à Valence. Puis Blasco s'était installé dans le petit hôtel voisin de la *Castellana*, qu'il finit par acheter, et c'est là qu'il avait écrit *El Intruso, La Bodega, La Horda, La Maja desnuda, Sangre y Arena* et *Los Muertos mandan*. Ce dernier livre, qui porte la date de Mai-Décembre 1908, clôt l'ère madrilène. Car *Luna Benamor*, publié en volume au printemps de 1909, date, sous forme des six contes et des cinq esquisses qui complètent cette touchante nouvelle, d'époques diverses, mais antérieures. Il faut dire, pour expliquer la composition de ces six romans en cinq ans—de 1904 à 1908—, que le sixième mandat de député de Blasco Ibáñez avait été presque platonique, vu qu'il n'allait même plus aux séances de la Chambre. *La Barraca*, après avoir paru dans *El Pueblo*, avait été réunie en un modeste volume dont il ne s'était vendu que quelques centaines d'exemplaires. Puis *El Liberal* de Madrid, alors le journal le plus lu d'Espagne, l'avait redonnée en feuilleton. Cette fois, le succès avait été franc et la vente considérable. Quand parut *Entre Naranjos*, en 1900, les amis du romancier lui offrirent un grand banquet dans les jardins—aujourd'hui disparus et en partie occupés par la nouvelle Poste— du *Buen Retiro*. Pérez Galdós, le patriarche du roman espagnol, présidait cette fête, où de nombreux auteurs prirent la parole et à l'ornementation de laquelle avaient été conviés les artistes valenciens résidant à Madrid. Ce fut la cérémonie dont le retentissement devait être grand et qui ne contribua pas peu à accréditer le renom de l'écrivain. Cependant, je tiens d'un libraire bien connu de la capitale espagnole que, fort après cette époque, à peu près chaque fois qu'il lui arrivait de recommander une œuvre de Blasco à sa clientèle aristocratique, il en recevait presque infailliblement une réponse dans ce genre: «*Pero este Blasco Ibáñez, ¿es pariente del diputado republicano?*»[31]. Et, sur l'affirmative que c'était le même homme, le monsieur et la dame distingués laissaient tomber dédaigneusement un livre jugé indigne de tout intérêt...

BLASCO AVEC SA FAMILLE SUR LA PLAGE DE MALVARROSA
Il avait coutume, chaque matin, de faire une partie de rowing dans le canot qui figure sur cette photographie, publiée par Blanco y Negro, l'hebdomadaire illustré de Madrid

BLASCO IBÁÑEZ PARLANT AU PEUPLE DANS LA SALLE DE JEU DE PELOTE BASQUE («FRONTÓN») A VALENCE

IV

Aversion pour les groupements littéraires.—Individualisme.—Le programme esthétique de l'auteur.—Ses goûts somptuaires: le «palais» de la Malvarrosa et le petit hôtel de Madrid.—Histoire d'une table de marbre.—Un voyage de Madrid à Bordeaux qui se termine en Asie Mineure.—*Oriente.*—Avec le «Sultan Rouge».—Le forçat au palais du souverain des *Mille et Une Nuits.*—La plaque de brillants de Blasco Ibáñez.—La mission que lui confie le Grand Vizir.—Le retour en Espagne en Novembre 1907.

En Espagne, comme en d'autres lieux, l'instinct grégaire se fait sentir, en littérature aussi bien qu'en politique et analogues variétés de l'activité humaine. C'est en vertu de cet instinct que la jeunesse littéraire tend à se grouper en clans avec chefs distincts, et à se proclamer, dans l'intérieur de chacune de ces petites chapelles fermées, l'unique dépositaire du Beau artistique et de la Vraie Doctrine, regardant avec dédain quiconque ne se rallie pas sous le même drapeau. Généralement, ces coteries ont un café qui leur sert de cénacle et c'est là que les membres passent leurs soirées et souvent une bonne partie de la nuit. On y discute à l'infini et de ces joutes oratoires, aussi brillantes que stériles, le résultat a coutume d'être complètement négatif. Qui dira combien d'adolescents et de jeunes hommes, admirablement doués et dont le talent, s'il eût été formé de plus méthodique sorte, se fût affirmé en œuvres durables, ont sombré dans ces coteries de stérile verbalisme, dans ces parlotes prétentieuses où il est question, à toute heure, du livre définitif que l'on écrira un jour et qui est condamné à rester, à jamais, inédit! Blasco Ibáñez a toujours fui ces *tertulias*[32]. Le contact avec les hommes d'action que lui avait valu son rôle d'agitateur politique, alors que son menton était encore vierge de tout duvet, lui faisait soigneusement éviter une stagnation oiseuse en compagnie d'écrivains discoureurs, quels qu'ils fussent. En outre, une instinctive répugnance pour tout ce qui, de près ou de loin, rappelle les groupements académiques, ou simplement d'hommes de lettres professionnels, l'écartait de milieux où l'on finit par concevoir la vie à travers la vision d'autrui et par produire, non selon son originalité et sa formule propres, mais d'accord avec le canon esthétique grégaire, de façon à s'assurer d'avance l'approbation des «chers collègues».

Blasco Ibáñez, s'il a toujours marché seul en littérature—nous verrons plus loin ce que signifie, en réalité, le reproche, qu'on lui a adressé si souvent, d'être un imitateur de Zola—c'est qu'il pense que, pour étudier la réalité, tant extérieure qu'intérieure, pas n'est besoin de s'emprisonner en vase clos avec des gens qui ne parlent que littérature et que cette manie professionnelle, qui est celle aussi, souvent, des officiers de carrière et des gens d'Eglise, n'aboutit qu'à déformer l'esprit. «Quand j'ai fini d'écrire,—m'a-t-il dit bien souvent—

je me plonge immédiatement dans la vie et me coudoie avec le public de la rue, avec les foules, bonnes ou mauvaises. En un mot, je tâche de m'assimiler les mille variétés diverses du réel. Voilà ce qui redonne au romancier la tonicité, perdue au cours de ses longues heures d'écriture, dans son cabinet. Voilà ce qui recrée l'activité productrice...» Je crois aussi qu'une des raisons— et non des moindres—pour lesquelles Blasco a une telle horreur des cénacles, c'est qu'un caractère franc et viril comme le sien ne s'accommoderait pas de l'esprit de médisance et de mordacité que l'on affirme y prévaloir. Sa claire vision des choses l'a, dès l'origine, sauvé d'un piège qui—car c'est un charmant, un intarissable causeur—eût été fatal à son génie, s'il se fût, lui aussi, laissé séduire par l'attrait de réunions où, quand on a pulvérisé en paroles les précurseurs, l'on n'est que trop enté de s'imaginer ouvertes, toutes grandes, les portes de l'Avenir. Un jour, à certain débutant, victime de telles fréquentations, Blasco tint ce petit discours: «Vous passez des nuits occupés à démontrer que *X.* est un imbécile. C'est parfait. Mais pour qui faites-vous ces démonstrations? Pour vous-mêmes, j'imagine. Et en quoi ces syllogismes-là vous avancent-ils le moins du monde? Ce qui importe, et souverainement, c'est de prouver que chacun de vous en particulier n'est pas l'imbécile que tous en chœur vous proclamez qu'est *X.* Mais une telle preuve, vous ne la fournirez qu'en travaillant d'arrache-pied et en produisant sans trêve. Si vous continuez à palabrer ainsi dans le vide, à échanger systématiquement des commérages de vieilles femmes dans la fumée et le brouhaha d'une tabagie, tout ce à quoi vous aboutirez, ce sera à démontrer que $n + p + q + r = x.$»

Même après être devenu célèbre, Blasco Ibáñez se montra obstinément fidèle à cet amour de la solitude. Le contraire, d'ailleurs, ne serait-il pas surprenant? Un tel producteur, qui souvent reste cloué douze heures consécutives devant sa table de travail, trouverait une médiocre volupté, après les laborieuses gestations de son puissant cerveau, à se repaître de truismes ou des pauvres sentences de la sagesse à la mode. Cependant, sa porte est ouverte à qui vient réclamer sa bienveillance. Mais son affabilité, en ces occurrences, s'exprime plus par des actes que par des paroles. Il n'est pas un jeune homme se risquant dans la carrière des lettres et lui demandant son appui, qui ait jamais été éconduit. Bien plus, Blasco Ibáñez s'intéresse, lorsqu'il la reconnaît bonne, pour l'œuvre ainsi soumise à son patronage et fait tant en sa faveur, qu'il lui trouve un directeur de journal ou de revue, ou même un éditeur. On aura remarqué, sans doute, qu'aucun de ses romans n'est précédé d'un prologue. Cependant, il eût été fort naturel qu'à ses débuts au moins, il cherchât—et il n'eût pas manqué d'en trouver—un illustre patron qui, en quelques lignes bienveillantes, l'eût présenté au public. S'il ne l'a pas fait, la chose est d'autant plus méritoire que, lorsqu'on lui demande d'écrire un avant-propos qui rehausse, de sa signature mondiale, une œuvre de débutant, il finit par s'exécuter, tout en prétextant que cela est inutile, que son prologue ne servira de rien, etc. Ainsi, tout récemment, a-t-il composé, pour le livre de M. E. Joliclerc: *L'Espagne Vivante*, une belle dissertation en faveur du problème, toujours à l'ordre du jour chez nous, parce que toujours non résolu: *Espagne et langue espagnole*, en l'envisageant sous quelques-uns de ses principaux aspects d'ordre historique. Ainsi encore, en pleine guerre, a-t-il mis, en tête du traité, si documenté et précis, de M. A. Fabra Rivas sur *El Socialismo y el Conflicto Europeo*, une vibrante préface où, déjà, il proteste contre cette ignorance systématique, chez nous et ailleurs encore, de l'Espagne et de sa littérature. «Les étrangers,—y disait-il, p. X, et le livre est de 1915—les plus érudits savent qu'il exista une littérature espagnole, puis-qu'ils l'étudient et qu'ils la commentent. Mais ils ne semblent guère être informés sur la suite contemporaine de cette même littérature. Soit paresse, soit routine, l'immense majorité continue à penser que l'Espagne est restée une nation de *toreros*, ou d'inquisiteurs, dont les femmes seraient ou des dévotes ou des ballerines. De temps à autre, on publie, à titre de spécimen exotique, quelque traduction espagnole en France, en Angleterre, en Allemagne. Mais il est vrai qu'on lit, désormais, si peu, en ce bas monde!»

Blasco Ibáñez, qui eût pu fonder en Espagne une école littéraire comme il y avait été, dans la région de Valence, chef du parti républicain, ne l'a pas fait par ce que persuadé de l'inefficacité des écoles littéraires. D'ailleurs, jusqu'à ces derniers temps, son existence a été tellement inquiète, tellement vagabonde, que l'on ne voit pas comment cette indécise jeunesse qui a besoin d'un berger qui la guide, eût pu se réclamer d'un chef toujours absent de son pays et qu'elle n'eût aperçu que par intervalles rapides et clairsemés. D'où l'impossibilité manifeste pour elle de le muer en idole, but et fin suprêmes de toute école de jeunes littérateurs. Mais si le maître eût aspiré, en sa patrie, aux lauriers de chef d'un cénacle réaliste, ses disciples eussent trouvé en lui plutôt un camarade d'âge, ignorant la pause, dénué d'orgueil, ne pensant qu'à l'œuvre de demain, ridiculement oublieux de l'œuvre d'hier. Quant à son programme, nous avons la chance de le posséder, sous forme d'une longue lettre adressée, le 6 Mars 1918, de Cap-Ferrat—entre Villefranche et Beaulieu, sur la Côte d'Azur—au prêtre D. Julio Cejador, qui l'a insérée en entier au tome IX de son *Histoire Littéraire* déjà citée, p. 471-478, en la traitant d'«admirable», encore qu'elle ait été écrite au courant de la plume. En voici les passages essentiels: «Parlons un peu du roman, puisque vous m'en priez. J'accepte la définition courante: «*la réalité saisie à travers un tempérament*». Et je crois encore, avec Stendhal, qu'«*un roman est un miroir promené le long d'un chemin*». Mais il est bien certain que le tempérament modifie la réalité et que le miroir ne reproduit pas exactement les choses, avec leur rigidité matérielle, mais qu'il confère à l'image cette fluidité, légère et azurée, qui semble flotter au fond des cristaux de Venise. Le romancier reproduit la réalité à sa façon, conformément à son tempérament, choisissant, de cette réalité, ce qui lui en semble saillant et négligeant, comme accessoires inutiles, le médiocre et le monotone. Ainsi opère le peintre, quelque réaliste qu'il soit. Velasquez reproduisait la vie mieux que personne. Ses personnages palpitent. S'ils eussent été photographiés directement, peut-être eussent-ils été plus exacts, mais ils vivraient infiniment moins. Entre la réalité et l'œuvre qui la reproduit, s'interpose un prisme lumineux qui défigure les objets, en concentre et l'essence et l'âme, et c'est le tempérament de l'auteur. Pour moi, c'est cela qui constitue le romancier, parce que c'est en cela que consistent sa personnalité, sa façon spéciale et individuelle de comprendre la vie. C'est là vraiment qu'est son style, dût son écriture apparaître négligée. Et comme, heureusement pour l'art, qui a en horreur la monotonie et les répétitions, les tempéraments varient avec les individus, vous voyez pourquoi je ne crois guère aux classifications, aux écoles, aux étiquettes de certaine critique. Tout romancier véritable reste soi-même et rien que soi-même. Qu'une lointaine parenté le rattache à d'autres, c'est fort possible, mais il n'existe pas de caste fermée. Je parle, évidemment, ici d'un romancier en pleine possession de ses moyens, au zénith de sa trajectoire, car, dans la jeunesse, il n'est que trop certain que nous subissons, tous, l'influence des maîtres qui jouissent alors de la renommée. Personne, ici-bas, n'échappe à ces influences supérieures. Notre présent est en fonction à la fois du passé et de l'avenir. En biologie comme en psychologie, on démontre que les générations qui nous ont précédé influent sur nous, que nous sommes les légataires d'une hérédité ancestrale, encore que, par l'action de notre libre arbitre, nous arrivions à en atténuer diversement les effets. Or, comment, en littérature, ne ressentirions-nous pas cette pression du passé et du présent, lorsque nous risquons nos premiers balbutiements...? De même que les religions, en tant que génératrices de consolation et d'espoir, sont assurées, à jamais, de la gratitude de leurs fidèles, de même les romans qui sont de vrais romans—c'est-à-dire ceux par qui vibre en nous-même une corde de vie, ceux qui garantissent quelques heures d'illusion au lecteur—sont assurés de la faveur de milliers et de milliers d'êtres, alors même que la critique s'acharnerait à démontrer que ce sont œuvres indignes de l'estime des esprits supérieurs. Car la critique ne parle qu'à la raison. Mais l'œuvre d'art s'adresse au sentiment. Entendez: à tout ce qui constitue notre héritage d'inconscient, le monde de notre sensibilité, univers infini, mystérieux, dont personne n'a jamais exploré les frontières, tandis que celles de la raison sont parfaitement connues. Vous souvenez-vous de ce tambourinaire-troubadour de certain roman de Daudet? Ce personnage cocasse, avant de jouer du galoubet, «rase» religieusement son excellent public de Provence par une fastidieuse explication de la manière dont il lui est venu à l'idée de faire de la musique: en écoutant, sous un olivier, chanter le rossignol. Tout le monde se sent l'envie de lui crier: «*Assez comme cela! Etes-vous musicien? Oui? Alors, silence! Et jouez-nous votre musique!*» Pour moi, en face des prologues, des commentaires, des manifestes, etc. qui, tant de fois, encombrent les livres d'autrui ou les colonnes des journaux, je me sens une envie semblable de crier: «*Romancier, à ton roman!*» Et seul un Orbaneja a besoin de déclarer, pour qu'on le sache, au pied de sa peinture que «*ceci est un coq*». L'authentique peintre, celui qui est maître de sa main comme de son imagination, n'inscrit pas de commentaires en marge de son œuvre, car il sait parfaitement que le public verra, clairement, sur la toile, ce qu'il a voulu dire et la façon dont il a voulu le dire. Et si le public en fournit une douzaine de versions différentes, qui sait laquelle de ces versions, finalement, sera acceptée comme bonne, et si elle ne vaudra pas mieux que la version de l'artiste? Souvenons-nous de notre grand Don Miguel, qui n'entendait, par son *Don Quichotte*, qu'exprimer une seule idée et auquel l'admiration universelle en a prêté tant et de si belles! Et puis, n'y aurait-il pas lieu de frémir au spectacle de la finale destinée de toutes ces doctrines, exposées par les romanciers pour expliquer leur œuvre et leurs prétendues innovations...? J'écris des romans parce que cela est pour moi une nécessité. Peut-être était-ce ma destinée et, en tout cas, tout ce que je pourrais faire pour échapper à cette fatalité serait peine perdue. Certains en composent

LA MALVARROSA VUE DE LA MER

**PETITE SALLE A MANGER DE LA MALVARROSA, IMITANT
UNE CUISINE DE STYLE VALENCIEN**

parce que d'autres en composèrent avant eux et l'idée ne leur en serait jamais venue, s'ils n'eussent eu, devant eux, une série de modèles. Quant à moi, fussé-je né en pays sauvage, ignorant livres et art d'écrire, j'ai la ferme conviction que j'eusse fait des lieues et des lieues pour aller raconter à quelqu'un de mes semblables les histoires imaginées dans ma solitude et entendre, en échange, de ses lèvres les siennes propres. Chaque fois que j'achève une de mes œuvres, je m'ébroue, positivement, de lassitude et exulte de délivrance, tel un patient au sortir d'une opération douloureuse. «*Enfin!* me dis-je. *C'est bien le dernier!*» Et cela, je me le dis en toute bonne foi. Je suis un homme d'action, dont la vie s'est passée à faire autre chose encore que des livres et croyez que cela ne me réjouit que médiocrement, de rester cloué trois mois durant dans un fauteuil, la poitrine contre le bois de ma table, à raison d'une dizaine d'heures par séance! J'ai été agitateur politique. J'ai passé une partie de ma jeunesse en prison: trente fois au moins. J'ai été forçat. J'ai été blessé à mort dans des duels féroces. Je connais toutes les privations physiques qui peuvent affliger un être humain, y compris celles de la plus extrême pauvreté. En même temps, j'ai été député jusqu'à satiété, jusqu'à la septième législature; j'ai été ami intime de chefs d'Etat; j'ai connu personnellement le vieux sultan de Turquie; j'ai habité des palais; j'ai, plusieurs années, été homme d'affaires, maniant des millions; j'ai fondé des villages en Amérique. Je vous cite tout cela pour vous faire comprendre que les romans, je suis capable de mieux les vivre, le plus souvent, que de les coucher, noir sur blanc, sur le manuscrit d'imprimerie. Et cependant, chacune de mes œuvres nouvelles s'impose à moi avec une sorte de violence physiologique, qui a raison de ma tendance au mouvement et de mon horreur pour le travail sédentaire. Je la sens croître dans mon imagination. Ainsi que le fœtus qui devient enfant, elle s'agite, s'érige, vivante et vibrante, frappe aux parois intérieures de mon crâne. Et il faut que, telle la femme en couches, j'en expulse ce fruit de ma chair, sous peine de mourir, empoisonné par la putréfaction d'une créature prisonnière. Tous mes serments de ne plus travailler sont vains. Rien n'y fait. J'écrirai des romans aussi longtemps que j'existerai. Leur formation est celle de la boule de neige. Une sensation, une idée, que je n'ai pas recherchées, qui surgissent des limites de l'inconscient, constituent le noyau autour duquel s'agglomèrent observations, impressions et pensées, emmagasinées dans mon subconscient sans que je m'en sois rendu le moindre compte. L'imagination du vrai romancier est semblable à quelque appareil photographique dont l'objectif serait perpétuellement en action. Avec l'inconscience d'une machine, elle enregistre dans la vie quotidienne physionomies, gestes, idées, sensations et les emmagasine pêle-mêle. Puis, lentement, toutes ces richesses d'observation s'ordonnent dans le mystère de l'inconscient, s'y amalgament, s'y cristallisent, jusqu'à ce qu'elles soient prêtes à s'extérioriser. Et lorsque, sous l'empire d'une force invisible, le romancier s'est mis à écrire, il lui semblera qu'il exprime des choses nouvelles toutes fraîches écloses, alors qu'il ne fera que transcrire des concepts subexistant en lui depuis des années, qu'un paysage lointain lui suggéra, ou un livre, qu'il a complètement oublié. Je me flatte d'être le moins littérateur possible en tant qu'écrivain, c'est-à-dire le moins professionnel. J'abhorre qui a toujours en bouche une conversation de métier, qui ne se réunit qu'en petit comité, qui ne sait vivre qu'en clans exclusifs, peut-être par ce que la médisance ne s'alimente que de la sorte. Je suis un homme qui *vit* et, lorsqu'il en a le temps, qui *écrit*, sous un impératif catégorique du cerveau. Ce faisant, j'ai conscience de continuer la noble et virile tradition espagnole. Les meilleurs génies littéraires de notre race ne furent-ils pas des hommes, de vrais hommes, dans le sens le plus complet du vocable: soldats, grands voyageurs, coureurs d'aventures lointaines, exposés aux captivités, à des misères variées? Que si, par-dessus le marché, ils furent aussi écrivains, ils ont su abandonner la plume, lorsqu'il leur fallait, rudement, lutter pour l'existence. Car ils considéraient leur métier d'écrivain comme incompatible avec les nécessités de l'action. Souvenez-vous de notre Cervantes, qui resta, à une période de sa vie, huit années sans écrire. Et je crois que l'on apprend mieux ainsi à connaître la vie, qu'en passant son existence dans les cafés; qu'en réduisant son observation à la lecture des livres de camarades, ou aux palabres entre amis; qu'en se momifiant le cerveau par des affirmations toujours ressassées; qu'en ne s'alimentant que de sa propre sève, sans jamais changer d'horizon, sans bouger des rivages au long desquels s'écoule un mince filet de cet immense fleuve de l'humaine activité... Pour les écrivains de ma nuance—voyageurs, hommes d'action et de mouvement—l'œuvre est en fonctions directes du milieu. Et, revenant à la théorie du «miroir» de Stendhal,—cette image si juste d'un si grand artiste, qui connut la vie et qui fut, lui aussi, voyageur et homme d'action—je redirai que nous reflétons ce que nous voyons et que tout notre mérite est de savoir le refléter... L'important est donc de voir les choses de près, directement, de les vivre, ne fût-ce qu'un instant, afin d'être à même d'en déduire comment les autres les vivent. J'ai la croyance que les romans ne se font ni avec la raison, ni avec l'intelligence; que ces facultés n'interviennent dans leur fabrication que comme régulatrices et ordonnatrices de l'œuvre d'art, ou, même, qu'elles se maintiennent en marge de cette gestation, pour nous servir, à l'occasion, de conseillères. Le vrai, l'unique facteur actif, c'est l'instinct, le subconscient, cet invisible et mystérieux ensemble de forces que le vulgaire dénomme «inspiration». Tout artiste véritable compose son chef-d'œuvre *«porque sí»*, comme on dit en espagnol, c'est-à-dire par ce qu'il ne peut faire autrement. Les passages qu'on vante davantage dans un roman sont presque toujours ceux dont l'auteur ne s'était pas rendu compte et auxquels il ne s'arrête que lorsque la critique les lui a signalés. Pour moi, en mettant le point final à un de mes livres, j'ai l'impression de m'éveiller d'un rêve. Je ne sais si ce que je viens de faire en vaut la peine; si ce n'est pas une œuvre mort-née dont j'ai accouché. Au fond, je ne sais absolument rien. J'attends! Le créateur de beauté est le plus inconscient de tous les créateurs. Cette vérité n'est pas nouvelle. Elle est vieille comme le monde. Parlant des poètes, Platon a déclaré qu'ils disent leurs plus belles choses sans savoir pourquoi et, souvent même, sans en avoir conscience. C'est aussi ce qu'affirmait le célèbre adage scolastique: *nascuntur poetæ, fiunt oratores.* Ce qui revient à dire, comme s'exprime, en notre langue, la sagesse populaire, que *«el poeta nace y no se hace».* La raison, la lecture peuvent former de grands, d'incomparables écrivains et dignes d'admiration. Ils ne sauraient, cependant, jamais, de ce seul chef, devenir des romanciers, des dramaturges, des poètes. Pour être cela, il faut qu'intervienne le subconscient comme essentiel facteur: cette mystérieuse divination, ce pressentiment, ces éléments affectifs en opposition presque constante avec les éléments intellectuels. Il est clair qu'il ne faut pas abuser de cette doctrine et s'abstraire de la raison et de l'étude sous prétexte que, dans l'œuvre d'art, c'est le subconscient seul qui est souverain. Tout doit se fondre dans une harmonieuse unité. Et il faudrait moins encore excuser de capricieuses divagations ou de puériles niaiseries, en alléguant l'entraînement des forces inconscientes... En guise de conclusion, je répète, avec M. de la Palisse, que, «pour écrire des romans, il faut être né romancier». Or, être né romancier, cela veut dire: être pourvu de cet instinct qui, seul, évoque l'image juste. Cela veut dire encore que l'on possède cette force de suggestion sans laquelle aucun lecteur ne prendra jamais pour vivante réalité ce qui n'est que le produit de l'imagination d'un auteur. Et qui n'a pas ce pouvoir, quels que soient par ailleurs son talent et son acquis, j'accorde qu'il composera peut-être des livres intéressants, corrects et même beaux, par lui baptisés romans. Mais de roman véritable, jamais il n'en écrira...»

J'ai tenu à citer cette ample profession de foi, d'abord par ce qu'unique dans l'œuvre de Blasco Ibáñez—qu'on lise, pour ne citer qu'un récent exemple et un texte facile, dans la *Grande Revue* de Décembre 1918, avec quel laconisme le maître y répond à l'enquête ouverte par cet organe mensuel sur l'avenir postguerrier de la littérature[33]—ensuite, parce que révélant un fond de doctrine dont s'étonneront quelques criticastres, lesquels, jugeant l'auteur à l'aune de leur court intellect, estiment que Blasco Ibáñez n'est qu'une sorte de volcan en perpétuelle éruption de romans, dont tout l'art se limiterait à reproduire la formule zolesque! Grand libéral en matières littéraires, Blasco Ibáñez admet tous les dogmatismes, à condition qu'au fond des avenues théoriques, l'œuvre d'art érige sa façade de sereine majesté. Personne n'est plus tolérant, personne n'use de plus amples critériums que lui, lorsqu'il s'agit de juger des auteurs en contradiction avec son programme esthétique. La rageuse vanité, la maladive susceptibilité de tant d'hommes de lettres lui sont infirmités inconnues. N'admettant l'infaillibilité de personne, il se garde bien de poser en principe la sienne propre. Convaincu de la relativité de tout ici-bas, il ne se risquerait pas d'imposer ses goûts à autrui. Et il parle de ses œuvres avec une humilité souriante, que l'on sent venir du tréfonds de l'âme. «Chacun de nous—m'a-t-il déclaré récemment—chante sa propre chanson à son passage par la vie, avant de disparaître dans l'immense et profonde nuit. Cette chanson ne saurait être du goût de tous et il serait fat de vouloir que les autres hommes s'arrêtassent pour n'entendre qu'elle. Des plus célèbres, des plus immortelles, que subsiste-t-il? Un titre, un nom d'auteur, quelquefois un motif vague, ou étrangement modifié. Le public se contente de répéter que ces chansons sont belles, parce qu'il le tient des générations précédentes. Mais combien peu ressentent le besoin de recourir à la source, de les reconstituer en leur intégrité, de revenir à elles pour le plaisir et par amour d'art?» Une philosophie aussi détachée devait immuniser Blasco Ibáñez contre la morsure de l'envie. Cet éternel Don Quichotte n'est heureux que du bonheur d'autrui. Lui, écrivain espagnol le plus lu actuellement hors d'Espagne, a tenté à plusieurs reprises de modifier les organisations éditoriales de son pays au bénéfice des gens de lettres, ses collègues, afin que leurs œuvres se vendissent à l'étranger. Et il ne cesse de conseiller à ses divers traducteurs et aux maisons d'éditions qui publient leurs versions, de ne pas limiter à son œuvre la divulgation de la littérature espagnole. Enfin, ce fougueux polémiste, toujours prêt à aller sur le terrain lorsqu'il s'agissait de défendre ses idées politiques, n'a jamais eu la moindre affaire, a toujours évité toute discussion de nature littéraire professionnelle. Plus d'une fois, des Béotiens, improvisés juges—ceux qu'en 1906, l'écrivain suisse William Ritter, au cours d'une belle étude sur Blasco Ibáñez insérée dans son volume: *Etudes d'art étranger*, définissait plaisamment: «Les impuissants, les gandins, et les popotiers du trottoir de la nullité et des boulevards de la grisaille»—ont cru utile de débiter sur son compte de monstrueuses absurdités, qu'il lui eût été facile de réduire, d'un trait de plume, à leur juste valeur, en ridiculisant comme il convenait leurs auteurs responsables. Il a toujours dédaigné ces mises au point. Sa doctrine, en l'espèce, c'est qu'il n'est qu'une réplique qui vaille et que cette réplique consiste à continuer de produire. L'on sait s'il lui est fidèle! Tel est l'homme que d'honnêtes folliculaires se complaisent à représenter comme un orgueilleux affamé de réclame, un sombre et misanthrope vaniteux, dans leur basse jalousie de pygmées, incapables d'admettre qu'avec une si riche et si complexe nature, les manifestations extérieures les plus tapageuses ne sont que la résultante de l'immense besoin intérieur de se renouveler, de se meubler d'images nouvelles, de s'enrichir d'autres sensations, et qu'une âme toujours en gésine d'un univers serait, par tant de successives parturitions, depuis longtemps épuisée, si ce bruit, ce mouvement, cette trépidation ne lui maintenaient sa tonicité.

Architecte, Blasco Ibáñez ne l'est pas seulement de châteaux en Espagne et dans ses romans. C'est aussi un bâtisseur de maison et de maison fort habitable et confortable. Le rêve si cher à tout artiste—le rêve de Rostand à Cambo, le rêve de Zola à Médan—de posséder son home à lui, il l'a réalisé à une heure de Valence, aux bords de la mer latine, sur la plage de la Malvarrosa, qu'ont popularisée les mentions de date et de lieu mises à la fin de ses romans. Ce nom de Malvarrosa vient de ce que les champs voisins y sont utilisés pour la culture des alcées et autres plantes odoriférantes, dont les sucs sont transformés par une fabrique de matières premières pour la parfumerie et dont les produits distillés se retrouvent dans tous les boudoirs élégants du monde. Le parfum que dégagent ces fleurs est moins dangereux que celui des tubéreuses qui sont également cultivées dans ces campagnes et qui, une année où près de cent hectares en étaient couverts, obligèrent le poète à fuir de sa demeure enchantée, tellement capiteux et enivrant en était l'arome, perçu en mer par les navigateurs qui longent ces côtes. Le cabinet de travail de Blasco, installé à l'étage supérieur de ce *«palacio»*, frappe le visiteur par sa richesse en meubles et en tableaux anciens. La fabuleuse splendeur de Valence, lorsque cette ville s'adonnait en grand au tissage des soies comme, chez nous, Nîmes, avait eu pour conséquence, chez ses opulents bourgeois, un luxe inouï et ce fut à Valence que les antiquaires avisés qui, au cours du siècle dernier, mirent en coupe réglée cette pauvre Espagne, par eux systématiquement ravagée, réalisèrent leurs plus merveilleuses razzias. Blasco, qui avait sur eux l'avantage de mieux connaître le terrain, n'en réunit pas moins maintes pièces curieuses, arrachées aux chasses de ces pillards internationaux, et il en orna sa résidence marine, où furent signés les immortels romans de sa première époque, dont le souvenir est indissolublement lié, pour ses fidèles, à celui de cette poétique demeure de la Malvarrosa. La passion politique a, d'ailleurs, scandaleusement exagéré le luxe d'une maison bâtie avec le produit du labeur de Blasco et ses ennemis l'avaient plaisamment transformée en une sorte de palais enchanté des *Mille et Une Nuits*, dont ses éditeurs de Valence, universellement désignés aujourd'hui sous le nom de leur firme *Prometeo*, ont donné une version castillane, faite par le propre Blasco sur la traduction française du Docteur Mardrus. Comme Blasco Ibáñez avait, à cette époque, un véritable faciès d'Arabe—on n'eût en qu'à se reporter, pour s'en convaincre, à son portrait, qui ornait le petit livre de Zamacois et dont la ressemblance est beaucoup plus frappante que l'effigie, d'après R. Casas, illustrant l'article de 1910 dans l'*Enciclopedia Espasa*—ils avaient imaginé de l'appeler *El Sultán de la Malvarrosa*. Qui a visité la maison y aura trouvé, avec un intérieur assez simple, une construction originale, dont le seul luxe véritable est constitué par une galerie à colonnes et caryatides, décorée de fresques dans le genre pompéien et donnant sur la Méditerranée. Des revêtements en *azulejos*, ou faïences valenciennes d'origine arabe, confèrent à ces pièces un cachet inoubliable, riant à la fois et bien local. Mais il ne faudrait pas y chercher l'ordonnance bourgeoise commune, d'autant plus que cette demeure d'artiste, dont les plans furent tracés par Blasco en personne, est due à la collaboration technique de sculpteurs et de peintres, généralement excellents décorateurs, mais assez piètres maçons.

On en jugera, si toutefois l'on en doutait, par le détail suivant. Lorsque fut achevée la galerie dont j'ai parlé, il fut décidé unanimement que nul autre lieu ne conviendrait mieux pour la célébration des fraternelles agapes projetées. Et comme, pour banqueter, il faut communément une table, Blasco se souvint que, lors de ses errances en Italie, il avait admiré, à Pompéi,—auquel, dans *En el País del Arte*, il a consacré trois chapitres—une curieuse table d'un seul bloc de marbre, que supportaient quatre griffons. Aussitôt les sculpteurs résolvent de doter d'une reproduction, sur une plus grande échelle, de ce meuble de *triclinium* la loggia des festins. On fait venir directement de Carrare un bloc énorme de marbre, grâce à l'obligeance d'un capitaine au long cours, qui a mis sa goëlette à la disposition du «sultan». Mais, au lieu du nombre limité de convives que permettaient les trois lits anciens, Blasco entend qu'à sa table siègent les invités par douzaines. Les quatre monstres ailés ne suffisent pas, à chaque angle, pour supporter ce dolmen. On en sculpte au centre un cinquième, accablé, comme Atlas, sous le poids de cet univers de calcaire. Enfin, l'œuvre s'érige triomphale, d'une pureté de lignes antique, d'une blancheur radieuse. Mais voici, ô terreur, que les plafonds fléchissent, sous sa masse. L'on a tout prévu, sauf cette minutie, que de simples solives ne sauraient jouer le rôle de poutrelles d'acier. En conséquence, mosaïques romaines, fresques délicatement nuancées, merveilleuse décoration où chacun s'est efforcé d'être original en se surpassant, tout doit disparaître et une moitié de l'édifice est démolie, puis réédifiée, pour assurer à la table une existence éternelle... Le peintre Sorolla, le sculpteur Benlliure n'ont certainement pas oublié cet incident, dont ils furent les principales *dramatis personæ*, en compagnie de camarades moins illustres. Parmi ceux-ci, il y avait feu Luis Morote, Valencien lui aussi et l'un des meilleurs amis qu'ait comptés Blasco. C'était un écrivain et un homme d'action, aux idées généreuses, auteur de plusieurs ouvrages notables—*El pulso de España, Pasados por agua, Los frailes en España, Teatro y Novela*, etc.—et dont deux ont paru à Paris, chez l'éditeur Ollendorff, l'un sur un coin des Canaries, l'autre, d'un intérêt réel et publié en 1908, sur Sagasta, Melilla et Cuba.

Quittons la Malvarrosa pour Madrid, les palmeraies phéniciennes où, à la suite de Karl Marx, a pénétré l'esprit socialiste moderne, pour l'austère azur de la capitale castillane, où l'air, la couleur, les eaux sont d'une subtilité impondérable, comme, aussi, l'est la désolation de son haut plateau aux variations soudaines et meurtrières de température. Quel contraste! Valence c'est, par le paysage et autre chose encore, un peu l'Afrique. Madrid, c'est le compromis entre l'Espagne et l'Afrique, l'immense douar où la plus raffinée civilisation coudoie à chaque minute la plus troglodytique rusticité: cité trompeuse dont le grand mouvement n'est qu'un leurre, incapable, pour peu qu'on y séjourne, de donner le change sur l'inanité foncière de sa vie. Blasco Ibáñez a écrit, dans la *Horda*, le vrai tableau de Madrid, d'un Madrid que ne connaissent pas les clientèles touristiques du *Ritz* et du *Palace*, qu'ignorent ces Espagnols même dont le champ d'action ne dépasse pas le rayon des lampes à arc et des rues asphaltées du centre de leur ville et qui ne s'aviseraient pas d'aller étudier leurs compatriotes sur les hauteurs des *Cuatro Caminos*, aux quartiers des *Injurias*, des *Cambroneras* et analogues repaires de parias madrilènes. Son petit hôtel de la Castellana, le reverra-t-il jamais d'autre sorte que pour un éphémère passage? Je ne le crois guère. Il est fermé depuis si longtemps, que la rance atmosphère qui l'imprègne lui ferait peur. Zamacois, qui l'a vu avant que son propriétaire, par des remaniements importants, en modifiât la physionomie, l'a décrit en ces termes, en 1909: «L'insigne romancier habite à droite de la promenade de la Castellana, à proximité de l'Hippodrome, dans un pittoresque petit hôtel d'un seul rez-de-chaussée, dont la façade irrégulière s'ouvre en angle sur le fond d'un jardinet. Çà et là, le long des vieux murs et sur le tronc des arbres, l'herbe et la mousse ressortent en taches d'un vert velouté, avec des teintes sombres et bien plaquées. Dans la paix joyeuse du matin, sous la merveilleuse coupole indigo de l'espace inondé de soleil, la terre noire, que viennent de remuer des mains diligentes, fleure l'humidité. Le silence est maître, en ces lieux. Ce coin, mieux encore qu'un parterre madrilène, évoque une parcelle de jardin rustique, un peu gauche et paysan, où l'on s'attend à rencontrer un chien, un tas de fumier, quelques poules... Le cabinet du maître est spacieux, d'un dessin irrégulier et ses deux fenêtres s'ouvrent sur un groupe d'arbres. Au mur du fond, les rayons ploient sous les livres. Quelques portraits: Victor Hugo, Balzac, Zola,

Tolstoï, qui ont l'air de présider ici, groupés l'un près de l'autre en une rare et douloureuse harmonie de fronts pensifs et tourmentés par l'effort mental. Les parois s'ornent d'une quantité de bibelots anciens et de diverses esquisses, charmantes, de Joaquín Sorolla. Chaque chose est ici à sa place: les statuettes, les tapisseries, les meubles. Nul doute que tout ne s'y trouve où il doit être. Et cependant, je sens autour de moi comme flotter je ne sais quoi d'étrange, une palpitation, ardente et fébrile, d'impatience, qui me donne l'impression que ces tapis, ces tableaux, ces fauteuils, ces vieux bahuts, qui décorent la pièce, pourraient bien participer, en vertu d'un mystérieux magnétisme, à cette inquiétude spirituelle, intense et constante, dont l'écrivain est possédé...»

Deux années avant qu'Eduardo Zamacois, réaliste formé à l'école française, dont la plume châtiée procédait de Bourget et de Prévost, consignât cet étrange phénomène spirite, Blasco Ibáñez avait fourni à l'observateur un exemple beaucoup plus caractéristique d'inquiétude d'âme que celui de la sarabande magique du mobilier de son cabinet. Par je ne sais quel caprice d'Argonaute, il avait, un beau matin, disparu de son hôtel. Ses amis apprirent qu'il était allé à Bordeaux, à l'occasion d'une exposition intéressant ses goûts de marin. Mais il entendait si peu y prolonger son séjour, qu'il ne s'était muni que de cet élémentaire bagage à la main qui suffit, à la rigueur, pour une fugue d'une huitaine. A Bordeaux, cependant, il se ressouvint que son docteur avait naguère insisté pour qu'il fît une cure à Vichy. Cela fut cause qu'il décidât de s'y rendre, sous le prétexte d'y rétablir son foie. Il y était à peine que l'élégante monotonie, le tran-tran réglé et bourgeois de la ville d'eaux eurent le don de l'horripiler, à tel point que, pour échapper à leur hantise, il s'enfuit à Genève et à ses paysages souriants et doux. La Suisse alémanique l'ayant ensuite tenté, il passa à Berne, dont les ours symboliques lui firent bénir le destin des hommes, et des peuples, sans imagination, dont on sait que le royaume de Dieu est à eux. La tranquille, bourgeoise et germanophile Zurich ne le retint guère. A Schaffhouse, il vit tomber le Rhin, puis s'embarqua à Romanshorn pour Lindau et, à Lindau, sauta dans le train de Munich. Fervent de Wagner, il espérait y entendre chanter, au fameux festival en l'honneur du maestro de Leipzig, la *Walkyrie* et *Siegfried* avec plus d'art qu'au *Real* madrilène. Il eut cette déception,—lui qui, s'il a laissé au conteur valencien D. Eduardo L. Chavarri le soin d'illustrer d'un commentaire technique *L'anneau du Niebelung*, a offert à ses compatriotes, avec un *prologue*, une traduction, sous le titre de: *Novelas y Pensamientos*, de la partie littéraire de l'œuvre de Wagner—de constater qu'à Munich l'interprétation du drame musical wagnérien valait ce qu'à Madrid et qu'aussi bien, «d'Athènes Germanique» n'était qu'une grossière caricature de la cité de Minerve, dont la démocratie intellectuelle et raffinée eût rougi de honte à s'entendre comparer avec ces lourds buveurs de bière, ces cannibales de la charcuterie. Munich laissa donc Blasco déçu. Ayant songé à Mozart, il en partit pour Salzbourg et son *Mozarteum*. Puis ce furent Vienne et le beau

Danube bleu. A Vienne, on lui dit qu'en treize heures, par la voie du fleuve, chemin qui marche, on allait à Budapest. Blasco s'embarqua donc, près du pont de Brunn, pour la cité magyare, où il rêva de Marie-Thérèse et de la fameuse phrase latine, que les typographes espagnols ont estropiée, dans le texte d'*Oriente*, et que la nonchalance de Blasco n'a jamais songé à y corriger, ce qui lui valut d'être tancé, pour cette vétille, par un archiviste de Perpignan, comme je vais le rapporter. Budapest, c'est l'Orient, ou, du moins, le seuil de l'Orient. A Belgrade, où il visita le tragique Konak encore souillé du sang d'Alexandre et de Draga, il s'aperçut qu'il lui fallait, désormais, voir les choses et le temps lui-même dans un recul. Il croyait être, ce jour-là, au six Septembre. Une affiche de théâtre lui apprit qu'à Belgrade on n'en était qu'au vingt-quatre Août. Ce don inattendu de treize jours de vie supplémentaire le réjouit. Il ne s'attarda pas à Belgrade, ni davantage à Sofia, brûlant,—car, vers Philoppoli, les premiers minarets pointaient à l'horizon,—de se plonger enfin en pleine turquerie.

Il a omis, dans *Oriente*,—où ont été recueillies ses notations de route, envoyées au *Liberal* de Madrid, à la *Nación* de Buenos Aires et à l'*Imparcial* de México,—le récit des incidents qui, à Andrinople, avaient failli lui en fermer la porte. Ayant négligé de se munir d'un passeport en due forme, la police turque avait commencé par l'arrêter comme un simple suspect. Fort heureusement, l'Espagne était alors représentée à Constantinople par un diplomate extrêmement populaire, le marquis de Campo Sagrado. Blasco a noté, au chapitre XXI d'*Oriente*, que, lorsqu'il eut déclaré aux vérificateurs des passeports, à la frontière, qu'il était recommandé au marquis, ceux-ci n'avaient pas tari en louanges de ce «grand seigneur fort sympathique». La vérité vraie, c'est que les choses avaient été d'un fonctionnement moins aisé et qu'il avait fallu échanger des télégrammes avec les autorités de la capitale, d'où, pour Blasco, une sorte de notoriété avant la lettre, que la pauvreté de sa garde-robe devait rendre, dès l'arrivée à Byzance, plus pénible encore. Que ne pouvait-il, à l'exemple d'un Loti, échanger son médiocre complet à l'européenne contre la défroque d'un fils d'Allah et le feutre mou contre le fez écarlate, qui n'a pas, dans les saluts, à quitter le crâne, puisque c'est une main au front et l'autre sur le cœur qui, là-bas, sont les salutations d'usage? Le détail du séjour à Constantinople est donné dans une suite de dix-huit chapitres d'*Oriente*, que l'auteur dédia à D. Miguel Moya, et qui, traduit en portugais et en russe, est resté inaccessible au lecteur français. C'est grand dommage. Si l'on en croyait l'ex-chroniqueur des *Lettres Espagnoles* au *Mercure de France*—n° du 1ᵉʳ Mars 1909—il n'y aurait, en ces pages, que de «pâles évocations du passé, improvisées à l'aide d'un bon manuel élémentaire d'histoire générale» et des notes «comme détachées pour la plupart d'un guide *Joanne* ou d'un *Bædeker*». Et, si le «voyageur somnolent» se réveille enfin à son arrivée à Constantinople, c'est uniquement parce que tout lui rappelle Valence, y compris une «même saleté», encore que, pour M. Marcel Robin,

Blasco Ibáñez «ne semble guère avoir compris la mentalité turque». Plus équitable que ce téméraire archiviste, le vieux poète D. Teodoro Llorente, qui s'y connaissait en matière de littératures étrangères—et en font foi tant de merveilleuses adaptations versifiées—a, dans un article de *Cultura Española* (Mai 1908), pleinement rendu justice à son compatriote, dont il était cependant si loin de partager les opinions, politiques ou littéraires. Pour lui, *Oriente* n'est pas seulement «le tableau pittoresque d'une ville extraordinaire», mais aussi et surtout «une information instructive sur son état social et la situation politique de l'Empire Ottoman». Il pourrait être intéressant de comparer le livre de Blasco au fameux *Constantinople* de l'Italien Edmondo De Amicis, devenu, grâce à des traductions qui l'ont popularisé, le vade-mecum de

BLASCO SUR LA FAMEUSE TABLE DE MARBRE DE LA MALVARROSA, FACE A LA MER

CABINET DE TRAVAIL DE LA MALVARROSA
Derrière Blasco, un des bustes de Victor Hugo qui ornent ses
différentes demeures

tant de touristes en Orient. La comparaison tournerait, je crois, au profit de l'impressionniste espagnol, car s'il est une remarque qui s'impose ici, c'est que le livre de De Amicis n'excelle guère par la logique de ses déductions, ainsi que le constatait encore en 1912, dans un excellent article du *Correspondant*, M. G. Reynaud, traitant de *La Femme dans l'Islam*. Blasco Ibáñez, rédigeant au jour le jour et pour des feuilles quotidiennes, n'a écrit là que de simples chroniques de reportage, mais combien alertes et observées! Tour à tour défilent devant nos yeux, avec le mouvement de la vie, Ferid-Pacha, Grand Vizir depuis neuf ans, que l'avocat anglais Mizzi, vice-consul d'Espagne et propriétaire du *Levant-Herald*, lui avait fait connaître; le marquis de Campo Sagrado, alors, avec M. Constans, ambassadeur de France, le diplomate le plus apprécié en Turquie; le Sélamlik et la prière du Sultan; les chiens légendaires et superstitieusement respectés; les derviches danseurs de Bakarié et leur procession; le sérail et le *Hasné*, célèbre trésor des Sultans; Sainte Sophie; Joachim II, patriarche grec, type falot de géant bon pape et, sans doute, bon papa, délicieusement peint sur le vif; femmes turques et eunuques, où nous sommes loin du romantisme poétique d'*Azyadé*[34]; les derviches hurleurs; les ruines de Byzance; et, enfin, comme tableau final, la «Nuit de la Force»: le Ramadan et sa veillée mystique.

Blasco Ibáñez n'a consigné dans son livre qu'une faible partie de ses impressions. D'Août à Novembre 1907, durée de cette singulière fugue, il vit infiniment plus de choses qu'il n'en a contées. Si le Grand Vizir avait tant tenu à le voir, il ne nous a pas dit que c'était parce que, quelques semaines avant, le *Temps* avait publié un article de Gaston Deschamps sur *La Catedral*, qui venait d'être traduite en français et que ç'avait été en s'entretenant de cet article avec Mizzi que Ferid-Pacha apprit, non sans stupeur, que ce romancier espagnol, si loué par le critique français, se trouvait, précisément, à Constantinople. D'ailleurs, cette curiosité obéissait à divers mobiles, dont un au moins n'était pas littéraire. La Turquie soutenait alors un grand procès avec l'un des plus puissants barons de la banque internationale, relativement à la construction du chemin de fer de Constantinople. Cette affaire, pendante depuis près de trente années, entraînait, au cas où elle eût été jugée contre l'Etat Turc, un paiement de cinquante à soixante millions au financier, son adversaire. Soumise à un arbitrage international, sur le conseil qu'en avait donné Guillaume II au Sultan, l'arbitre désigné se trouvait être D. Segismundo Moret, homme politique fort connu, né à Cadix en 1838 et mort en 1913, ex-collaborateur de Sagasta et, à plus d'une reprise, Président du Conseil des Ministres d'Espagne. Il importait à Abdul-Hamid de se gagner ses bonnes grâces et, aux premiers mots que lui en avait touché le Grand Vizir, Blasco Ibáñez s'était convaincu que ni Ferid-Pacha, ni son vieux maître plus que septuagénaire, n'avaient la moindre idée ni du vrai état de l'Espagne, ni du caractère de l'homme qui allait décider souverainement dans ce litige. Mais la circonstance n'en eut pas moins pour le romancier les effets les plus heureux. On le traita en personnage officiel. Quand il passa en Asie-Mineure, un ordre spécial du Padischah enjoignait à tous les gouverneurs de vilayets de le traiter avec les plus grands égards. C'est ainsi qu'en Bithynie, il fit l'ascension du mont Olympe dans un carrosse doré aux portières duquel chevauchait un piquet de cavaliers à l'aspect de brigands, les gendarmes de ce pays. A son passage en Anatolie, il fut l'objet d'attentions semblables. A Mudanié, à Brousse, il eut toutes sortes d'aventures qu'à la fin de son livre il promettait de conter, quelque jour, et qui sont restées inédites, comme tant et tant d'aventures de sa vie[35].

A Constantinople, il pénétra dans une multitude de lieux fermés aux Européens de passage. De hautes familles du monde musulman le convièrent à d'intimes cérémonies de leur existence privée, noces et banquets. A la page 284, il s'engageait à écrire le roman des Séphardims, Israélites bannis d'Espagne et qui, au nombre de près de 30.000, ont conservé, avec leur patronymique espagnol de Salcedo, Cobo, Hernández, Camondo, etc., l'usage d'un castillan archaïque dont la nuance XVIème siècle ne laissait pas de surprendre étrangement le sujet d'Alphonse XIII qui visitait la capitale turque. Blasco n'a pas tenu cet engagement et seule l'histoire de Luna Benamor, écrite l'année suivante pour le N° du 1er Janvier 1909 d'une revue de Buenos Aires, nous transportera—mais la scène est à Gibraltar—dans un milieu juif d'origine espagnole et nous en peindra les mœurs caractéristiques. Enfin, Blasco Ibáñez n'a pas davantage raconté, dans *Oriente*, sa visite à Abdul-Hamid.

Ce fils d'Abdul-Meyid, né en 1849 et qui régnait depuis 1876, était mieux au courant qu'aucun de ses vizirs du procès relatif au chemin de fer d'Orient et ç'avait été par son ordre que Ferid-Pacha s'en était entretenu avec le romancier espagnol. Un beau jour, ce dernier eut la surprise de recevoir une invitation pour Ildiz-Kiosk, demeure du sultan milliardaire. On sait que le Sélamlik, où il résidait personnellement, est bâti au sommet de la colline qui fait face au Bosphore et se compose de bâtiments construits successivement, les uns à la suite des autres, sans harmonie ni style. Rien des coûteuses fantaisies, des coquets pavillons, des jardins féeriques que l'on eût espéré en un pareil lieu. Il est délicieux d'entendre Blasco narrer cette entrevue, sous la redingote que lui avait prêtée Mizzi! A l'en croire, le souci de ne pas manquer à l'étiquette orientale l'aurait tellement préoccupé, qu'il en aurait oublié la légende suivant laquelle certains visiteurs, jugés suspects par le terrible autocrate, auraient mystérieusement disparu, au cours de semblables audiences, jetés sans doute, après une sanglante tragédie, dans les eaux discrètes du Bosphore. Mais, s'il sortit sain et sauf de la redoutable entrevue, ce fut le lendemain de celle-ci que le Grand Vizir le chargeait de se rendre, à son retour à Madrid, chez M. Moret pour lui transmettre, au nom du Chef des Croyants, certaines informations confidentielles que l'on estimait, vraisemblablement, devoir influencer son verdict. Et, comme il était à prévoir, l'arbitre espagnol se prononça contre la Turquie...

Ce voyage de quinze jours devenu voyage de quatre mois équivalait à un désastre financier. Ce n'avaient été que réceptions en l'honneur de l'hôte illustre. Or, la vie de grand seigneur, si elle coûte cher partout, est particulièrement dispendieuse en cette terre classique du bakhchich, sévissant à tous les degrés de l'échelle sociale. Je citerai, comme particulièrement apte à illustrer la corruption officielle turque, une historiette que Blasco Ibáñez m'a confiée, un jour où il évoquait devant moi quelques-uns de ses souvenirs inédits de Constantinople. Un fonctionnaire des Affaires Etrangères turques était venu le trouver et, s'inclinant révérencieusement chaque fois qu'il prononçait le nom de son Souverain, avait annoncé qu'Abdul-Hamid, voulant lui donner une preuve toute spéciale de sa reconnaissance pour ses loyaux services, venait de lui accorder l'Etoile du Medjidié avec plaque en brillants. Cette nouvelle stupéfia Blasco. En républicain qu'il est, il avait, en 1906, sous le premier Ministère Clemenceau, accepté avec reconnaissance d'être fait, par la République Française, Chevalier de la Légion d'Honneur, Ordre illustre dont il est aujourd'hui Commandeur[36]. Mais devenir dignitaire de l'un des Ordres les plus prestigieux du Sultan Rouge? Non, cela dépassait, en vérité, les bornes permises de la turquerie. Il exposa donc à l'envoyé d'Abdul-Hamid que cet honneur le flattait extrêmement, mais que ses principes lui interdisaient de l'accepter. Sur quoi, le haut fonctionnaire, non sans jeter au préalable un regard prudent pour s'assurer qu'aucun importun n'entendait ses paroles, scanda, en les accompagnant de son sourire de diplomate, ce conseil sceptique: «*Prenez toujours! Les brillants valent, au bas mot, dix mille francs!*» De cet Ordre, Blasco ne reçut que le diplôme, un merveilleux parchemin tout couvert d'hiéroglyphes dorés. La plaque, commandée à l'un des bijoutiers du Sultan,—un juif d'origine espagnole nommé Flores, qui parlait, dans un balbutiement enfantin, la langue de ses lointains aïeux—eût sans doute été un chef-d'œuvre. On travaille lentement en Turquie et, de plus, le joaillier d'Abdul-Hamid entendait—hommage touchant à sa lointaine *Hispania*—réaliser une merveille de plaque. Hélas! tout arrive ici bas. Un beau jour, le Philippe II des Turcs—c'était en Avril 1909— s'entendit, dans un *Fetvah* du Sheik ul-Islam,—docile instrument des Jeunes Turcs,—déclarer indigne de régner plus longtemps. Et le Padischah, «ombre d'Allah sur la terre», laissa là les quatre mille femmes, presque toutes esclaves, de son haremlik. Il s'en fut, exilé pour toujours, à la villa Allatini, à Salonique. C'en était fait de ce politique avisé et peu scrupuleux. La plaque de Blasco qui attendait, à Ildiz-Kiosk, une occasion propice pour passer en Espagne, fut victime du pillage des palais du tyran déchu. Peut-être orne-t-elle, aujourd'hui, quelque poitrine de Jeune Turc? A moins que le ravisseur n'ait songé, lui aussi, que ce joujou brillant valait bien ses dix mille francs d'avant-guerre.

Les aventures orientales de Blasco Ibáñez faillirent avoir une fin tragique. Il avait traversé sans incidents les plaines désolées de la Thrace, franchi la Roumélie, la Bulgarie, la Serbie et approchait de Buda-Pest. C'était l'heure du petit déjeuner. Dans le *dining-car* de l'express de Constantinople, il occupait, avec trois inconnus de la foule bigarrée de Cosmopolis, une table silencieuse, lorsque, au moment où les premières maisons des faubourgs de Buda-Pest commençaient à fuir sur les glaces du wagon, un choc effroyable, suivi des craquements lugubres de ferrailles tordues, se produisit. Le train venait d'être tamponné par un convoi qu'à la suite d'une négligence inexplicable, le chef de gare hongrois avait lancé sur la voie, à l'heure normale d'arrivée de l'express d'Orient, dont les deux premières voitures,— naturellement des troisièmes classes—avaient été pulvérisées par ce choc! Accident stupide, en une Europe Centrale que d'illustres niais prônaient comme l'exemplaire modèle de toute organisation méthodique, et rejetant un instant dans l'ombre de la légende les vieilles «*cosas de España*». Blasco sut en dégager la philosophie. Et, toujours homme d'énergie et d'action, il s'était à peine rendu compte de la catastrophe, qu'abandonnant, sans autre dommage que de légères contusions, le théâtre du sinistre, où la foule affluait, il sautait dans un tramway proche et allait prendre à la gare de Buda-Pest le premier train en partance pour l'Europe,—la vraie Europe, où il rentrait son baluchon sur l'épaule, à la façon de l'envahisseur oriental de lointains millénaires séduit par les richesses du mystérieux Occident. Tel fut son premier grand voyage hors du monde latin. Si, en 1806, M. de Chateaubriand s'était soumis à onze mois d'errance pour séjourner trois jours à Jérusalem, ce n'a été qu'à presque un siècle de distance,—en 1904—que la postérité put, à son pompeux *Itinéraire*, opposer le pendant rédigé par Julien, son domestique, qui nous présente le grand homme sous un jour moins splendide. Sans être irrespectueux, il me semble que Blasco Ibáñez n'avait pas à craindre une telle avanie: d'abord parce que n'ayant pas de valet de chambre en Orient, ensuite parce que son livre possédait pour vertu dominante la sincérité.

V

Blasco Ibáñez ami de la lecture et de la musique.—Son culte pour Beethoven et pour Victor Hugo.—Ses duels.—Une balle de charité qui faillit devenir balle homicide.—Sa discrétion d'auteur.—Ses scrupules sentimentaux.— Histoire du roman: *La Voluntad de Vivir*.

J'ai déjà dit que Blasco Ibáñez était un grand lecteur et de toute espèce de livres. S'offenserait-il, si cette passion était définie, chez lui, une sorte de maladive voluptuosité? En tout cas, la lecture est devenue pour lui un tel besoin que, lorsqu'il n'écrit pas, il se jette sur le premier volume venu et ne l'abandonne plus qu'arrivé à la dernière page. Hôte ici plus intrépide que dans la pratique de la vie, il ne se soucie oncques de la mine austère et renfrognée du maître de maison et plus les années avancent, plus se confirme en son esprit l'immortelle vérité de cet adage que Littré, cité par Sainte Beuve[37], semble avoir attribué à tort à Virgile: «On prétend que Virgile, interrogé sur les choses qui ne causent ni dégoût ni satiété, répondit qu'on se lassait de tout, excepté de comprendre, *præter intelligere*: certes, la pensée est profonde et elle appartient bien à une âme retirée et tranquille

GRAVURE EXTRAITE DE «NUEVO MUNDO», HEBDOMADAIRE DE MADRID, REPRÉSENTANT BLASCO ET SES ENFANTS A LA MALVARROSA

PORTRAIT DE BLASCO IBÁÑEZ EN 1902

comme celle du poète romain.» A l'époque où sa qualité d'agitateur politique attirait sur lui les foudres gouvernementales, Blasco Ibáñez fut exilé assez longtemps dans une petite cité d'Espagne, antique évêché où toute vie intellectuelle se concentrait dans le palais épiscopal. Le proscrit commença par dévorer tous les livres qu'il put rencontrer en ce lieu. Quand tout fut épuisé, et comme sa situation de fortune ne lui permettait pas d'achats personnels de volumes, il se rabattit sur la seule matière restante: des vies de Saints et des traités de Théologie, que conservaient religieusement de vieilles dévotes, qui les tenaient de chanoines défunts, leurs amis d'antan. Or, un jour, il découvrit, par miracle, qu'une de ces femmes possédait dans sa demeure une grande bibliothèque d'ouvrages profanes. C'était la veuve d'un officier supérieur du Génie. L'excellente dame se signa, lorsqu'elle entendit le jeune homme la prier de l'autoriser à lire, volume par volume, sa librairie. *«¡Pero si son de cosas militares!»*[38] alléguait-elle, scandalisée. Rien n'y fit. Blasco eut raison de cette ignorante soupçonneuse, et, six mois durant, s'acharna sur Montecuccoli, Jomini et analogues théoriciens, tant anciens que modernes, de l'art de la guerre, dont les seuls patronymiques, aujourd'hui, le feraient sourire, tant il les jugerait étranges, sur ses lèvres. Mais il a un aphorisme favori, celui-ci, que: *«todo lo que se lee, sirve alguna vez en la vida»*[39]. Et, en vérité, ces lectures militaires lui ont servi, une fois au moins. C'était durant la Grande Guerre. Il avait été convié à dîner par plusieurs de nos généraux et ce fut à leur table que le hasard de la conversation l'amena à mentionner les doctrines qui lui étaient devenues familières, il y avait exactement vingt-huit ans. «Comment diable avez-vous appris tout cela?» lui demanda, interloqué, l'un des commensaux, qui ne pouvait comprendre qu'un romancier en sût aussi long que lui sur un chapitre interdit, non seulement au simple profane, mais à tout autre qu'un officier breveté, sans doute. Blasco raconta alors l'histoire de la bibliothèque de la veuve de l'officier du Génie. Toutefois, de tous les livres qu'il s'est assimilés, au hasard de ses navigations aventureuses sur l'océan sans limites du savoir humain, ceux qui ont toujours eu ses préférences, ce furent les livres d'histoire et l'on sait avec quel zèle il a traduit en espagnol, non seulement Michelet, mais encore l'œuvre monumentale de MM. E. Lavisse et A. Rambaud. Entendons-nous bien, d'ailleurs. Blasco Ibáñez ne croit pas du tout à l'histoire comme à une science. Pour lui, cette discipline est la cousine germaine du roman, un *mixtum compositum* se rapprochant de la vérité—*quid est veritas?*—, une comédie dramatique où manœuvreraient d'infinies masses humaines. Et les historiens, lorsqu'ils savent faire revivre le milieu qu'ils évoquent, lui apparaissent comme des collègues, ou, mieux encore, comme une sorte de romanciers manqués, qui n'auraient pas su se spécialiser. Dans son for intérieur, je ne suis pas sûr du tout qu'il ne se gausse parfois doucement de ces pontifs qui semblent croire posséder le secret du passé, convaincu qu'il est, avec d'autres, que l'histoire est un roman qui fut et le roman une histoire qui eût pu être. Il m'en a confié, naguère, la définition suivante: «*Para mí, la historia es la novela de los pueblos, y la novela, la historia de los individuos*»[40]. Je me souviens que, pour lui faire honte, je crus alors devoir lui répliquer par la voix de Cicéron: «*Historia vero testis temporum, lux veritatis, vita memoriæ, magistra vitæ, nuntia vetustatis*»[41]. Mais le maître se borna à lever vers le ciel des yeux rieurs. Et je ressongeai, moi-même, à ce duc Michel Angelo Gaetani di Teano, illustre patriote italien, dantiste et helléniste éminent, lequel avait coutume de dire que «*dove sono dodici archeologi, sono tredici opinioni diverse*»[42].

Il est d'usage, chez bien des littérateurs, de professer une prédilection particulière pour la peinture. Beaucoup d'écrivains, même, s'avouent réfractaires à la musique et, lorsqu'il leur arrive de discuter de cet art, il n'est point rare que leur grandeur intellectuelle ne les mette pas, tel Gautier, à l'abri d'assertions extraordinairement erronées. Encore que Blasco Ibáñez—et sa *Maja Desnuda* est là, pour l'attester—ressente en artiste la peinture et la sculpture, le premier de tous les arts ne laisse pas d'être pour lui la musique. Je rapporterai à la lettre la déclaration qu'il me fit sur ce point. «Entre les génies humains, il en est un qui se détache par-dessus tous les autres. Supérieur à Shakespeare, supérieur à Cervantes, c'est un démiurge. Il a atteint l'apogée du sublime. Il a entendu palpiter la grande âme mystérieuse dont chacun de nous détient en soi quelques parcelles. Et cet homme, c'est Beethoven.» Son culte pour le musicien dont la surdité lui inspira un touchant parallèle avec celle du romancier D. Antonio de Hoyos y Vinent, dans l'article français qu'il écrivit en faveur de Hoyos en 1919[43], a acquis les proportions d'une adoration absolue. Chacune des pièces de ses diverses demeures est ornée, qui d'un buste, qui d'un portrait de l'auteur des *Sonates* et des *Symphonies*. Est-ce à cause de sa puissance de sentiments, de son extraordinaire force d'expression dans ces compositions fameuses, que Blasco ressent pour Beethoven une si touchante affinité élective? Quiconque est quelque peu familier avec les premières œuvres du romancier, y aura remarqué, très certainement, avec quelle joie il y décrit les effets de la musique même sur les êtres les plus frustes et vulgaires. Ainsi, dans *Arroz y Tartana*, le chapitre IV. Ainsi le chapitre VI de *Cañas y Barro*. Ainsi, dans *La Catedral*, le chapitre IV et le chapitre V. L'amour de Blasco Ibáñez pour Wagner a, d'autre part, été déjà l'objet de quelques lignes, et en 1903 M. Ernest Mérimée pouvait le qualifier en bonne part, dans un article du *Bulletin Hispanique*, de «fanatisme». Faut-il rappeler les merveilleuses pages de *Entre Naranjos* et le morceau de bravoure d'*Arroz y Tartana*, p. 181, sur la *Symphonie des Couleurs*? Ce que l'on ignore généralement, c'est que Blasco Ibáñez a été critique musical au cours de sa féconde carrière de journaliste et que ses campagnes en faveur du réformateur du drame lyrique trouveraient, s'il en était besoin, leur justification historique dans la nécessité urgente de débarrasser la scène espagnole de la prépondérance absolue des douceâtres mélodies de l'opéra italien, en ces époques où le sceptre de la critique musicale était tenu à Madrid par le grotesque D. Luis Carmena y Millán, de taurophile mémoire! Blasco Ibáñez justifie pleinement l'aphorisme de Shakespeare:

The man that has no music in himself
Nor is moved with concord of sweet sounds,
Is fit for treasons, stratagems and spoils;
The motions of his spirit are dull as night,
And his affections dark as Erebus:
Let no such man be trusted. Mark the Music![44]

Et l'auteur de ce dithyrambe improvisé qu'est la *Symphonie des Couleurs* estime toujours, avec le poète des *Fleurs du Mal*, que

Comme de longs violons qui de loin se confondent
Dans une ténébreuse et profonde unité
Vaste comme la nuit et comme la clarté,
Les parfums, les couleurs et les sons se répondent.[45]

Un autre amour de Blasco Ibáñez, tout aussi véhément que son amour pour Beethoven, est celui qu'il professe pour Victor Hugo. Un jour, au critique français Antoine de Latour, qui avait, dans un de ses articles, déclaré que «des Espagnols aiment beaucoup leurs poètes, qu'ils ne lisent pas», la fille de Juan Nicolás Bœhl de Faber, connue dans le monde littéraire sous son pseudonyme de romancière: *Fernán Caballero*, répliqua: «¡*Qué verdad, qué verdad, empezando por mí! Pero ¿quién lee tanto, tanto, tanto?*»[46]. Je puis avancer avec certitude que Blasco Ibáñez, qui a tant lu, tant lu, tant lu, a lu *tout* Victor Hugo. Aussi est-il légitime qu'aux censeurs frivoles de cet autre démiurge, il ferme la bouche par un laconique et catégorique: «N'insistez pas! Ses défauts, je les connais. Dieu aussi a ses défauts. A en juger, du moins, par ses critiques, qui sont assez nombreux. Pourtant, des millions et des millions d'êtres continuent à croire en lui. Ils y croiront toujours. Permettez s'il-vous-plaît que je reste, moi aussi, fidèle à la religion de ma jeunesse. J'adore Victor Hugo. Et, pour parler comme nos dévots: *«en esta fe quiero vivir y morir...»*[47].— Quand il revint d'Argentine à Paris pour y rédiger ses *Argonautas*, un reporter de *Mundial Magazine* qui le visita, en Mars 1914, dans le coquet hôtel qu'il habitait à Passy, rue Davioud, fut frappé par ce qu'il appelait: «l'obsession amoureuse de Blasco Ibáñez pour Victor Hugo». Et M. Diego Sevilla ajoutait: «Victor Hugo partout, partout où nous promenons nos regards... On verrait rarement, ailleurs, une telle dévotion... Chez lui, Blasco Ibáñez n'est qu'un hôte, un hôte de Victor Hugo. Et c'est celui-ci qui préside, dans tous les recoins de la poétique demeure.» Cela serait vrai également de Madrid, de la Malvarrosa et de la villa Kristy à Nice. Cette ferveur risquera de faire sourire quelques jeunes. Et pourtant! Malgré les taches qui la déparent—dont les moindres ne sont pas que, trop souvent, la simple émotion cérébrale, l'artifice littéraire même, le parti-pris et l'abus de l'antithèse l'emportent sur l'impression du cœur et de l'âme; bien que les grands poèmes politiques— *Châtiments*, *Année Terrible*,—ne soient, en dépit de la supériorité de leur forme, que de simples pamphlets; malgré le fatras de tant de pages pseudo-historiques—*Histoire d'un Crime*, *Napoléon le Petit*,—et des élucubrations philosophiques, polémiques et critiques, comme encore malgré les productions confuses des dernières années, il reste que tout ce qui est du passé, du présent et de l'avenir, du fini et de l'infini, traversa ce vaste cerveau perpétuellement en ébullition et qu'éternellement, le voyant de la *Légende des Siècles*, pour ne citer que le plus magnifique de ses grands poèmes épico-lyriques, aura son œuvre citée comme l'éclatant témoignage d'une puissance verbale inouïe mise au service d'une imagination incomparable et sa personne même exaltée par le culte pieux des générations successives, parce qu'elle fut, selon un mot célèbre, l'instrument sinon le plus mélodieux, du moins le plus sonore qui ait jamais vibré aux quatre vents de l'esprit.

Descendons de l'empyrée pour le terre à terre, j'allais dire le terrain— puisque de duels il s'agit—d'une réalité sublunaire un peu moins éthérée. J'ai indiqué, dans le précédent chapitre, que Blasco Ibáñez, dans sa période combative de député républicain, s'était, plus d'une fois, mesuré avec de redoutables adversaires et qu'il maniait aussi intrépidement—encore qu'avec moins d'habileté professionnelle—l'épée et le pistolet que le verbe. Je crois savoir qu'il se battit ainsi de douze à quinze fois. Cependant, il est le premier à faire gorge chaude du soi-disant «code de l'honneur», invention tragiquement puérile qui ne démontre rien d'autre que l'incurable snobisme de certaines classes d'hommes. Blasco n'aime pas qu'on l'entretienne des incidents d'un passé qu'il considère comme bien mort, grand trou noir et plein d'ombres sinistres dans sa vie. Cependant, n'ayant pas hésité à abuser de sa bienveillance, il a consenti à m'avouer qu'il s'était surtout battu pour fournir, à qui en eût douté, la preuve «*de que no tenía miedo*»[48], et, aussi, qu'il ne nourrissait, à l'endroit de ses adversaires politiques, aucune espèce de haine personnelle. Et il ajoutait, avec cet humour mélancolique dont, si l'on n'en trouve guère de trace dans ses romans, sa conversation privée, dans ces évocations rétrospectives, n'est nullement exempte: «*Algunas veces he pegado y otras me pegaron á mí. ¿De qué ha servido esto en mi vida? ¿Qué ha podido probar?... Cuando pienso que he sido herido casi de muerte ¡tres meses antes de escribir La Barraca!...*»[49]. Mais, lorsqu'on se bat comme se battait Blasco: «pour prouver que l'on n'a pas peur», l'on risque assez, en face de spadassins sans vergogne, de commettre un genre d'imprudence qui, dans de telles rencontres, coûte fort cher. C'est ainsi qu'ayant été grossièrement pris à partie, dans un journal de Madrid, par l'un des *recordmen* du tir au pistolet en Espagne, Blasco, qui avait le droit de choisir l'arme, se décida pour celle même où excellait son adversaire. «*Il verra, de la sorte,*—fit-il tranquillement observer à ses témoins— *que je ne le crains guère.*» Mais à peine l'ordre de faire feu était-il donné, que la balle de ce bretteur l'atteignait au sommet de la cuisse, à quelques millimètres de l'artère fémorale! J'ai hâte, cependant, d'en venir au duel dont il a été parlé plus haut, qui occupa un moment l'Espagne entière et fut aussi, non seulement le plus sérieux, mais encore le plus original de tous les duels de Blasco Ibáñez. C'est de celui avec le lieutenant de la Sûreté de Madrid qu'il s'agit. Pour s'expliquer l'origine de ce défi, il importerait de se dépouiller momentanément de la mentalité française, de tâcher de penser à l'espagnole. Ce n'est pas chose aisée à tous et je ne suis pas sûr que l'essai en réussisse à quiconque ne connaît, de l'Espagne et de ses mœurs, que ce qu'il a pu recueillir au cours de lectures plus ou moins hasardeuses, ou dans des conversations avec des touristes souvent intéressés à cultiver la ridicule légende d'une Espagne de tambours de basque et de castagnettes, dont *Carmen* constitue l'exemplaire-type et, malheureusement pour nous, classique. Mais je ne puis m'attarder sur cette matière, qui exigerait des développements hors de propos. Je renverrai donc de nouveau aux quelques pages, si exactes, que Blasco Ibáñez a écrites pour le livre: *L'Espagne Vivante*, me bornant à noter qu'entre une séance de la Chambre des Députés française et une audition du *Congreso* espagnol, il y a un abîme et que même nos plus tumultueuses sessions n'ont, à Paris, rien de commun avec les orages parlementaires des *Cortes*, je veux dire de celui de ces deux organismes constitutionnels qui est censé représenter le peuple, l'autre, le Sénat, étant surtout un rouage de la monarchie. Or, un soir où il y avait eu, à la Chambre, une de ces tempêtes dans un verre d'eau qui l'agitent périodiquement, les députés républicains furent l'objet d'une manifestation populaire enthousiaste, à leur sortie de l'édifice construit par Narciso Pascual en 1843-1850 et dont l'entrée, peu monumentale, s'orne de deux lions coulés en bronze de canons marocains, trophées de la bataille de Tetuán, en 1860. Comme toujours, en pareille circonstance, la police madrilène intervint avec une brutalité inouïe, dispersant à coups de sabre les manifestants. Dans ce tumulte, Blasco eut une altercation assez vive avec l'un des officiers du corps de police, lequel, en Espagne, est organisé militairement. Le lendemain, dans l'interpellation qu'il adressa au Gouvernement, il traita son adversaire de façon extrêmement dure. Il n'en fallut pas davantage pour que tous les officiers du corps de police, se considérant offensés par les paroles du député de Valence, exigeassent de leur compagnon qu'il demandât à l'offenseur une immédiate réparation par les armes. Mais le Président de la Chambre, aussitôt averti de l'affaire, intimait à Blasco l'ordre formel de refuser ce duel, ajoutant que, s'il passait outre, il proposerait à l'Assemblée de le soumettre à une procédure spéciale, vu que le règlement interdisait tout duel ayant pour cause des paroles prononcées par un député en séance du Parlement. Et c'est ici que commencent les péripéties les plus bizarres de ce duel «par bonté». Le lieutenant de la Sûreté était marié et, je crois, père de famille. Il n'avait, pour vivre lui-même et faire vivre les siens, que sa maigre solde. D'autre part, le Code de l'honneur militaire n'était-il pas formel? Il fallait que cet homme se battît ou qu'il fût rayé, incontinent, des cadres de sa profession. Ses compagnons intervinrent donc en sa faveur et une députation d'officiers de police s'en fut trouver Blasco, en appela à son humanité, le supplia de ne pas jeter sur le pavé un collègue malheureux. Le tribun se laissa émouvoir par cet étrange cas de conscience. Pour ne pas transformer en une sorte de Bélisaire un jeune gradé impertinent qu'il n'avait aperçu que quelques secondes, dans la nuit et à travers le désordre d'une manifestation politique, il accepta de se battre avec lui et d'arranger les choses de façon à ce que le duel restât ignoré de la Chambre. Les conditions de cette rencontre n'étaient pas moins extraordinaires que le mobile qui l'avait décidée. Prétextant que leur ami était l'offensé et qu'il avait, par suite, le choix du moyen de combat, les témoins du lieutenant décidèrent que ce combat serait à l'américaine, les adversaires étant placés à vingt pas, avec faculté de faire feu à volonté pendant trente secondes. Ce n'était plus un duel, c'était un suicide et les témoins de Blasco, ne voulant pas prendre sur eux la responsabilité de cette lutte de cannibales, se récusèrent. Mais lui, dans sa manie de prouver qu'il ne craignait personne, s'obstina et se battit sans témoins, en se faisant simplement accompagner sur le terrain par deux profanes. A l'ordre de *¡Fuego!*[50], comme il disposait d'une demi-minute pour viser et faire feu, il laissa tranquillement son adversaire faire usage de son arme, pensant que la sienne lui suffirait pour, ensuite, tirer en l'air. Mais le lieutenant, qui rêvait de devenir un héros en débarrassant l'Espagne de l'Antéchrist, avait malheureusement pris la chose au sérieux.

Profitant du répit imprévu que lui laissait Blasco, il visa donc lentement et, sûr de son coup, envoya à celui-ci une balle en plein foie. Le projectile porta si bien, que Blasco en laissa choir son arme, et, les jambes fléchissantes et d'un mouvement réflexe, appliqua aussitôt les deux mains à la partie atteinte. Mais,—ô miracle de quelle *Virgen*[51] propice?—il ne tarda pas à se convaincre qu'il était sain et sauf. Le souffle, qui l'avait un instant abandonné, lui revenait normal et l'on n'apercevait, au point de contact de la balle, aucune gouttelette de sang perler. L'explication du prodige apparut aussitôt, sans qu'il fût besoin de recourir aux instances surnaturelles. Le député portait une légère ceinture, qu'il avait étourdiment gardée et dont la boucle de métal, en recevant le choc, avait pénétré dans les chairs, où elle s'était incrustée et tordue. Obstacle imprévu, qui avait suffi à faire ricocher la balle homicide, transformant en simple contusion une blessure qui, sans ce hasard, eût certainement provoqué la mort instantanée de Blasco Ibáñez!

Le duel se termina, de la sorte, sans résultats, et Zamacois relate qu'alors que l'illustre Docteur San Martin s'approchait du député, lui assurant qu'il venait de naître une seconde fois, «l'un des témoins de l'officier, celui, précisément, qui avait exigé les conditions barbares du duel,—il est mort, un an après, dans un asile d'aliénés—s'approcha aussi de Blasco pour le féliciter». «*Très bien, très bien!*—s'écria-t-il en lui serrant la main—*Je suis heureux que cela finisse ainsi. Et, savez-vous, vous avez en moi un admirateur! J'ai lu tous vos romans. Ils me plaisent infiniment, infiniment!*» A quoi Blasco Ibáñez fit cette simple réponse: «*Vous avez failli en faire fermer la fabrique!*» Que l'on vienne donc prétendre que le maître est dénué d'humour! La moralité de cette fable tendrait à établir qu'il est possible qu'un homme échange des coups de feu avec un de ses semblables uniquement pour ne pas lui nuire dans sa carrière. Mais l'on risquerait, en insistant sur elle, de se voir traiter, par quelque lecteur morose, de simple *galéjaïre* méridional et mieux vaut s'arrêter là. Toujours est-il que ce duel, je l'ai dit, fut fort commenté et que de bonnes âmes crurent ne pas devoir laisser échapper l'occasion de mettre en lumière, pour des fins de propagande religieuse, le caractère «providentiel» d'un tel dénouement. La boucle de métal assumait, à leurs yeux, la dignité légendaire du «nez de Cléopâtre», ou du «grain de sable de Cromwell». Entre les milliers de lettres que reçut le pécheur impénitent, il en était une qui portait le timbre d'un prince de l'Eglise d'Espagne, du Cardinal-Archevêque de Grenade. Ce prélat, alors octogénaire, avait, dans sa prime jeunesse, suivi la carrière militaire. Quel beau coup de filet c'eut[c'eût] été pour le vieillard que de ramener— avant de quitter ce bas monde—dans le sein de la confession catholique l'auteur impie de *La Catedral!* On devine les arguments dont son apologétique sénile usait: avertissement du ciel, protection de la *Virgen* et analogues lieux communs de théologie morale. Blasco, homme exquis, répondit à cette missive intéressée par une lettre courtoise et l'archevêque, croyant la conversion en bonne voie, redoubla d'admonestations pieuses. Au bout de quelques mois, sa mort mettait fin à une correspondance unique dans les échanges épistolaires de Blasco.

Ces lettres ont été détruites, comme tant d'autres, et il faut qu'à ce sujet, je revienne sur l'un des aspects les plus attrayants de la personne morale de Blasco Ibáñez. Je ne me piquerais pas de posséder une science littéraire transcendantale, mais enfin, il me sera bien permis de remarquer que le charme piquant des «clés» a trop souvent conditionné le succès d'œuvres d'imagination, depuis le *Diable Boiteux* de Lesage—pour nous en tenir aux livres sur des choses d'Espagne—jusqu'aux célèbres *Pequeñeces* du Jésuite D. Luis Coloma, dont la vogue remonte, précisément, aux années où Blasco écrivait ses premiers essais romanesques de matière valencienne. Sans commettre, d'autre part, de formels romans à clés, il est toute une catégorie d'auteurs qui essaient de remédier à leur manque d'imagination créatrice par l'introduction, dans leurs récits, de bribes, plus ou moins défigurées, de leurs propres expériences sentimentales. Ces écrivains ont coutumièrement la faiblesse de se peindre en Don Juans doués d'un pouvoir de séduction souverain, dont le charme victorieux a raison des Eves les plus rebelles. Et, manie plus déplorable encore, il en est qui n'hésitent pas à utiliser, dans ces inventions autoapologétiques, les malheureux comparses avec lesquels ils se sont coudoyés dans la vie quotidienne, transformant ainsi en grotesques pantins d'honnêtes gens dont le seul tort fut d'avoir cru au génie de ces caricaturistes du scandale. Comme le lecteur connaît certainement quelques exemplaires, plus ou moins notoires, de cette école, je suivrai le conseil que Pierre-Charles Roy inscrivit, au XVIIIème siècle, sous une gravure de Nicolas De Larmessin qui représentait une scène de patinage, ne se doutant sans doute pas que la postérité allait s'emparer de ce vers pour le transformer en phrase légendaire:

Glissez, mortels, n'appuyez pas...

Blasco Ibáñez n'a jamais entendu battre monnaie avec ses amours. Sa riche imagination lui permet, Dieu merci, de dédaigner une aussi pauvre méthode. Il n'a pas besoin, au surplus, de transcrire la réalité de son existence pour produire l'image de la vie. Ses romans, s'ils eussent dû, pour être assurés du succès, exposer à la malignité publique les intimités de personnelles amours, n'eussent certainement jamais été écrits. «*Se puede ser escritor sin dejar de ser caballero*»[52], aime-t-il à répéter, et, d'ailleurs, c'est une vérité d'expérience que les «romanciers féminins», ou les «poètes de l'amour» ne sont Lovelaces qu'en imagination et que les deux ou trois pauvres femmes qui furent leurs victimes, s'ils les servent et resservent à leur trop crédule clientèle en les accommodant à des sauces diverses, le ragoût ainsi cuisiné ne laisse pas d'être, au fond, toujours pareil. Ces *lady-killers* sont généralement de piètres amants, dont les bonnes fortunes mériteraient d'être appelées «littéraires», si cette épithète pouvait décemment s'appliquer à leurs proses mercantiles. Les vrais amoureux sont plus discrets. Et il a fallu le zèle intempestif d'un académicien notoire pour que, des amours de Victor Hugo, l'on apprît, tout récemment, que le plus long n'eut rien d'éthéré, selon que le croyait qui s'en rapportait aux transpositions dans l'œuvre imprimée de ce grand artiste.

Comme son idole, Hugo, le romancier de *Entre Naranjos* est resté muet sur ses rapports vécus avec la femme. J'ai relu ses romans avec une intention arrêtée d'y surprendre,—sachant ce que je sais de sa vie,—quelque chose de similaire à une allusion discrète à ses amours. Mais cette enquête m'a déçu. On m'avait, de fort bonne source, assuré que les femmes ont joué, et jouent, dans la vie sentimentale de Blasco Ibáñez, un rôle considérable. Des indiscrétions savoureuses circulent même à ce propos. Et n'est-ce pas, aussi bien, à cause d'exigences, ou de convenances sentimentales, que, précisément, ce même Blasco Ibáñez a abandonné, depuis tant d'années, son Espagne pour courir le monde? Sans doute, il est avéré que la Leonora d'*Entre Naranjos*, fut bien, comme on le prétendit, une chanteuse russe d'opéra, avec laquelle l'auteur avait voyagé, lorsqu'il ne comptait que vingt-deux ans. J'ai entendu aussi interpréter de façon semblable d'autres héroïnes d'autres de ses romans. Mais, l'ayant prié de me fournir quelques lumières sur ce point controversé, je me suis heurté à une fin catégorique de non recevoir. Le maître, se souvenant peut-être des racontars suscités par sa *Maja Desnuda*— où des exégètes «bien informés» ont voulu voir, à côté d'un Renovales qui serait, naturellement! son ami le peintre Sorolla, une comtesse d'Alberca peinte sur le vif d'après certaine dame de l'aristocratie madrilène, qui faisait alors beaucoup parler d'elle—, se souvenant peut-être aussi que, deux ans plus tard, le scandale recommença avec *Sangre y Arena*, dont diverses interprétations tentèrent d'identifier la fantasque Doña Sol, s'est enfermé dans un silence que rien n'a pu briser. Lorsqu'on lui signale telle ou telle analogie, réelle ou fictive, entre une situation de ses romans et un fait bien connu de sa vie, il montre une surprise si complète, il manifeste un si total désarroi que l'on songe incontinent, pour expliquer un tel cas, aux conditions dans lesquelles produisent les romanciers de race. Leur travail participe, en effet, beaucoup du subconscient. Pour ce qui est de Blasco Ibáñez en particulier, je sais qu'à plusieurs reprises, il lui est arrivé de tracer des personnages qu'il croyait fils absolus de sa fantaisie, alors qu'en fait, ce n'étaient que les duplicata d'êtres de chair et d'os, par lui observés bien auparavant et recréés, par la superposition des souvenirs, dans leurs formes actuelles. Mais le grand public, qui, lui, ne se rend pas compte de ce mystérieux processus de «cristallisation»—comme s'exprimait Stendhal,— identifie immédiatement les originaux et là-dessus les médisants, ou les envieux, se mettent à crier au scandale! Il importe ici, plutôt que de me livrer à des considérants théoriques, que je cite un cas vécu comme illustration de la doctrine que j'avance, cas dont quelques rares initiés—dont feu Luis Morote, qui en écrivit, à l'époque, un article dans l'*Heraldo de Madrid* et aussi le vieil aède valencien, D. Teodoro Llorente, lequel, dans les pages plus haut citées de *Cultura Española*, déclarait «ne pas devoir risquer des éclaircissements que l'auteur n'avait pas jugé à propos de fournir»—ont su trop peu, pour que le mystère n'ait pas continué à entourer l'une des productions écrites peut-être avec le plus de fougue par Blasco Ibáñez et qui ne fut imprimée que pour être, aussitôt, impitoyablement détruite par ordre de son auteur même. En 1907, Blasco, qui se trouvait au début de la période la plus importante de sa vie sentimentale, composa en quatre mois un roman qui, intitulé: *La Voluntad de Vivir*[53], passa sans délai à la composition, chez les éditeurs F. Sempere et Cⁱᵉ à Valence et ne tarda pas à être tiré à 12.000 exemplaires—chiffre des premiers tirages de ses romans à cette époque. Le livre sortait des presses et était déjà annoncé au public, quand certaine personne, qui exerçait alors sur l'auteur une influence souveraine et dont le nom, pour des causes qui n'importent pas ici, doit être tu, en ayant reçu en don le premier exemplaire tiré, et l'ayant lu en une nuit, crut s'y reconnaître, peinte au naturel et dans ses moindres particularités physiques et morales. Epouvantée par la véhémence et la chaleur de ces descriptions, où elle se retrouvait comme dans un miroir, elle s'imagina que le public allait sans peine y démêler l'histoire d'une passion secrète, là où le romancier était convaincu de n'avoir pas tracé une ligne qui ne fût impersonnelle et—comme on dit dans le jargon de la critique scientifique—«objective». S'il se fût agi de ces Lovelaces de cabinets particuliers, dont il a été question plus haut, la solution de l'incident eût été malaisée, ou, plutôt, elle eût eu lieu au détriment de la mystérieuse et unique lectrice du livre. Car cette sorte d'écrivains, si elle avait à choisir entre la détresse morale d'un être cher et une satisfaction d'amour-propre professionnel, n'hésiterait pas et se déciderait pour la seconde de ces alternatives. Mais Blasco eut alors un geste qui me semble plus éloquent qu'un long discours. *La Voluntad de Vivir* allait être mise en vente dès le lendemain. Il télégraphia à Valence de tout arrêter. Cependant, l'attention du public avait été attirée sur l'incident et des «bibliophiles» offraient des sommes folles à qui leur procurerait un exemplaire du roman condamné. Blasco eut alors son second geste, qui complète le premier. Il ordonna à Sempere et Cⁱᵉ de brûler incontinent les 12.000 volumes. Et cet ordre fut exécuté. 24.000 pesetas—12.000 de droits d'auteur et 12.000 de frais d'impression et de brochage, à la charge de Blasco—montèrent donc, en fumée bleuâtre, dans le ciel d'indigo de Valence et de *La Voluntad de Vivir* rien n'est resté, si ce n'est le seul exemplaire, qui sait? de qui avait été la cause de cet holocauste. Peut-être, cependant, Blasco Ibáñez redonnera-t-il, quelque jour, cette œuvre étrange sous une forme nouvelle, puisque le titre en figure parmi ceux des romans qu'il annonce, dans son dernier volume, comme étant «*en preparación*»?[54].

VI

Voyage en Amérique du Sud.—Amitié avec Anatole France.—Prouesses de
Blasco Ibáñez comme conférencier.—Le «ténor littéraire» bat le torero,
ou 14.500 francs or pour une conférence.—L'orateur se transforme en
colonisateur.—La vie dans la *Colonia Cervantes*, en Patagonie.—Triple lutte:
avec le sol, avec les hommes, avec les banques.—Un discours prononcé la
carabine Winchester à la main.—Fondation d'une seconde colonie, à
Corrientes.—Contraste entre ces deux *settlements*, séparés par 4 jours et 4
nuits de chemin de fer.—Le premier hôte de la nouvelle maison
tropicale.—Le colonisateur renonce à son entreprise.

Le 5 Juin 1908, *El Liberal* de Madrid avait annoncé que Blasco Ibáñez
allait quitter la tour d'ivoire où l'avait fait s'enfermer le dégoût pour une
politique avilie. Beaucoup plus tard, *Cultura Española* publiait, dans son N° de
Février 1909, une courte note où il est dit que «de romancier Blasco Ibáñez
fera prochainement un voyage à Buenos Aires pour y prononcer une série de
conférences au *Teatro Odeón* sur divers sujets de littérature, de sociologie, etc.»
Ce voyage avait été organisé dans les conditions suivantes: Blasco Ibáñez, qui
commençait à être l'un des romanciers espagnols les plus lus de l'Amérique
latine et qui était devenu collaborateur des principales publications de ces
Républiques, avait reçu, d'un grand impresario de théâtre de la capitale
argentine, l'offre de participer à une série de conférences dont le but était
surtout de mettre les littérateurs les plus en vue de l'Europe en contact avec
des pays neufs et encore peu connus. Déjà, le célèbre historien et sociologue
Guglielmo Ferrero et le criminologiste Enrico Ferri—l'auteur de cette
Sociologia Criminale traduite dans les principales langues européennes et l'un
des chefs du parti socialiste d'alors en Italie—s'y étaient, les années
précédentes, fait entendre. Cette fois, l'impresario hispano-américain avait
jeté son dévolu sur Anatole France et Blasco Ibáñez.

Quand ce dernier arriva à Buenos Aires, l'exquis conteur français s'y
trouvait depuis quelques jours seulement. Ces deux hommes, que plusieurs
traits communs de leur esprit et un même idéal politique rapprochaient,
nouèrent en Argentine une amitié qui ne s'est pas démentie et, malgré leurs
différences d'âge, ont entretenu, depuis, des rapports où règne la cordialité la
plus franche. Blasco Ibáñez était, d'ailleurs, sincère admirateur des fictions
délicates de l'Académicien naguère attaché à la bibliothèque du Sénat et il lui
est arrivé fréquemment, lorsqu'il séjourne à Paris, de déjeuner avec lui, en
compagnie des éditeurs de traductions françaises de ses romans, les frères
Calmann-Lévy. L'on manque rarement, au cours de ces agapes, d'évoquer les
lointains souvenirs du séjour en Argentine. «Vous rappelez-vous, dit l'auteur
de *Thaïs*, votre entrée triomphale à Buenos Aires?»—«Triomphale, non,
réplique Blasco. Il y avait beaucoup de monde, c'est tout.»—«Triomphale»,

insiste Anatole France, qui tient à son affirmation. «Je l'ai vue, comme j'ai entendu le merveilleux discours que vous leur avez lancé, du haut d'un balcon. Je ne sais pas l'espagnol, mais j'ai parfaitement compris!» Cette entrée, en vérité, avait été, sinon triomphale, du moins extraordinaire. Blasco était le premier écrivain espagnol qui, par suite d'un inexplicable manque de relations intellectuelles entre l'Amérique du Sud et une nation que celle-ci appelle toujours «*Madre Patria*»[55], venait renouer le fil de la communication mentale directe, rompue depuis trop d'années. Il se présentait, de plus, dans des républiques dont il parlait la propre langue, qui était celle de son pays, et où il comptait, je le répète, un fidèle public de lecteurs. Enfin, il existe, en Argentine, une très forte colonie espagnole, dont les membres, d'idées avancées en leur majorité, étaient heureux de démontrer à ce persécuté de la monarchie, par un accueil enthousiaste, leur fidélité aux doctrines qu'incarnaient sa vie et ses livres. C'est ainsi qu'une foule qu'il eût été difficile d'évaluer exactement—de 70 à 80.000 personnes—, attendait le romancier à son débarquement, au port de Buenos Aires, et l'accompagna depuis le navire jusqu'à son domicile. L'affluence était telle, que la voiture conduisant Blasco se brisa sous la pression de la masse et qu'un peloton de cavalerie dut lui frayer le chemin de l'hôtel. Mais, pour en revenir à Anatole France, ce qui séduisit le vieux maître dans le discours—le premier qu'il entendait de lui— de son collègue et émule, ce furent, j'imagine, le débit véhément, naturel et expressif et cette toute méridionale exubérance, en vertu de laquelle ce ne sont point seulement les lèvres qui parlent, mais les mains, mais les yeux, mais toute la personne, et encore, peut-être, cette sorte de pouvoir inconscient d'autosuggestion grâce à quoi l'orateur, comme si une vertu magnétique s'engendrait en lui, finit par être à tel point dominé par son sujet, qu'insensiblement il atteint les hauts sommets de l'éloquence. Mais, dans le cas concret de Blasco Ibáñez—qui est surtout un improvisateur— l'enthousiasme, générateur des belles périodes, est en fonctions directes et de la matière traitée et de l'auditoire auquel on l'expose. Pour qu'il parle bien, il lui faut être pleinement convaincu de ce qu'il va dire et il lui faut encore une foule, favorable ou hostile, peu importe, mais qui soit une foule véritable.

Lors de la période épique de son apostolat en Espagne, il parla dans les endroits les plus disparates: théâtres, cirques, arènes, plages, châteaux en ruines, amphithéâtres antiques et places de villages, où parfois, tel un charlatan dans une foire, il adressait la parole aux plèbes du haut de quelque char rustique. Fréquemment, le curé, voulant préserver ses ouailles de la contagion républicaine, lançait les cloches de son église à toute volée, pensant ainsi étouffer la voix de l'hérétique. Mais celui-ci, haussant le verbe, arrivait à dominer le bronze sacré et sortait victorieux de cette inégale joute d'éloquence sonore. D'autres fois, des paysans légitimistes entrecoupaient ses discours de fusillades enragées, où se renouvelait le «miracle» du duel madrilène, puisque Blasco sortait toujours indemne de ces lâches guet-apens.

Souvent, par contre, le public prévenu en sa défaveur, qui avait accueilli les premières phrases de sa harangue par des menaces de mort, en saluait la péroraison par d'ardents bravos. Enfin, à plus d'une reprise, il fit pleurer ses auditeurs. Mais il faut ajouter que l'orateur—conformément à l'adage d'Horace: *Si vis me flere, dolendum est primum ipsi tibi*[56]—entraîné par sa conviction, avait devancé de ses propres larmes celles de ces braves gens. Nulle discipline littéraire, nul artifice oratoire ne régnaient dans ses prêches politiques et sociaux. Leur transcription sténographique eût procuré aux lecteurs de cabinet cette déception que cause coutumièrement l'impression d'un texte de discours impromptu. Leur effet, cependant, était intense. Sans doute, faudrait-il en rechercher la cause dans cette vertu magnétique à laquelle je viens de faire allusion et qui confère à de telles manifestations spontanées de l'art oratoire cette puissance d'entraînement refusée aux harangues académiques, dont toutes les périodes sont étudiées, dont rien—pas même le débit, puisqu'elles sont lues, ou apprises par cœur—n'est livré à l'inspiration du moment, ou aux impressions fugitives de l'orateur. Dans certaines circonstances, il est arrivé que Blasco Ibáñez, par crainte d'oublier quelque point d'importance, ait rédigé préalablement le texte complet d'un discours. Vaine précaution! A peine avait-il pris contact psychique avec son auditoire, que cette ivresse étrange dont, seuls, les orateurs nés ressentent la griserie en face des foules, s'emparait de tout son être, et qu'oubliant son inutile papier, il se lançait à corps perdu dans l'improvisation, proférant des phrases totalement différentes—forme et images—de celles qu'il avait si soigneusement préparées.

Venu en Amérique avec, derrière lui, un tel acquis, il pouvait à l'avance escompter un immense succès de la part de ces publics hispano-américains, si accessibles aux périodes grandiloquentes de leur bel idiome harmonieux; si vibrants aux choses d'une Europe si lointaine, mais qui surgit toujours aux fonds obscurs de leurs perspectives intellectuelles; si artistes, en leur délicieuse spontanéité.

**MANIFESTATION DE MARINS ET DE PÊCHEURS EN
L'HONNEUR DE L'AUTEUR DE «FLOR DE MAYO», LORS DE
L'HOMMAGE DE VALENCE A BLASCO EN 1910**
Sur la voile de la classique barque de pêche traînée par des bœufs,
qu'a tant de fois peinte Sorolla, figurent les titres des romans
jusqu'alors publiés

**PORTRAIT DE BLASCO PAR SOROLLA, ACTUELLEMENT A
LA BIBLIOTHÈQUE DE «THE HISPANIC SOCIETY OF
AMERICA», A NEW YORK**

Anatole France prononça à Buenos Aires cinq conférences et regagna Paris après de brèves escales à Montevideo et à Río de Janeiro. De ces cinq conférences, Blasco fut l'auditeur religieux et, dès la première, le maître français avait commencé sa lecture par un exorde où, en termes choisis, il saluait la présence de l'illustre romancier d'Espagne. Le séjour de Blasco comme conférencier d'Amérique devait être de considérable durée. Pendant neuf mois, il circula, orateur ambulant, à travers l'Argentine, le Paraguay et le Chili, et ne prononça pas moins de cent-vingt discours. Il faisait fonctions, comme il se plaît à s'exprimer, de «ténor littéraire», recevant de grandes ovations et gagnant beaucoup d'argent. «Le plus pénible, m'a-t-il confié, ce n'étaient pas tant les conférences que l'arrivée dans les localités où elles devaient avoir lieu. Dieux immortels, quelle corvée! Il fallait subir tout le cérémonial de réceptions en règle, assister au défilé des commissions avec drapeaux et musiques, serrer des milliers de mains, se rappeler des centaines de noms, visiter les curiosités de la région et surtout, ah! surtout participer aux banquets! Il y en avait toujours trois pour le moins: celui d'arrivée, celui où l'on fêtait le succès de la conférence, et, enfin, celui d'adieu. Si j'eusse reçu seulement la moitié des sommes dépensées de la sorte, je serais devenu immensément riche!» Blasco Ibáñez raconte aussi avec un plaisir visible les progrès par lui réalisés, au cours de ces longues tournées, dans l'art de l'improvisation oratoire. A son arrivée dans quelque ville nouvelle, il s'enquérait, soit auprès de journalistes, soit auprès des autorités, du thème sur lequel on désirait qu'il se fît entendre. On lui désignait souvent un sujet purement local. De simples lectures techniques, une rapide information orale lui suffisaient alors pour parler, le soir même, une heure et demie durant, sans cesser une minute de passionner son auditoire. Mais la prépondérance exclusive accordée ainsi au développement des facultés oratoires eut pour résultat d'atrophier momentanément les dons de l'écrivain. «Quand je suis revenu en Europe, m'a-t-il déclaré, j'avais complètement oublié mon métier. En ces neuf mois de discoureur, lorsqu'il m'arrivait d'avoir à écrire, je devais en appeler à la dictée. Et tout ce que je dictais, était dit sur un ton effroyablement déclamatoire et emphatique...»

Son premier dimanche à Buenos Aires, il se le rappellera toujours, mais il ne tarit pas non plus sur tant d'autres souvenirs de ces neuf mois. «J'étais, aime-t-il à répéter, une manière de ténor illustre, un Caruso, avec cette nuance qu'il n'y avait pas, pour moi, de changements de décors. Un simple frac me suffisait pour les diverses séances, et, pendant le temps rituel, je m'égosillais jusqu'à l'aphonie. J'ai gagné ainsi de grosses sommes, j'en ai dépensé de considérables, et, à mon retour en Europe, il me restait encore un joli reliquat.» Ses conférences dans la capitale argentine avaient alterné avec celles d'Anatole France. Elles commençaient à cinq heures et demie, dans l'un des théâtres les plus distingués de la ville, devant une assistance aristocratique, composée en majeure partie de dames. Ce même premier dimanche dont il vient d'être question, il avait donné, sur les instances de divers groupements, un régal oratoire supplémentaire à une foule composée d'environ 8.000 employés, commerçants et ouvriers à l'aise, gens de la classe moyenne qui, trop occupés la semaine pour venir l'entendre, désiraient cependant savourer au moins une fois l'éloquence du célèbre propagandiste républicain. Cette fête de la parole démocratique eut lieu dans la plus vaste salle de spectacles de la ville et commença dès deux heures et demie de l'après-midi. La chaleureuse ovation qui avait salué l'orateur s'étant calmée, celui-ci, en guise d'exorde, avait déclaré—seul sur une scène immense, où l'on jouait chaque jour des opéras à grand orchestre—que, puisque son auditoire avait sacrifié un après-midi en son honneur, il voulait qu'ils en eussent, comme nous disons vulgairement, pour leur argent et qu'il entendait les entretenir jusqu'au soir. Blasco tint parole. Durant trois heures et demie, il développa le thème gigantesque des vicissitudes politiques, littéraires et sociales de l'Espagne depuis l'affranchissement de ses colonies d'Amérique. C'était entreprendre de résumer toute l'histoire du XIXᵉ siècle espagnol, période qui est aussi la moins connue des Hispano-Américains. Mais, si parler pendant trois heures et demie constitue, à soi seul, déjà un record, le faire d'une voix stentorienne portant jusqu'aux extrêmes recoins d'un véritable colisée—puisque le vocable, de par son étymologie, signifie un «colossal» amphithéâtre et qu'au surplus, il s'emploie en espagnol pour désigner, par un lointain souvenir de l'amphithéâtre Flavien, une salle de spectacles—et avec l'enthousiasme toujours au diapason d'une multitude qui accueille chaque développement d'un tonnerre de bravos, ou d'un déchaînement de rires, n'est-ce point, en toute vérité, le record des records? Quand Blasco eut parlé ainsi deux heures d'horloge, il ne manqua pas, entre ses auditeurs, d'âmes compatissantes pour le supplier de prendre quelques instants de repos. L'orateur rejeta l'offre. Il savait que la moindre modification du mécanisme entraînerait l'arrêt du moteur. S'il eût cessé, même cinq minutes, de discourir, la fatigue l'eût cloué sur place et l'aphonie l'eût irrémédiablement rendu muet. Il continua donc sans le moindre répit et sans épuisement visible, en pleine tension, jusqu'à ce qu'au coup de six heures, il crut enfin opportun d'entamer sa péroraison et de clore ainsi une harangue dont on ne trouverait d'équivalent, mais dans des conditions bien différentes—que dans les tournois oratoires d'un Vergniaud, lors des tumultueuses séances de 1792-1793, à cette Convention Nationale créatrice de la France moderne. Il va sans dire que le soir même, Blasco avait perdu l'usage de la parole et qu'il crut sérieusement qu'il ne le recouvrerait jamais. Au sortir de la salle, il avait été surpris par les accolades particulièrement ardentes de son impresario. Ruisselant de sueur, épuisé, il lui avait, pour écourter une manifestation déplacée, brutalement posé la question: «*Alors, combien ça fait-il?*» Car le digne fermier des éloquences mondiales n'était tant ému que parce qu'il savait, lui aussi, avoir battu le record, non du verbe, mais du *peso*! Blasco, qui avait appris à connaître ce genre d'hommes, savait que c'était en leur parlant affaires qu'il s'en débarrasserait le plus vite. L'impresario lui déclara donc qu'il lui restait redevable d'une somme de pesos équivalant à 14.500 francs de notre monnaie évaluée à l'étalon d'or—car du franc actuel, hélas! on sait que la valeur n'est plus celle de ces époques lointaines. Or, si, comme salaire d'un après-midi de travail, la somme était rondelette, le hasard voulut que lorsqu'il retournait en Espagne, Blasco rencontrât à Montevideo le célèbre torero Antonio Fuentes, qu'on prétend lui avoir servi de modèle pour créer une partie au moins de son personnage de Juan Gallardo, dans *Sangre y Arena*. Blasco, qui brûlait de savoir à la source si l'éloquence était aussi bien payée en Amérique—car *tras los montes*, ce point n'est pas douteux: les toreros l'emportent sur les orateurs—que la tauromachie, apprit ainsi que la solde du *diestro* ne dépassait jamais 10.000 pesetas par course. Il avait donc, ici encore et pour la première fois, battu un record non plus international, *national*, et, naturellement, hors de sa patrie.

En s'embarquant pour l'Amérique, Blasco Ibáñez avait projeté de parcourir toutes les Républiques de langue espagnole, jusqu'à la frontière des Etats-Unis. Dût le voyage durer deux ou trois ans, il entendait connaître ainsi une á une les vingt nations dont le scion vigoureux a jailli du vieux tronc ibérique. Il avait, cette fois encore, compté sans son hôte et ce fut son caractère aventureux qui fit échouer ce plan original. Alors que certaines Républiques sud-américaines, qu'à la date présente il n'a pas encore visitées, s'apprêtaient à le recevoir, il mit brusquement fin à sa tournée de conférences, et, par amour de l'action, se mua en colonisateur, devenant, d'homme de lettres, le pionnier des terres vierges. La plus belle, comme aussi la plus héroïque de ses aventures commençait. L'idée n'en avait pas jailli, comme Minerve toute armée du cerveau de Jupiter sous le coup de hache de Vulcain, un beau jour de sa tête puissante. Son voyage de conférencier n'était pas guidé par le seul intérêt pécuniaire. Blasco obéissait en principe au programme de son impresario, lorsqu'il s'agissait de se faire entendre dans de grandes villes. Quand, par suite des immenses distances qui séparent les provinces de l'Argentine, il devait entreprendre quelqu'un de ces longs voyages dont notre vieux monde ne saurait se faire une représentation exacte, il redevenait l'écolier capricieux d'antan, ou, pour mieux dire, l'artiste se superposait à l'orateur et, afin de contempler une merveille de la nature, ou d'étudier une colonie agricole modèle, il violentait sans scrupule l'itinéraire fixé. Ainsi put-il voir l'Argentine mieux qu'aucun autre conférencier, ou même qu'aucun autre voyageur européen, depuis la zone tropicale jusqu'aux territoires glacés de l'extrême sud. Parfois l'impresario qui dirigeait sa marche depuis Buenos Aires, le croyait occupé à haranguer tel auditoire d'une capitale de Province, lorsqu'un écho des journaux lui apprenait que, lui ayant fait faux bond, il s'attardait à observer, dans une *tolderia*[57] du Nord, les mœurs des Indiens! Il semblait que ressuscitât en lui l'âme vagabonde des vieux conquistadors. Il ressentait la tentation des territoires primitifs, la fièvre de lutter avec la terre sauvage, s'attardant, avec mélancolie, à évoquer l'œuvre des premiers hommes blancs, venus pour civiliser les Indes Occidentales. Quelques Argentins illustres, qui devinaient sa pensée, ne tardèrent pas à le tenter par leurs offres séduisantes. Lui, être de volonté et d'énergie, accoutumé à la lutte et qui savait agiter les masses au nom d'un idéal abstrait, n'était-il pas appelé à devenir un colonisateur modèle? Alors, pourquoi ne point rester en Argentine et, suivant l'exemple de ceux qui le conseillaient, ne pas s'y enrichir, dans le métier de défricheur de terres?

Tout d'abord, Blasco s'était récusé, se sentant perplexe. Puis, il se laissa peu à peu gagner par la Chimère. Vivre un roman au lieu de l'écrire, quel beau geste! Et l'on n'est pas pour rien artiste. Le rêve de devenir millionnaire, ne fût-ce qu'une saison, la perspective de remuer l'argent à la pelle, de commander à une armée de travailleurs, de transformer l'aspect d'un coin du sol, d'y créer des lieux habitables: c'étaient là de trop brillantes visions pour qu'il n'acceptât pas de courir le risque d'une aussi gigantesque entreprise. Celui qui présidait alors la République Argentine se montrait, ainsi que ses ministres, enchanté à l'idée que cet écrivain au nom célèbre, en se fixant dans leur pays comme agriculteur, n'allait pas tarder à se muer en réclame vivante qui attirerait les émigrants européens vers des solitudes non défrichées, dont on ne désirait rien tant que la mise en culture rapide. On offrit donc à Blasco de lui vendre des terrains à bon marché, aux termes des conditions que fixait la Loi et celui-ci, quoique toujours vaguement inquiet sur un changement aussi radical d'existence, finit par laisser là ses conférences et revenir brusquement en Espagne. Il y écrivit, de Janvier à Juin 1910, à Madrid, un livre qui, malheureusement, n'a été traduit en aucune langue étrangère, sans doute à cause de ses dimensions monumentales et qui, même après de récents travaux français sur l'Argentine—dont une thèse de doctorat ès lettres, parue en 1920—eût mérité de passer à notre idiome. Ce livre, un in-folio de 771 pages, fut commencé d'imprimer le 20 Janvier et achevé le 4 Juillet 1910, pour la *Editorial Española Americana*, par J. Blass et Cie, les gravures et les trichromies qui l'illustrent sortant des ateliers Durá. C'est une belle réalisation typographique, que déparent un peu deux types de lettres différents: l'un allant de la page 1 à la p. 502 et l'autre, beaucoup plus dense, de la p. 503 à la fin, c'est-à-dire occupant la portion du volume consacrée à la description des Provinces et Territoires Argentins. Son titre est: *Argentina y sus Grandezas*[58] et le caractère géographico-historique de la description n'a pas exclu l'insertion, par l'auteur, de récits d'aventures personnelles, telle, p. 646-648, l'excursion à l'*ingenio*[59] de San Pedro de Jujuy, propriété des frères Leach, Anglais, qui y occupaient plus de 4.000 Indiens à la seule récolte de la canne à sucre. La division générale de l'œuvre est la suivante: *I° Le pays Argentin; II° L'Argentine d'hier; III° L'Argentine d'aujourd'hui; IV° L'Argentine de demain; V° Les Provinces Argentines (Buenos Aires, Santa Fe, Entre Ríos, Corrientes, Córdoba,*

Santiago del Estero, Tucumán, Salta, Jujuy, Catamarca, La Rioja, San Luis, San Juan, Mendoza); VI° Les Territoires Nationaux.

Sa dette de reconnaissance à l'endroit d'un pays qui l'avait si bien reçu une fois payée, Blasco Ibáñez quitta l'Espagne pour retourner en Argentine. C'en était fait. Le romancier devenait colonisateur. Beaucoup de lecteurs estimeront à priori qu'une telle décision était chimérique. Avant de la condamner en bloc, il importe, cependant, de réfléchir sur ce fait psychique: qu'en Blasco, comme, d'ailleurs, en d'autres romanciers—dont le moins illustre n'est pas Balzac—, il existe une double personnalité, celle de l'écrivain et celle de l'homme d'affaires. Mais d'affaires qui tournent mal, dans la plupart des cas, encore que combinées selon toutes les règles de la logique. Car si la tête d'Honoré de Balzac fut un volcan de projets, dont il s'éprenait et qu'il délaissait tour à tour pour des entreprises commerciales qui le ruinaient et qu'il devait racheter ensuite par un labeur de galérien intellectuel, celle de Blasco Ibáñez abrita également maintes coûteuses fantaisies, dont celle de la

ARRIVÉE DE BLASCO IBÁÑEZ À BUENOS AIRES
(D'après la Revue Caras y Caretas, de Buenos Aires.)

À LA CIME DE LA CORDILLÈRE DES ANDES
Blasco est représenté, dans cette photographie, au moment où il a
atteint la frontière de l'Argentine et du Chili, marquée par le
monument dit: El Cristo de la Paz.

**DEUX «AMIS» DE BLASCO (Indiens guerriers de la tribu des
chunapis, dans la province de Corrientes)**

colonisation américaine constitue un exemple caractéristique. Personne ne niera, j'imagine, qu'un esprit capable d'écrire un bon roman, reflet de la vie, le soit aussi de concevoir une grosse entreprise de travail. Le malheur, c'est que ces imaginatifs, abondants en inventions, soient trop souvent victimes de leur fécondité mentale et qu'ils abandonnent trop vite un dada pour en chevaucher un autre, jugé plus merveilleux. L'homme d'action, au contraire, s'il a peu d'idées, du moins en poursuit-il âprement la réalisation, marchant droit devant soi et toujours de l'avant. C'est le *timeo hominem unius libri* de l'adage attribué à St. Thomas d'Aquin, qui trouve en eux une justification plus positive que sur le domaine de la spéculation mentale. Mais Blasco s'était toujours cru appelé, même lorsqu'il n'était encore que romancier valencien, à réaliser quelque gigantesque tâche, industrielle ou agricole. Ici encore, ce fut plutôt le besoin d'action que l'amour de l'argent qui conditionnait son rêve. Les richesses acquises facilement et sans effort ne l'attirent pas. Il est ennemi irréductible du jeu, même de cet innocent domino, si populaire en Espagne. Les opérations de Bourse lui inspirent une répugnance plus insurmontable encore. Je dirai plus loin quelle fut sa conduite aux salles de jeu de Monaco, lorsqu'il écrivait *Les Ennemis de la Femme*, dont la traduction malheureusement mutilée,—comme, déjà, celle des *Quatre Cavaliers de l'Apocalypse*, pour de soi-disant «raisons éditoriales»—a commencé de paraître dans la *Revue de Paris* du Ier Février 1921. Ce qui l'enthousiasme, ce sont les fortunes de modernes capitaines d'industrie, créateurs d'immenses fabriques, de lignes de navigation, défricheurs de terrains incultes depuis que le monde est monde, titans modernes, en un mot, dont il a chanté, plutôt que décrit, la grandeur dans son roman: *Los Argonautas*. Et c'est sous l'hypnose de cet héroïque rêve qu'il s'en fut par delà l'Océan, pour y continuer, en plein vingtième siècle, l'épopée des conquistadors, dont il devait, pour le public parisien de l'*Université des Annales*, célébrer les prouesses en quelques périodes—qui s'enlèvent avec la vigueur d'une fresque de Raphaël à la Sixtine—de sa conférence: *L'Âme Nouvelle de l'Amérique*, qui est de Mars 1918[60]. Visionnaire têtu, c'était la difficulté, c'était l'obstacle qui l'attiraient et aussi l'ambition de faire quelque chose que nul n'eût fait avant lui. Et, dans cette entreprise, il exposa tranquillement tout ce qu'il possédait: ce que lui avait laissé son père en mourant, ce que ses livres lui avaient rapporté, tous ses gains de conférencier.

Ses amis d'Europe ne virent pas sans surprise l'éloquent orateur, dont le verbe s'achetait au poids de l'or, se muer en homme des champs et des bois, échanger les escarpins vernis contre de rudes bottes en peau de truie du *gaucho* et son frac du bon faiseur pour le *poncho* en chasuble des coureurs de pampas. Le gouvernement argentin avait voulu lui donner une concession en pays relativement civilisés et à proximité de centres de colonisation déjà anciens. Il s'y refusa nettement. Il ne venait pas pour être agriculteur. Il tenait à son rêve. Il entendait être colonisateur, s'en aller en plein désert. En conséquence, il choisit, dans la Patagonie, un territoire du Río Negro. Il faudrait recourir aux descriptions qu'en a données l'écrivain argentin, rédacteur à la *Nación*, M. Roberto J. Payró, dans les deux volumes de son *Australia Argentina*, pour bien rendre les aspects essentiels de ces régions sauvages et grandioses, interminables solitudes où sévissent les trombes de terre, où, comme au Sahara, de décevants mirages guettent les caravanes de mules dans leur route incertaine, ainsi que, dans les déserts africains, celles de chameaux, au milieu des mêmes tourments de la faim et de la soif. Quand l'illustre Darwin réalisa, de 1831 à 1836, cette expédition scientifique sur les côtes de l'Amérique australe d'où devait naître le livre de 1859 sur l'*Origine des Espèces par voie de sélection naturelle*, il qualifia les hauts plateaux patagoniens voisins de l'Atlantique de «territoires de la désolation». Mais, le long des fleuves qui les parcourent, s'étend une bande de terre d'une extraordinaire fécondité, où semblent s'être concentrés tous les éléments de richesse qui font si totalement défaut dans les espaces désertiques environnants. Découverte par Magellan en 1520, la Patagonie a été partagée, par le traité de 1881, entre l'Argentine et le Chili, et le monument qui vient d'être érigé, à Punta Arenas, au célèbre navigateur portugais n'est qu'un symbole consacrant la lente et progressive mainmise de l'homme civilisé sur des régions qu'habitaient des sauvages *tehuelches*, *pehuenches* et autres tribus indiennes primitives. Le *settlement* de Blasco Ibáñez était situé sur la rive gauche du Río Negro, fleuve qui a donné nom à la *Gobernación*[61] de Río Negro, peuplée—au moment où s'y établissait le colonisateur—d'une dizaine de mille âmes et dont la capitale, Viedma, n'en comptait guère plus de 1.500. Lorsqu'il en prit possession, il n'en connaissait guère l'état, l'ayant vue au cours de sa tournée de conférences, mais de façon fort superficielle, et ayant réalisé cet achat de trois lieues carrées de terre sur la simple inspection d'une carte. Aussi fallut-il qu'il en recherchât la situation exacte d'abord, puis qu'il en fixât les limites avec l'aide d'un agronome, la boussole à la main.

Ainsi commença une existence étrange, en compagnie de quelques hommes fidèles, sorte d'état-major appartenant aux nationalités les plus diverses. Le premier abri, dont il avait fallu se contenter, avait été une vieille paillote achetée à un Indien, unique habitant de ces lieux. Blasco y était à peine installé, que le brusque changement de vie, les privations et aussi l'infection d'eaux stagnantes qu'une soudaine inondation avait accumulées, lui causèrent une fièvre si intense qu'il resta plusieurs jours entre la vie et la mort, en proie au délire, étendu dans cette misérable cabane, à l'abandon, sans assistance qu'une sorte de rebouteuse, ou sorcière indienne. Pendant qu'il gisait de la sorte, du toit de la hutte lui tombaient sans répit, sur le visage brûlant, ces abominables punaises de grande taille et ailées, qu'au Chili on appelle *vinchucas*, insectes sanguinaires à la piqûre lancinante. Et lorsque, accompagné par un ami accouru à son aide, il put enfin se risquer, dans une charrette, à aller consulter un médecin—la bagatelle de vingt lieues à faire en plein désert—, le véhicule qui le portait eut le bon esprit de se rompre à la nuit tombante et le compagnon de Blasco dut le laisser là, au beau milieu de la brousse, sans autre protection que la flamme qu'il avait eu soin, avant de partir en quête d'un autre moyen de locomotion, d'allumer dans la steppe, afin d'éloigner du patient, enveloppé dans son *poncho* et qu'entourait ce cordon de feu, la rage homicide des pumas, ou couguars, et semblables mammifères carnassiers. Mais pourquoi entamer la relation des aventures innombrables, des périls variés qui, au cours de ces quatre années de lutte dans un coin du monde soumis, pour la première fois depuis des milliers de siècles, à une volonté rationnelle, marquèrent la carrière du fondateur de la *Colonia Cervantes?* De ses trois ennemis principaux: la terre, les hommes et les banques, je ne sais si le dernier n'a pas été, en définitive, le plus impitoyable. La terre et les hommes, si durs qu'eussent été leurs hostiles résistances, se fussent laissés vaincre, à force d'énergie. Mais les sociétés de crédit, ces anonymes Shylocks qui opèrent à l'ombre de la Loi, ne l'ont pas lâché un moment, et aujourd'hui, Blasco Ibáñez n'a pu qu'au prix de pertes considérables se libérer totalement de leur emprise. Pour que les gens de la finance continuassent à patronner son œuvre, il se voyait contraint, de temps à autre, de laisser là le costume du colon, d'endosser l'habit de ville, de s'installer dans un confortable hôtel de Buenos Aires, d'y réapprendre pendant quelques jours la vie factice et luxueuse des milieux citadins, pour, en fin de compte, dans le quartier des Banques, s'en aller jouer de ruse, en un tournoi inégal, avec les madrés compères qui les gèrent et lutter à forces disproportionnées avec ces chevaliers internationaux de l'agio cosmopolite. Cependant, et malgré les dédains d'une opinion frivole, toujours prête à juger hommes et choses selon les critères de sa pauvre philosophie, l'œuvre colonisatrice de Blasco prospérait. Non seulement il avait défriché la terre vierge et la fécondait par un ingénieux système d'irrigation adopté de celui en usage dans la *Huerta* de Valence, mais encore y traçait-il le futur emplacement d'un groupement central d'habitations en maçonnerie, dont une gare, la *Estación Cervantes*, assurerait l'accès. En Argentine, les chemins de fer n'usent pas des mêmes égards que ceux d'Europe à l'endroit des humains. Le *settlement* de Blasco recevait bien, tous les deux jours, la visite d'un convoi ferroviaire. Mais celui-ci ne daignait faire halte qu'à des lieues de là. L'édifice en bois qu'érigea Blasco en marqua, désormais, l'arrêt fixe et c'est seulement alors qu'il procéda aux plans du *pueblo*[62], dont les rues, larges de vingt mètres, et les places infinies témoignaient qu'en ces pays neufs, c'est plutôt à l'avenir qu'au présent que songent les règlements de colonisation. Ce *pueblo*, Blasco le mit sous l'égide du père spirituel de toutes les Républiques de l'Hispano-Amérique, Miguel de Cervantes Saavedra. Encore que d'effigie douteuse, ce fut son buste qu'il érigea sur la Place Centrale: palladium de la future cité, en même temps que réparation d'une injustice étrange et trois fois séculaire. Car si, en Espagne—outre le célèbre château-fort en ruines qui garde l'entrée de Tolède, ce *Castillo de San Cervantes* qui ne s'appelle ainsi que par une corruption de l'appellation originale, celle du martyr espagnol Servando—un maigre bourg de la province de Lugo évoque seul le patronymique de l'auteur de *Don Quichotte*, outre-mer tous les saints du calendrier, tous les héros de la mythologie et de l'histoire, mille inconnus illustres ont servi à dénommer villes et villages, mais personne n'y avait jamais songé, avant Blasco Ibáñez, à placer sous l'invocation de l'immortel manchot de Lépante un habitat d'êtres humains, quel qu'il fût. Et, dans les répertoires techniques où sont cependant consignés jusqu'aux moindres patronymiques des plus fous «cervantistes», le nom de Blasco Ibáñez, fondateur de la *Colonia Cervantes*, devrait avoir sa place de droit.

Pour défricher et arroser ses terres, Blasco Ibáñez eut sous ses ordres jusqu'à 600 individus, ramassis d'épaves des deux mondes, où dominaient, cependant, les Chiliens, où ne manquaient pas les Indiens et où, brochant sur le tout, apparaissaient quelques authentiques bandits et maints aventuriers internationaux. On trouve, dans la première partie des *Quatre Cavaliers de l'Apocalypse*, divers ressouvenirs de ces hordes, qui n'étaient pas d'un maniement aisé. Il y avait là, abruti par l'alcool, un ancien baron allemand, naguère capitaine dans la Garde Impériale, tombé à l'ignominie de n'être plus que simple terrassier. Il y avait aussi un illustre architecte de Vienne, dont la déchéance était non moins totale et navrante. Le samedi, jour de paie, l'eau-de-vie coulait à flot dans les campements de *peones*[63] et, fréquemment, par-dessus le crissement nasillard des guitares chiliennes accompagnant la *zamacueca*[64] nationale, crépitaient les coups de revolver de ces desesperados. Rare était la semaine où il n'y eût pas quelque mort, ainsi que plusieurs blessés. Il n'était pas un de ces infortunés qui ne travaillât en compagnie d'une arme à feu ou d'un poignard. Blasco, avec ses contremaîtres, ne se trouvait donc que faiblement protégé contre les entreprises de cette canaille. C'est ainsi qu'un matin, où son fidèle état-major était dispersé aux quatre coins de la colonie, surveillant les travaux, et où le patron se trouvait seul dans la baraque de bois qui lui servait alors de demeure et qui abritait aussi les sommes destinées à la prochaine paye, il aperçut soudain, au moment où il procédait, devant sa porte, en déshabillé, aux soins de sa toilette, les femmes de ses fidèles employés accourir, parmi des cris d'angoisse et des gestes tragiques, précipitamment et en désordre, vers lui. Elles n'étaient pas encore à portée de sa voix que débouchait derrière cette phalange apeurée une masse sombre et silencieuse d'hommes de toute couleur et de tous âges, qui se dirigeait sans hâte vers la case du maître. C'étaient les journaliers de l'un des campements, qui s'étaient déclarés en grève et, sous prétexte d'exposer leurs doléances, n'entendaient rien moins que mettre la caisse de la colonie au pillage, en tuant son gardien et propriétaire au premier geste d'opposition. On a suffisament insisté, dans les pages précédentes, sur l'une des qualités dominantes de Blasco Ibáñez, qui est celle d'être l'homme des foules. Dans une intuition que son expérience des multitudes rendait naturelle, il perçut immédiatement que la seule chance de salut qui s'offrait à lui consistait en une de ces offensives hardies, comme tant de fois, dans sa carrière de tribun, il en avait prises en face des plèbes hostiles, devançant leur attaque par une brusque irruption oratoire qui, en jetant la confusion chez quelques-uns, briserait l'élan coordonné, romprait l'unité de l'assaut, permettrait de gagner un temps d'autant plus précieux que c'était de lui que dépendait l'heureuse issue de cette tactique. Il saisit donc sa carabine Winchester, et, bondissant jusqu'à l'enceinte de fils de fer de sa case, cria, plus qu'il ne les parla, quelques phrases comminatoires sur un ton foudroyant. «Que voulaient-ils? Qu'ils parlassent! Leurs vœux seraient écoutés, dans la mesure du possible. Mais que personne ne s'avisât de violer le domicile du chef, personne! Le premier qui franchirait les fils de fer était un homme mort...» Menace ridicule en pareil moment et qui n'en produisit pas moins comme un effet de surprise. Les révoltés s'arrêtèrent, abasourdis. Mais déjà Blasco Ibáñez leur parlait. C'était cela qu'il avait voulu: les tenir sous l'emprise de son verbe. Que leur dit-il? Il m'a avoué être fort embarrassé aujourd'hui pour le répéter avec précision. En tout cas, il ne prononça jamais, dans toute sa carrière, de discours plus senti, ni plus vibrant. *Pectus est quod disertos facit*, selon la définition de Quintilien, et si notre Boileau a ajouté que

Ce que l'on conçoit bien s'énonce clairement
Et les mots pour le dire arrivent aisément,

Blasco, qui concevait parfaitement que la trame de ses jours se nouait au fil de son verbe, dut, j'imagine, trouver les mots qui allèrent peu à peu réveiller, au fond des cœurs pétrifiés de ces parias, ces émotions dont la source semblait s'y être tarie pour jamais et qui transforment en un moment la brute insensible en être humain, attendri et tremblant. «Jamais—m'a-t-il déclaré littéralement—je ne prononçai de harangue plus tumultueuse, plus pathétique, plus bouillonnante. Ma main droite, crispée sur le rifle, m'interdisait toute autre gesticulation que le heurt saccadé d'une culasse d'acier sur le sol durci de l'allée. Le poing serré de ma main gauche traçait dans les airs des menaces de horions meurtriers. Toute ma crainte, c'était qu'en dépit de mon éloquence, une tête brûlée ne donnât, en franchissant isolément les fils de fer, l'exemple aux autres, médusés, auquel cas les moutons de Panurge eussent suivi la brebis galeuse et c'en eût été fait de moi. Dominant mon émotion, je m'efforçais cependant de suivre sur mon auditoire le progrès d'un lent travail intérieur de pensée, à mesure que je parlais. Mais si les faces de métis se détendaient peu à peu, c'est que ces simples ignoraient le foncier nihilisme moral d'Européens blasés sur tout, sauf sur l'immédiate jouissance matérielle. Et c'étaient ceux-ci, l'âme du complot, qu'il importait de toucher. Je me surpassai en éloquence. J'évoquai toutes les choses sacrées dont peut vibrer une âme humaine, même la plus rebelle au sentiment. Pour la première fois, ces hommes surent qui j'étais. Ils ne m'avaient vu jusqu'alors qu'à travers le nimbe déformateur du maître, dont La Fontaine a dit que c'était l'ennemi. Ils me connurent comme leur égal, leur frère de souffrances et de luttes. J'en vis qui s'attendrissaient. D'autres, comme furieux de ce contretemps émotif, abandonnaient, la tête basse et l'air pensif, la bande révoltée. Il ne restait que quelques irréductibles, au rictus grimaçant, au faciès de cannibales. Mais ils étaient désormais noyés dans une masse déconcertée. Et les femmes, profitant de la trêve, avaient couru jusqu'aux campements des pacifiques, en avaient convoqué les meilleurs. L'insurrection était vaincue. Mes contremaîtres ne tardèrent pas, eux aussi, à survenir, qui, aussitôt, se chargèrent de faire entendre raison aux rebelles. Une fois de plus, j'avais, comme le vieil Orphée, cet autre Argonaute, dompté les bêtes par ma musique...»

Comme si de telles expériences n'eussent pas suffi à refroidir son ardeur colonisatrice, Blasco, incapable de modérer son élan, ou même de mesurer ses forces aussi longtemps que le feu de l'inspiration le brûle, s'était engagé dans une seconde entreprise et avait fondé, non plus dans l'Argentine australienne, mais à son extrême Nord, sur les frontières de l'Uruguay et du Paraguay, dans la province de Corrientes, un nouveau *settlement*, qu'il baptisa, en filial hommage, cette fois, à sa cité natale: *Nueva Valencia*[65]. La province argentine de Corrientes mesure 84.402 kilomètres carrés et est subdivisée en 24 départements. Sa capitale, Corrientes, comptait, à cette époque, une vingtaine de mille âmes. Située au bord du Paraná—fleuve dont la jonction avec l'Uruguay donne naissance à cet immense estuaire dont l'ouverture n'a pas moins de 230 kilomètres et que l'on dénomme Río de la Plata—, elle vit surtout de l'industrie des bois et des peaux et l'on sait qu'elle exporte aussi annuellement, sur les fabriques de viandes de conserve de l'Uruguay, une quantité considérable de bétail bovin. Si Blasco Ibáñez vit assez pour réaliser son cycle de romans américains, nous pouvons compter, quelque jour, sur de merveilleuses descriptions de ces régions si peu connues du public français instruit. *Nueva Valencia*—d'une contenance totale de 5.000 hectares de terres fertiles et généreuses, où l'oranger poussait comme dans la *Huerta*, où le riz, dans les lagunes et estuaires d'Iberá et Maloya, eût pu rivaliser avec celui de l'Albuféra—était à une distance plus grande de la *Colonia Cervantes* que celle qui sépare Paris de Pétrograde! La *Colonia Cervantes* connaissait des températures hivernales de 18° au-dessous de zéro. Celle de *Nueva Valencia* était sise en pleine zone tropicale. Il fallait quatre jours et quatre nuits de railway pour se rendre de l'une à l'autre. Ce voyage, combien de fois Blasco l'a-t-il réalisé? Il lui serait, sans doute, difficile de l'évaluer avec exactitude. Je sais seulement qu'il m'a conté l'avoir fait, en une certaine circonstance, dans les conditions suivantes: arrivé le matin à *Cervantes*, il en repartait l'après-midi pour *Valencia*, passant ainsi 8 jours et 8 nuits consécutives en chemin de fer!

On s'étonne, et il y a lieu de s'en étonner, que sa santé ait pu résister à de pareils voyages, non seulement à cause de la fatigue qu'ils impliquaient, mais par le brusque saut qu'ils comportaient dans deux températures opposées. Il lui arriva plus d'une fois de débarquer à *Cervantes*, venant de *Valencia*, dans le léger appareil du *poncho* tropical aux vives couleurs, par un vent glacial qui balayait ces solitudes désertiques, ou, à l'inverse, de descendre en *Valencia*, à la température paradisiaque, en costume patagonien, capote de peau de renard et pesant attirail antarctique. Mais aussi quelle variété prodigieuse d'impressions et de sensations ne recueillait-il pas, au cours de telles randonnées! Sa colonie du Nord avait, en face d'elle, le célèbre *Gran Chaco*, vaste région comprise entre les Andes de Bolivie à l'ouest, le fleuve Paraguay à l'est, le plateau du Matto-Grosso au nord et le fleuve Salado au sud. Inondée périodiquement par ses cours d'eau et des pluies torrentielles, elle est encore habitée d'Indiens *Lenguas* et *Tobas*, à peine touchés par notre civilisation. Blasco s'y rendit à plusieurs reprises, en expédition scientifique, pour y étudier sur place les mœurs de ces tribus errantes. Tout n'était donc pas, dans cette vie de colonisateur, peines et tracas. Aussi bien, un artiste comme Blasco Ibáñez ne sait-il pas toujours prendre ses revanches sur la réalité, même la plus ardue? Lorsque l'étude de ses machines d'irrigation—car, à *Nueva Valencia* comme à *Cervantes*, tout était à faire—ou la nécessité d'une ouverture de crédits l'appelaient à Buenos Aires—et j'ai déjà mentionné ses fugues, plus ou moins passionnelles, en Europe—, il apprit à connaître l'émoi des grands manieurs de capitaux, perdant et gagnant de considérables sommes avec son éternelle sérénité de surhomme. Un mot de lui à ce sujet restera légendaire. Il y a quelques années, à un journaliste, qui, au cours d'une interview, lui demandait quelle avait été celle de ses œuvres qu'il avait signée avec le plus d'émotion, il fit cette lapidaire réponse: «*Certain chèque de 800.000 francs.*» Quelle vie intense que la sienne, à cette époque! A une saison passée au milieu du confort raffiné d'un palace de la capitale argentine, succédait un séjour dans la case de bois de Río Negro, pour, lorsqu'il n'y tremblait pas de froid, galoper parmi les tourbillons de poussière soulevés par l'ouragan patagonien qui, fréquemment, désarçonne les cavaliers les plus adroits. D'autres fois, au contraire, il s'endormait dans un *rancho*[66] de Corrientes, où, avant de clore les paupières, il voyait scintiller l'embrasement sidéral d'un ciel de tropique à travers les troncs d'arbres bruts servant de murs à son abri rustique, cependant que, dans ses insomnies, il entendait au dehors, à quelques pas seulement, les rats hurler d'effroi au cours des chasses sanguinaires que leur font les serpents.

Il faut, puisque de serpents il s'agit, que je conte ici une anecdote qui, précisément, a trait à Corrientes et à la variété la moins sympathique de ces ophidiens, les crotales. Blasco, à la fin de sa période de colonisation, s'était fait construire à *Nueva Valencia* une belle maison de briques aux spacieuses vérandahs. Il arrivait de Buenos Aires pour en prendre possession et était occupé à en faire le tour du propriétaire, admirant les tapisseries, les tableaux, les parquets luisants—extrême luxe dans ces contrées—, lorsqu'étant entré dans la salle qu'il destinait à sa bibliothèque, l'amour des livres fut cause qu'oubliant tout le reste, il se mît{mit} à procéder à l'ouverture d'une des grandes caisses dont le contenu devait passer sur les rayons des meubles qui garnissaient les murailles. Il avait à peine pris le premier de ces volumes— l'un des tomes français de l'*Histoire Générale* de Lavisse et Rambaud—, quand son attention fut attirée soudain par une cravate jaune et noire qui gisait au beau milieu de la pièce. Ces couleurs, qui n'étaient pas celles qu'affectionne Blasco, comme aussi l'étrange position de l'objet, le décidèrent à interrompre un instant la tâche commencée, pour ramasser une cravate aussi extraordinaire et dont la présence en cette bibliothèque ne laissait pas de l'intriguer vivement. Mais au moment où, sans défiance, il se disposait à porter la main sur elle, la cravate, comme sous le déclic d'un puissant ressort d'acier, s'érigea dans l'espace et dardant sur l'adversaire un regard qui n'était pas le regard de sa congénère Sancha dans *Cañas y Barro*, lui eût donné le baiser de mort, si l'*Histoire Générale*, projetée à temps, n'avait arrêté son bond meurtrier et permis à Blasco d'achever ce serpent à sonnette—car c'en était un—dont l'appendice caudal bruissait dans l'excitation de sa grande colère. Le tome de Lavisse et Rambaud, avec sa reliure brisée, subsiste, muet témoin de cette scène horrifique. Il faut, d'ailleurs, toujours avoir grand soin, dans ces parages dangereux, de retourner, avant de les mettre, chaque matin, ses bottes, de peur qu'elles n'abritent quelque hôte importun, insecte ou reptile venimeux, venu la nuit y chercher un asile. Mais, souvent, cette précaution, pour Blasco, était superflue. Car, au lieu de dormir sur un grabat de *rancho*, il ne connaissait, en guise de lit, que notre mère commune à tous, cette terre nourricière et indifférente qui, nous ayant produit sans effort, nous reçoit aussi, libéralement, dans son sein. Je me souviens d'avoir, à propos de ses multiples avatars d'alors, entendu Blasco raconter comment, un jour où il était allé étudier un territoire de colonisation lointain, il se vit obligé de peler lui-même les pommes de terre, pendant que son compagnon s'occupait à allumer le brasier où allait rôtir le quartier de viande apporté à l'arçon de la selle. «*Y pensé*—concluait-il philosophiquement—*que treinta días antes, estaba comiendo en el Bosque de Bolonia, ¡en el restaurant de Armenonville!*»[67]. C'est la vie et d'elle comme de la Nature, l'on peut dire, avec les Italiens, qu'elle n'est belle que «*per troppo variar*»[68].

Brusquement, en 1913, il y eut un nouveau virage, celui-ci décisif, sur la piste de cette course à l'étoile. Son enthousiasme de colonisateur étant mort, Blasco décida de laisser là *Cervantes* et *Valencia* et de revenir à la littérature. Il faut, pour bien s'expliquer un tel changement, se rappeler que, cette année-là, la République Argentine avait souffert d'une de ces crises financières qui, périodiquement, viennent bouleverser—maladies d'un organisme qui se développe trop vite—sa vie économique. Bien que moins grave que de précédentes, dont on gardera longtemps le souvenir là-bas, cette crise de 1913 occasionna maintes faillites et bien des banques fermèrent leurs guichets, non sans exiger au préalable le remboursement de leurs créances, d'où naquit une énorme panique. En toute autre circonstance, Blasco Ibáñez eût lutté avec une énergie centuplée, excité par l'obstacle, selon une loi de son tempérament. Mais, cette fois, il se sentait sans volonté pour reprendre la bataille et, depuis plusieurs mois déjà, éprouvait une lassitude inquiétante et constante. C'est que, depuis près de cinq années, il n'avait pas touché à sa plume, si ce n'est pour aligner des chiffres, ou rédiger de fastidieux bilans. Cette trahison à la littérature le rendait nerveux et triste, comme ces malades en proie à des maux mystérieux que nul homme de l'art ne réussit à diagnostiquer. Et voici la confession qu'il m'a faite, lorsque, au cours d'une conversation amicale, j'évoquais cette année climatérique de son existence: «Un matin, à l'heure où l'on voit les choses sous leur aspect véritable, avec tout leur relief, leurs contours et leurs formes, j'eus honte de ma situation. Gagner une fortune, c'est affaire de toute une vie. De braves gens s'imaginent que c'est là chose aisée. Erreur profonde! Une chance à la loterie, un heureux coup de Bourse: on a vu quelques mortels s'enrichir de la sorte. Combien sont-ils? Gagner une fortune par l'industrie ou dans l'agriculture, en un mot par son travail, c'est, je le répète, question d'années et d'application tenace. J'étais en train de devenir un précurseur, comme il y en a à l'origine de chaque famille de millionnaires, en Amérique. Mon sacrifice valait-il d'être fait? Dussé-je devenir, quelque jour, un capitaliste authentique, le jeu n'en

BLASCO IBÁÑEZ DANS UNE TENTE D'INDIENS NOMADES
Frontière de l'Argentine et Bolivar

**BLASCO ENTOURÉ D'INDIENS CIVILISÉS QUI
TRAVAILLAIENT DANS SES TERRES**

méritait vraiment pas la chandelle. Me sacrifier pour que des petits-fils dissipassent, dans la plus creuse des noces, ces capitaux réunis par le labeur du grand-père? Et, surtout, ce que je ne pouvais admettre, c'était le renoncement définitif à la littérature, cet enlisement progressif dans la rusticité béotienne des colonisateurs... Non, non, il fallait en finir!»

Blasco vendit donc *Cervantes* à une société de colonisation. Il la vendit à perte, à cause de la crise susmentionnée. Ayant payé ses dettes aux banques, il lui restait en mains des actions d'autres entreprises coloniales, mais il ne retirait de l'opération finale aucun argent liquide. «Vous allez voir—disait-il à ses intimes—que je partirai sans le sou de ce pays où tant d'imbéciles ont gagné des millions!» En fait, tout l'argent qu'il avait apporté d'Europe s'était volatilisé et il ne conservait, comme résultat de son immense effort, que quelques effets de crédit, «chiffons de papier» à la plus qu'incertaine valeur, étant données les fluctuations économiques de l'Argentine. La liquidation de sa colonie de *Nueva Valencia* fut plus laborieuse. Un banquier s'en chargea, se réservant la majeure partie de la propriété, et Blasco, croyant ses affaires en ordre, s'embarqua pour l'Europe et vint s'installer à Paris, où il continua la rédaction de son introduction aux romans du cycle qu'il avait projeté d'écrire sur l'Hispano-Amérique: *Los Argonautas*. Il était en plein labeur de joyeuse création, lorsque lui parvint de l'Argentine la nouvelle inopinée que son co-associé, le banquier qui gérait *Nueva Valencia*, venait de faire faillite. Il dut repartir précipitamment pour Buenos Aires, au commencement de 1914, et y passa quelques mois, absorbé par toute sorte d'ennuyeuses démarches, car dans cette faillite sombraient aussi des fonds en dépôt à la banque et lui appartenant. Il y acquit la conviction que, pour continuer la colonisation de

Nueva Valencia et récupérer sa part, il fallait qu'au préalable la procédure compliquée de la faillite ait été terminée, ce qui demandait de longues années. Et, pour sauver quelques miettes de son avoir en Amérique, il se voyait obligé à en appeler lui-même à des procès: expédient qui répugnait trop fort à son caractère. Des ennemis de Blasco Ibáñez n'ont pas laissé passer l'occasion qui s'offraient à eux pour tirer argument des incidents compliqués de cette malheureuse faillite du banquier espagnol Ruíz Díaz, Directeur du *Banco Popular Español* à Buenos Aires et du *Banco de la Provincia de Corrientes*. Confondant le procès intenté à Ruíz Díaz pour la faillite du *Banco Popular Español* avec les litiges judiciaires, d'ordre absolument distinct, relatifs à la transmission de *Nueva Valencia*, ils en ont fait une seule et même monstrueuse affaire, brodant sur ce thème, fertile en inventions, les fantaisies les plus extraordinaires, depuis les attaques de *Heraldo de Hamburgo*,—feuille de diffamation hebdomadaire que dirigeaient, pendant la guerre, à Hambourg, avec les fonds de quelques riches marchands et exportateurs, de tristes renégats—en Janvier 1916, jusqu'aux coqs-à-l'âne fastidieux du Dr. Pedro de Mugica, professeur depuis plus de trente années à Berlin, en ces derniers temps. Mais déjà le *Heraldo* hambourgeois avait eu le courage d'avouer (v. son numéro du 5 Janvier 1916) que, s'il s'en prenait à Blasco Ibáñez, c'était parce que celui-ci avait «*empleado últimamente su talento en denigrar á Alemania*»[69]. Il en va donc, ici, comme à propos du livre sur le *Militarisme Mexicain*, qui a déchaîné la rage d'une telle quantité de plumitifs que, si j'avais à analyser sommairement leurs diatribes, je serais obligé de doubler le format de ce volume. Ces campagnes sont dans l'ordre des choses humaines et nul n'ignore, au demeurant, que la calomnie est la rançon de la gloire. Mais la gloire de Blasco Ibáñez étincelle trop pure au firmament littéraire des deux mondes pour que doive la ternir l'effort diffamatoire d'envieux folliculaires et autour de cet astre peuvent bourdonner des nuées de frelons,

Le Dieu, poursuivant sa carrière,
Versait des torrents de lumière
Sur ses obscurs blasphémateurs...

De retour à Paris, en Juillet 1914, Blasco allait se hâter de publier *Los Argonautas*. Plusieurs fois, au cours de la traversée, il avait envisagé avec douleur la perspective d'avoir à retourner en Argentine à cause de ces procès interminables qu'il a, je le répète, finalement abandonnés. Mais, vers le milieu de cet anxieux voyage, en plein Océan, les premiers prodromes du mal énorme et monstrueux qui travaillait la vieille Europe s'étaient, encore obscurément, fait sentir à lui. Ce ne fut, toutefois, qu'après son débarquement, à Boulogne, qu'il comprit pleinement que ce mal—qui allait changer la face de la terre et bouleverser le cours de sa propre existence—, c'était la guerre.

VII

La guerre vue de l'Océan, avant sa déclaration.—Foi extraordinaire de Blasco Ibáñez dans le triomphe final des Alliés.—Son antigermanisme systématique.—Son immense labeur au cours des hostilités.—Les 9 tomes de son *Historia de la Guerra Europea de 1914*.—Ses trois romans de «guerre».—Manifestations des germanophiles de Barcelone contre Blasco.—Les souffrances de la vie à Paris.—Son abnégation héroïque «*por la patria de Víctor Hugo*».

Qui n'a pas, devant les yeux, l'ineffaçable fresque si sobrement brossée par Blasco Ibáñez au chapitre Ier des *Quatre Cavaliers de l'Apocalypse?* Voici le *Kœnig Friedrich-August* et sa population flottante qui retourne, d'Amérique, en Europe. La majorité sont Allemands. Avec quel vivant réalisme Blasco a croqué ces types de lourdauds germaniques, plats et cérémonieux aussi longtemps qu'il importait à leur système de «pénétration pacifique», arrogants et brutaux dès que la méthode de la «poudre sèche» et de l'«épée aiguisée» s'était avérée superflue! *Herr Kommerzienrat*[70] Erckmann, *Hochwohlgeboren*[71]; son entourage de traficants plus ou moins capitaines de réserve, comme lui; sa femme, *Gnædige Frau Kommerzienrat* Bertha Erckmann, qui exerce une sage politique d'accommodement avec le ciel... de lit conjugal; ces figures se meuvent devant nous comme si elles étaient de chair et d'os et nous donnent une telle illusion de déjà vu, que nous nous expliquons sans effort qu'elles soient de simples copies de la réalité, observée par l'auteur à son voyage de Buenos Aires à Boulogne. Tout, en effet, se passa comme il nous le dépeint. La *Marseillaise* en aubade du 14 Juillet, succédant au *Choral* de Luther; l'étonnement ravi des Sud-Américains pour cette «*finura*» si délicate de l'ours germain; le discours du commandant au *Festmahl*[72] consécutif et ses objurgations au Seigneur—le vieux Dieu légendaire—pour que fût maintenue la paix entre la France et l'Allemagne, dont il espérait que l'amitié deviendrait de plus en plus étroite; les plaisanteries du *Kommerzienrat* sur les Français, «grands enfants, gais, plaisants, étourdis, qui feraient merveille s'ils consentaient à oublier le passé et marcher la main dans la main avec nous»; les toasts avec leurs *Hoch* en triples colonnes d'assaut: tout l'odieux ridicule de ces sujets d'un Kaiser médiéval festoyant une Révolution démocratique, Blasco ne l'a si graphiquement rendu que parce qu'il en avait contemplé lui-même la farce grotesque. Puis, ce furent, comme le transatlantique s'approchait d'Europe, les nouvelles, transmises par T. S. F., qui changent brusquement le paradis menteur de cette Arcadie de commande. L'ultimatum autrichien à la Serbie a servi de prétexte à cette transformation à vue d'un décor en trompe-l'œil. «C'est la guerre—proclame, hautain, le Conseiller de Commerce Erckmann—, la guerre fraîche et joyeuse qu'il nous fallait pour rompre le cercle de fer qui nous enserre chaque jour davantage et dont nos ennemis s'imaginaient que l'étreinte graduelle finirait par nous étouffer.» En vain, Desnoyers-Blasco objectera-t-il que personne n'en veut à l'Allemagne, que ce cercle oppresseur est purement imaginaire, que nul ne songe à attaquer la Germanie, que s'il y a quelqu'un d'agressif, c'est elle, et elle seule, en Europe... Il s'entend brutalement—car la main de fer a ôté, désormais, son gant de velours—signifier qu'il ne comprend rien à ces arcanes diplomatiques, qu'il n'est qu'un *Indio*[73], dont le meilleur parti est présentement de se taire. La présomptueuse sottise de ces trafiquants à mentalité militariste s'accentue à mesure que le navire raccourcit les distances. Passé Lisbonne, et non loin des falaises de la côte anglaise, les dernières nouvelles seront que «trois cent mille révolutionnaires assiègent Paris, que les faubourgs extérieurs commencent à flamber, que se reproduisent les atrocités de la Commune». Un peu avant l'entrée à Southampton, cependant, l'aspect des dreadnoughts britanniques de l'escadre de la Manche défilant, superbes et orgueilleux de leur force souveraine, dans la brume matinale, tempère un instant le déchaînement insupportable des rodomontades teutonnes. Quand le *Kœnig Friedrich-August* a complété sa cargaison de Boches mobilisables qui abandonnent l'hospitalière Albion pour correspondre à l'appel du *Vaterland*[74], il n'est pas jusqu'au plus frivole rastaquouère qui ne se proclame convaincu que «*esta vez va la cosa en serio*»[75]. La scène finale, à Boulogne, n'a pas besoin d'être rappelée au lecteur, ni comment l'insolente tourbe de mercantis disparaît sur les cris de *Nach Paris!* et parmi les accents «d'une marche guerrière de l'époque de Frédéric le Grand, une marche de grenadiers avec accompagnement de trompettes». Ainsi se perdait dans les ombres du Nord, avec la précipitation d'une fuite et l'insolence d'une vengeance prochaine, «le dernier transatlantique allemand qui ait touché les côtes françaises».

Blasco Ibáñez, spectateur de ces scènes, était à jamais fixé sur les «intentions pacifiques» d'une Allemagne «injustement agressée». Le hasard, qui lui avait permis de surprendre au dépourvu la trompeuse mentalité germanique, l'avait, du même coup, vacciné contre la contagion d'une légende dont tant de neutres—et en Espagne plus qu'ailleurs—allaient se faire les tenaces propagandistes et qu'il n'a jamais cessé de réfuter avec l'indignation d'un convaincu. «En ma qualité de témoin oculaire—répète-t-il,—j'affirme que j'ai entendu à bord d'un navire allemand, deux semaines avant la guerre, d'importants personnages de l'Empire déclarer qu'ils la désiraient; puis, peu après, qu'ils la tenaient pour certaine, affirmant que tout était prêt, chez eux, et depuis longtemps; qu'enfin, lorsque l'annonce de cette guerre était devenue presque officielle, ces mêmes personnages ont manifesté une joie si tapageuse, une insolence si outrecuidante, que le spectacle de leurs débordements eût suffi pour enlever le dernier scrupule à qui eût encore douté...» Blasco Ibáñez, dans son amour pour la France, n'est cependant pas dupe. Son amour a toujours été raisonné et Blasco ne permet pas que sur ce point subsiste la moindre équivoque. La France qu'il aime et ne cesse d'aimer, c'est la France qui a fait la Révolution et dont l'histoire commence avec les revendications des philosophes et des économistes du XVIIIème siècle, qui ont préparé le terrain aux Etats-Généraux ouverts à Versailles le 5 Mai 1789. L'autre France, celle qui ignora les *Droits de l'homme* et celle qui, lorsque ceux-ci eurent été proclamés, rêva et rêve encore de les abolir, ne saurait le passionner. Ses vicissitudes, certes, il les suit avec intérêt, mais en observateur dont toutes les sympathies vont à la tradition humaine incarnée dans les doctrines de nos constituants, puis de nos conventionnels. Parlant des rois, il admet que chaque peuple, dans son passé, en eut de bons et de mauvais, mais insiste sur ce fait que la monarchie est une forme de gouvernement archaïque et périmée, quelques efforts que l'on tente pour l'adapter à l'esprit moderne. La dette de reconnaissance de Blasco pour notre pays commence donc à la Révolution et, les principes de celle-ci étant immortels, est ainsi assurée de ne finir jamais.

Il a fait mieux, d'ailleurs, que de professer pour la France un amour théorique. A peine la guerre était-elle déclarée, qu'oubliant ses intérêts, ses projets littéraires, tout, absolument, il se plongeait dans la désolante réalité. Nul, certes, n'a oublié le singulier état d'esprit qui régnait à l'étranger sur la France à l'origine des hostilités. Personne presque n'y croyait à notre victoire. Les meilleurs affectaient une humiliante pitié à l'endroit de notre sort prochain. *Grattez le Russe et vous trouverez le Cosaque*, dit une phrase à tort attribuée à Napoléon Ier, puisqu'elle est du Prince de Ligne. En cet été tragique de 1914, l'on eût pu dire avec plus d'exactitude: *Grattez le neutre et vous trouverez le germanophile.* Les raisons de cette obsession ont

LA PREMIÈRE MAISON DE LA «COLONIA CERVANTES», EN BOIS, DÉMONTABLE, REVÊTUE DE TÔLES DE ZINC ONDULÉ Blasco a été photographié sur le seuil de cette baraque

**BLASCO EN «PONCHO» DE TRAVAILLEUR, DANS SA
COLONIE DE CORRIENTES**

suffisamment été expliquées pour qu'il soit superflu d'y revenir. Je n'en connais, en pays latin, pas de témoignage plus typique que celui qu'en a fourni un historien portugais tout au long, mais spécialement dans les premiers fascicules de sa volumineuse *Historia Illustrada da guerra de 1914*. Dans ces pages où l'*Historia* analogue, mais de date antérieure, de Blasco Ibáñez a été mise à sac, M. Bernardo d'Alcobaça, quoique favorable aux Alliés, subissait à tel point la hantise de l'Allemagne que, malgré lui, la plume lui a fourché et qu'il s'y laise aller à de directs panégyriques de l'emprise de l'esprit teuton sur le monde. En vain y vante-t-il, dès le fascicule spécimen, l'œuvre de l'*«eminente escriptor do visinho reino e um dos bons amigos de Portugal»*[76], qu'il qualifie de «magnifica»; en vain y jette-t-il des fleurs à l'*«illustre auctôr da «Cathedral» e de tantos outros primôres litterarios»*[77]: il n'est besoin, que de lire son chapitre XII: *Em volta do conflicto*[78], pour se convaincre de la vérité de ce que j'avance. Si, donc, jusqu'aux amis de la France se désolaient de ne pouvoir bannir de leur cerveau le spectre de sa défaite, combien généreux et clairvoyant apparaît, par contraste, le geste de Blasco, incurablement optimiste, dès les premiers jours et aux heures les plus sombres du gigantesque conflit! Cette foi ardente dans le triomphe de la France, cette foi d'illuminé, de croyant aux destinées providentielles, aux justices immanentes, provenait, non d'un instinct sentimental irraisonné, mais d'une conviction assise sur des bases historiques, posées dans l'esprit de Blasco en ces lointaines années où les *Girondins* de Lamartine et les pages de ce visionnaire que fut Michelet constituaient sa nourriture spirituelle quotidienne. «La France est une République—disait-il à ces Français pusillanimes qui, courbés sous le poids d'un pessimisme à courte vue, lui avouaient leur désespoir. Or, jamais la République, en France, n'a été vaincue par des Prussiens. Ils ont battu les deux Napoléons, parce que ces deux hommes trahirent la cause républicaine. Le cours de l'Histoire ne déviera pas aujourd'hui pour faire plaisir à Guillaume II.»

Il ne sera que juste d'ajouter que Blasco Ibáñez est antiallemand de vieille date. Sa passion pour Beethoven et Wagner reste ici hors de cause et si, en plein régime de censure militaire, M. Vincent d'Indy a pu, dans le *Journal des Débats* de 1915, défendre le compositeur de Leipzig du reproche de chauvinisme, Blasco n'a plus besoin, certes, d'être défendu—aujourd'hui où la *Walkyrie* est, avec *Faust*, l'opéra qui fait le plus de recettes à notre Académie Nationale de musique—contre les radotages séniles de M. Camille Saint-Saëns. Ce qu'il n'a jamais admis, c'est que le corps de doctrines généralement connu sous la désignation de pangermanisme pût s'imposer à l'Europe latine. Dans l'œuvre de diffusion des lumières entreprise par la maison éditoriale de Valence dont il est directeur littéraire, figurent les traductions de livres allemands d'importance mondiale: Schopenhauer, Nietzsche, Büchner, Sudermann, Engels, Hæckel, Strauss, W. Sombart, etc. Mais la mystique folie des prophètes du *Grœsseres Deutschland* et les vaticinations délirantes d'un Houston-Stewart Chamberlain en furent exclues impitoyablement. Lorsqu'il menait ses campagnes républicaines dans *El Pueblo*, Blasco Ibáñez fut traduit en justice pour avoir comparé le Kaiser à Néron. On a discuté, en France et en Angleterre, sur l'origine du qualificatif de *Huns* appliqué aux Allemands et l'on a fini par convenir que le terme se trouvait dès 1800—soit donc bien avant que Kipling s'en resservît, en 1903, dans une poésie célèbre—sous la plume de Thomas Campbell et dans sa poésie sur la bataille de Hohenlinden. Il était intéressant de restituer à Blasco la priorité d'une comparaison remontant à un quart de siècle et si souvent employée durant les quatre années de la Grande Guerre. Plus intéressante encore, sans doute, sera l'observation qu'à une telle époque, l'univers semblait en extase devant les intempérances de conduite de Guillaume II, musicien, poète, imperator, etc., et que Blasco avait vu clair dans la psychologie de ce théâtral pantin. La prétendue infaillibilité stratégique du *Grosser Generalstab* le faisait également sourire. Dans la bibliothèque de la veuve de l'officier du génie, il avait, en effet, appris à connaître l'originale tactique d'un certain Buonaparte, fils d'avocat sans cause et insulaire méditerranéen, tel le conquérant de Sagonte, Tunisien né par hasard dans une île de la mer latine et qui eut nom Hannibal. Et lorsque les admirateurs de la *Kultur* lui vantaient la péritie du vieux Moltke, il avait coutume de répliquer: «*Cuando los Alemanes me presenten un par de mozos como estos dos mediterráneos, empezaré á creer en su infalibilidad militar*»[79].

La propagande de Blasco en faveur des Alliés remonte aux tout premiers jours de la guerre et s'étendit à tous les pays de langue espagnole. Commencée le 4 Août 1914, elle ne s'arrêta qu'en Janvier 1919. Jusqu'à la bataille de la Marne, les futurs francophiles s'étaient prudemment tenus cois. Ils ne commencèrent à donner, et timidement, signe de vie que lorsque cet arrêt de l'irruption ennemie en terre de France eut marqué à leurs pensers hésitants un commencement d'orientation optimiste. Peu à peu, on les vit former ces légions qui ont partagé, point toujours fraternellement, les dépouilles opimes de luttes non sanglantes en faveur de la bonne cause. Ce labeur propagandiste de Blasco affecta les formes les plus humbles, jusqu'à celle d'anonyme traducteur de tracts populaires. L'on sait combien on tarda, chez nous, dans le désarroi général de tous les services du gouvernement et l'absurdité d'une mobilisation qui ne tenait compte que de la qualité militaire du mobilisé, à organiser systématiquement l'œuvre, cependant si efficace, de la diffusion au dehors des points de vue alliés, pour les opposer à la thèse germanique, partout triomphante. Presque seul au début, Blasco s'était vaillamment mis à la besogne. Innombrables sont les articles qu'il écrivit pour les feuilles d'Espagne et de l'Hispano-Amérique. Personne ne l'aidait et personne, alors, n'appréciait ce grand effort, chez nous. Les nombreux hommes politiques dont il avait fait la connaissance lors de l'affaire Dreyfus, absorbés par mille tâches divergentes, ne songeaient pas à s'enquérir de cette nouvelle campagne de leur coreligionnaire d'antan. Muet depuis de longues années, celui-ci avait repris sa plume de journaliste et renoué d'anciennes collaborations, presque oubliées. Il va de soi que, lorsqu'il réclamait la rétribution de ces travaux, on feignait, dans les rédactions «francophiles», une stupeur profonde. «Comment, mais les fonds de la propagande, à quoi servaient-ils donc? Certainement, on payait, à Paris, comme il convenait tous ces articles!» Et Blasco, que la catastrophe économique de l'Argentine avait mis à sec, de hausser les épaules... et de continuer sa besogne, aussi désintéressée que féconde. Ce ne fut qu'au retour de Bordeaux que le gouvernement français commença, dans l'hiver de 1914-1915, à instituer des services encore rudimentaires de propagande étrangère et Blasco y travailla dans le rang, en comparse, comme lorsque, à Valence, il aidait à ses reporters à rédiger un quelconque fait-divers. Le 16 Juin 1915, le *Journal des Débats*, dans une note signée *P.-P. P.*, annonçait à ses lecteurs, comme nouveauté savoureuse, que le premier qui allait signer le manifeste francophile des intellectuels espagnols après le promoteur, serait Blasco Ibáñez! Telle était, à cette époque, l'ignorance générale de milieux même professionnels sur l'activité déployée par l'écrivain en notre faveur. Il faudra que s'écoulassent les années de guerre pour que quelqu'un se décidât enfin à en proclamer hautement le mérite, alors, d'ailleurs, qu'avait paru en notre langue le premier des trois romans dont il va être question.

Ce quelqu'un, ce fut le critique qui, en Mai 1905, avait présenté aux lecteurs de la *Revue Bleue* l'œuvre traduite en français de Blasco, M. J. Ernest-Charles, la jugeant alors, un peu trop étourdiment, simple décalque de Zola et de Daudet. Dans sa conférence prononcée le 26 Janvier 1918 à l'*Université des Annales* sur *Nos Amis en Espagne*, il n'est question que d'aspects, si l'on peut dire, parisiens de la collaboration alliophile de Blasco et, en particulier, d'une conférence qu'il avait lui-même faite naguère dans le grand amphithéâtre de la Sorbonne, et où il avait parlé au nom de l'Espagne, non de l'Espagne entière, hélas! mais de celle, numériquement inférieure, encore que très supérieure intellectuellement, qui tenait pour la France. «Il disait justement— déclarait donc M. Ernest-Charles, parlant de Blasco—et il avait du mérite à le dire à cette époque, que ce qui devait, tôt ou tard mais irrésistiblement, pousser l'Espagne vers nous, c'est qu'elle avait le sentiment qu'elle était liée à nous par le lien profond, par le lien éternel de la latinité... Il a affirmé d'autant plus bravement ses opinions, que c'est aux heures ingrates de la guerre qu'il a publié un nouveau roman, qui est un acte... Blasco Ibáñez, même dans une grande manifestation nationale, à la Sorbonne, était donc parfaitement qualifié pour nous dire ce que l'Espagne devait éprouver, tôt ou tard, et il le disait en termes magnifiques: «*Nous tous, Latins, qui considérons votre pays comme un autre foyer, qui avons mis en lui un peu de notre passé, nous en recevons, centuplé et vivifié comme aux rayons du soleil, le produit de nos anciennes offrandes. Si la France s'éteignait, nos peuples latins demeureraient errants à travers le ciel de l'histoire comme des planètes sombres et froides, attendant l'heure où un nouvel astre, monstrueux et informe, fait de matières qui nous seraient étrangères, viendrait nous entraîner dans son tourbillon vertigineux comme une poussière soumise, ou inerte. (Applaudissements).*» Vous voyez que le beau lyrisme de Blasco Ibáñez, non seulement est soucieux des réalités, mais qu'il s'épanche dans une langue française si pure, que l'on souhaiterait la voir devenir celle de tous les écrivains français *(Rires)*»[80]. Qu'eût dit, cependant, M. Ernest-Charles, s'il eût su l'œuvre accompli par Blasco Ibáñez avec son *Histoire de la Guerre Européenne*? Aujourd'hui, où tous les concepts du temps de guerre sont bouleversés, l'auteur n'aime pas qu'on lui rappelle le souvenir de cette arme de combat. Ne pouvant consigner tout ce qu'il voulait dans les journaux, tant d'Espagne que d'Amérique, il avait entrepris, en Octobre 1914, la publication d'un fascicule hebdomadaire—il paraissait régulièrement chaque samedi—de 32 pages richement illustrées, sur deux colonnes. Et cela dura cinq ans! Et trois de ces fascicules représentent le texte d'un volume de trois cents pages de format ordinaire! Le prospectus déclarait, avec une franchise cavalière, que l'on trouverait tout dans cette *Histoire*, sauf l'impartialité, laquelle n'est qu'une illusion des historiens et qui, même si elle eût existé, en eût été exclue de propos délibéré, puisque l'œuvre était francophile. En dépit de son caractère de livre de propagande, elle conserve sa valeur documentaire et un intérêt peut-être unique, entre toutes les publications similaires. Ses seules illustrations— photographies, plans, cartes, portraits, gravures, caricatures et dessins originaux—suffiraient pour la sauver de l'oubli. Le texte de plus d'une de ces pages est, d'ailleurs, digne de l'auteur et l'on y retrouve la plume épique du romancier des *Quatre Cavaliers de l'Apocalypse*. Dans les premiers tomes—elle se compose de 9 énormes tomes in-folio, luxueusement reliés, à 20 pesetas l'un—l'incertitude où l'on était sur tant de *vital issues*, comme disent nos amis les Anglais, fut cause que le ton en devînt d'une pathétique véhémence qui fait d'autant plus regretter que l'œuvre soit restée inconnue en France, d'autant plus que la foi au triomphe final n'abandonne jamais, comme je l'ai déjà marqué plus haut, la plume de l'auteur. Livre à la fois et panorama, cette œuvre gigantesque produit sur le lecteur une impression puissante de vie. Seul un coloriste doué d'un talent d'évocation aussi vif pouvait décrire de la sorte les premiers enthousiasmes de Paris, l'impatience grouillante des campements, la douleur tragique des ambulances, les affres d'une lutte sans merci sur terre, en mer et dans les airs, l'horreur des grands massacres, l'héroïsme de l'immortel poilu. Seul un romancier réaliste, ou, mieux, de la réalité pouvait tracer ces portraits littéraires des principaux protagonistes de la prodigieuse tragédie qui, pendant plus de quatre années, tint le monde en suspens. Mais l'effort mental qu'exigeait cette effroyable et régulière production, abattit tellement Blasco, que les médecins lui ordonnèrent, s'il voulait sauver sa santé compromise, d'aller chercher sur la Côte d'Azur, dans une absence totale de travail, un repos à ses nerfs exténués. Nous verrons que, ce repos, il le prit en composant, à Monte-Carlo, *Los Enemigos de la Mujer*. Mais il faut qu'avant de parler de son troisième roman de «guerre», je dise comment furent composés les deux autres, qui le précédèrent et qui forment la trilogie épique de Blasco.

M. Poincaré, notre Président de la République, avait, en sa qualité d'admirateur des livres de Blasco Ibáñez, mis à sa disposition des moyens qui lui permirent de visiter le front de combat occidental dès l'été de 1914, à une époque où quelques rares civils le connaissaient, les célèbres excursions de touristes aux tranchées stabilisées n'étant devenues que beaucoup plus tard une institution permanente à l'usage de héros de l'arrière, prophètes inspirés de la résistance quand-même. Ainsi put-il contempler, sur les lieux qui en avaient été le théâtre, les destructions et les hécatombes de la première bataille de la Marne, alors que l'armée citoyenne de la France portait encore la vieille défroque traditionnelle: pantalon rouge, capote bleue et képi carnavalesque, et il se documenta donc directement, au lieu de reconstituer, comme d'autres romanciers ultérieurs, sur des pièces d'archives ou des documents imprimés leurs descriptions des combats. Tout, en ces jours lointains de la guerre de mouvement, témoignait, par un caractère manifeste d'improvisation hâtive, du guet-apens tendu à notre pays, endormi dans son grand rêve humanitaire, par les puissances de proie de l'Europe Centrale. Blasco visita fréquemment, plus tard, les lignes de défense organisées en conformité avec les exigences de la guerre de siège, dotées de tout le matériel perfectionné qu'elle implique, et supérieures, de l'avis de juges compétents, aux organisations ennemies d'en face. Mais ce dont il se souvient avec le plus d'émotion, c'est de l'héroïque désordre consécutif à la victoire de la Marne, et de la tenace volonté par quoi tous, hommes et chefs, suppléaient à l'impréparation générale. Il avait été recommandé à Franchet d'Esperey, aujourd'hui Maréchal, véritable homme de guerre, dont les succès aux Balkans devaient causer, au dire de M. Jean de Pierrefeu, plus tard au *G. Q. G.* un «étonnement profond», une «piqûre d'amour-propre»[81]. A cette époque, cet officier supérieur ne commandait encore que la Vème Armée et avait installé son Quartier Général dans un petit village des environs de Reims, où il habitait un castel repris aux Allemands, et je crois bien que c'est là que Blasco posa, en 1914, les jalons des *Quatre Cavaliers de l'Apocalypse*, écrits de Novembre 1915 à Février 1916. D'autres visites au front déchaînaient, chez Blasco, les souvenirs endormis de sa jeunesse de lutteur. Un jour qu'en 1917 il se trouvait à 8 kilomètres de la ligne de feu, le bruit du canon qui martelait l'espace, à intervalles réguliers, dans la glaciale désolation d'une nuit lumineuse, lui rappela le mouvement régulier d'une machine qui, longtemps, avait hanté ses veilles laborieuses: la vieille presse qui tirait *El Pueblo*. «Dans la pénombre du sommeil qui naît et croît, abolissant les idées et les choses, je franchis le temps, je retourne au passé, je supprime vingt années de ma vie et je crois être à Valence. J'ai vécu toute une période de mon existence au-dessus d'une imprimerie. Je me couchais à l'aube, après avoir terminé la préparation d'un journal. Et, quand je commençais à m'endormir, la presse, une vieille et lente presse, commençait son travail pour lancer le numéro: boum..., boum..., boum..., tel le canon qui tonne dans le silence nocturne de la Champagne. Quand la machine s'interrompait, à la suite d'un accident quelconque, je me réveillais avec une certaine angoisse, comme si l'air subitement m'eût manqué. J'avais besoin, pour dormir, de la trépidation du lit, qu'ébranlait l'invisible travail: boum... boum... boum... Ici, le bruit est le même. Je tombe et retombe dans un précipice ténébreux, aux accents d'un tonnerre qui se répercute en cadence. S'il cessait, je m'éveillerais aussitôt, épouvanté, comme si ce silence cachait quelque danger... Et je m'endors imaginant, dans la fantastique incohérence d'une pensée à demi-paralysée, que chacun de ces coups lance dans la nuit un journal d'acier aux caractères de cendre qu'écrirait la Mort...» Ce bel article: *Hacia el frente*[82], avait été composé, je l'ai dit, pour la Revue de M. J. Rivière: *Soi-même*, où il a été inséré dans le n° 10 de la *Ière Année*, correspondant au 15 Novembre 1917.

L'un des épisodes les plus mouvementés de la propagande alliophile de Blasco Ibáñez fut son voyage en Espagne en 1915. Il y aurait matière à un livre rien qu'à traduire les articles qui virent le jour à ce sujet dans la presse transpyrénaïque, mais ce genre de polémiques est aujourd'hui si loin de nos préoccupations d'Européens, qu'on me pardonnera si je passe outre. Je l'ai dit déjà dans bien des articles: l'histoire de l'Espagne pendant la guerre reste à écrire et, pour l'écrire, il faudrait que s'ouvrissent à l'historien des dépôts de pièces manuscrites qui seront trop longtemps fermés pour qu'il songe à entreprendre sérieusement un tel travail. Pour ce qui est du voyage de Blasco en son pays, il était naturel que les nombreuses feuilles que l'Allemagne avait à sa solde le représentassent comme une tentative d'entraîner l'Espagne à combattre aux côtés des Alliés. Ce mot d'ordre, repris à satiété dans une foule de diatribes, produisit son effet naturel. Beaucoup de couards, mais aussi des âmes simples et la presque totalité des femmes, opposées d'instinct à la guerre et qui voyaient, dans leur imagination ardente, se renouveler pour leurs familles les angoisses de la campagne de Cuba, se mirent à pousser les hauts cris. Le gouvernement, anxieux d'éviter des désordres certains, interdit à Blasco toute communication directe avec le public, sous quelque forme d'assemblée que ce fût. Ayant dû abandonner Madrid pour ces raisons, Blasco s'était rendu à Valence, où l'immense majorité des habitants favorisait la cause alliée. Mais le grand meeting organisé par les amis du romancier fut impitoyablement prohibé par les autorités et tant d'embarras, de toute nature, créés à Blasco, qu'il dut également quitter sa ville natale. A Barcelone, ce fut pire encore. Pendant toute la guerre, la capitale de la Catalogne fut le quartier général de l'espionnage tudesque dans la péninsule ibérique et les quelques pages de *Mare Nostrum* où il est fait allusion aux menées des sujets de Guillaume II en ce lieu, ont été puisées à bonne source. C'est là que le chef des services militaires, le pseudo «baron Rolland» opérait, que *Herr* August H. Hofer éditait la *Deutsche Warte* et une multitude de tracts, que s'imprimait *La Vérité* et que l'attaché naval à Madrid, Hans von Krohn, avec ses séides locaux Ostmann von der Leye et Fridel von Carlowitz-Hartitzsch, combinait ses plus jolis torpillages, que Luis Almerich faisait gémir les presses de la *Tipografia Germania* au profit d'une cause indéfendable, que les rédacteurs carlistes du *Correo Catalán* rivalisaient avec leurs collègues madrilènes du *Correo Español*, où Yanssouf-Fchmi—qui y signait *Psit*—se surpassait en insultes contre la France: en un mot, c'était à Barcelone que se trouvait le centre de résistance de ce «*gigantic No Man's Land...*,—comme s'exprimait un journaliste anglais[83]—*where the Allies were all the time fighting the Huns*»[84]. Barcelone, qui ne comptait alors pas moins de 20.000 Allemands, reçut Blasco Ibáñez comme seulement il pouvait être reçu dans un pays où les pouvoirs gouvernementaux se montraient d'une si étrange faiblesse, lorsqu'il s'agissait de réprimer les criminels agissements germaniques, mais, en revanche, affectaient une rigueur impitoyable en face de telles prétendues transgressions de représentants des Puissances Alliées, insistant pour que la neutralité de l'Espagne fût autre chose encore qu'une neutralité de façade.

Le romancier s'était rendu à Barcelone par mer et y arriva dans les premières heures de la matinée. Les francophiles barcelonais, amis éprouvés et décidés, avaient résolu de réaliser le soir même de ce jour une grandiose démonstration en faveur de Blasco dans leur ville. Aussi n'y avait-il que quelques intimes de ce dernier sur le môle, la réception véritable devant avoir lieu plus tard. Les carlistes et autres partisans du système gouvernemental allemand n'ignoraient pas ce détail et étaient venus, en une foule compacte, donner leur bienvenue spéciale au messager de l'idée française républicaine. Les quais retentissaient de sifflets et de cris de mort et les cailloux pleuvaient dans la direction du navire. Le chef de la police barcelonaise monta à bord et pria Blasco d'y rester, jusqu'à ce qu'eût été dissoute la manifestation hostile. C'était mal connaître le caractère d'un tel homme, qui, résolument, en compagnie du petit groupe de ses fidèles, dont sa propre sœur, habitant Barcelone, descendit à terre. Cette crâne attitude eût pu lui être fatale, mais le gouverneur civil avait aussitôt envoyé sur les lieux un détachement de gendarmerie montée, qui l'escorta jusqu'à sa demeure. Son entrée dans la ville n'en provoqua pas moins une série de rencontres violentes et d'incidents animés. De sa voiture, il défiait, le revolver sur le genou pour être prêt à la riposte en cas d'attaque, cette tourbe de forcenés, qu'il fallut que les gardes à cheval chargeassent pour qu'on pût avancer. D'autre part, les socialistes et les républicains accourus n'avaient pas tardé à entrer en collision avec les germanophiles et ce fut parmi des huées, des coups de revolver, auxquels la gendarmerie répondait par des estafilades, ainsi qu'une grêle de pierres, que Blasco pénétra dans la maison de sa sœur, aussi ferme et intrépide que son frère, dont elle n'avait pas quitté un instant les côtés. De Madrid, on avait, de nouveau, interdit toute conférence, tout meeting en faveur des Alliés. Blasco ne pouvait faire deux pas sans que des policiers ne s'attachassent à son ombre. Décidément, la propagande était chose plus aisée à Paris que dans sa propre patrie. Du moins, en quittant Barcelone, pouvait-il se dire que, pour la première fois, il y avait eu les gendarmes de son côté, ne les ayant connus, jusqu'alors, que comme de constants adversaires. C'était bien là quelque résultat et ressemblant vaguement à un succès d'estime. Et telle fut ce que l'*Heraldo de Hamburgo*, rédigé par un prêtre défroqué de Nicaragua, consul général de son pays, avant de passer aux mains de deux Espagnols—les correspondants en Allemagne de *La Vanguardia* de Barcelone et de l'*A B C* de Madrid, MM. Domínguez Rodiño et Bueno (qui signait du pseudonyme: *Antonio Azpeitua*)—a appelé «*su fuga de Barcelona, donde no pudo permanecer un solo día...*»[85]

A Paris, Blasco Ibáñez participait à la misère générale des temps et souffrit de ces privations communes à tous, alors: manque de charbon, manque de denrées alimentaires, et, *last not least*, manque d'argent. Même les quelques industriels—marchands de livres ou de journaux—qui rétribuaient encore la pensée imprimée, ne la rétribuaient plus que misérablement. Blasco dut quitter son hôtel particulier de la rue Davioud, près de la Muette, à Passy, avec son jardin coquet et son mobilier luxueux, datant de la période argentine, pour venir habiter dans un quartier moins lointain du centre, moins dénué de moyens de communication. Il le fit en 1916 et s'installa avec ses livres à un étage bourgeois de la rue Rennequin, dans le XVIIème Arrondissement, à proximité de l'Avenue de Wagram, où il réside toujours. Il y travaillait nuit et jour, presque sans domestiques, parmi les bruits composites de ces casernes de la classe moyenne, où le piano est encore le pire ennemi du recueillement intellectuel, où la rue retentit tout le jour des cris variés de Paris. C'est là qu'il écrivit ses *Quatre Cavaliers de l'Apocalypse* et *Mare Nostrum*. Comment ce dernier livre, tout imprégné de radieux azur, tout baigné de lumineux soleil, le plus beau poème qui existe sur la Méditerranée, a-t-il pu naître dans le milieu vulgaire, tapageur et inconfortable de cette demeure étroite, d'où l'on ne voit ni la verdure d'un arbre, ni un coin du ciel, c'est ce que l'on serait en droit de demander à Blasco, si l'on ne se souvenait d'une tradition qui veut que le *Don Quichotte*, cette vivante satire de l'humaine folie, ait été commencé et, peut-être, imaginé dans une prison, soit à Séville, soit en «certain village de la Manche, dont je n'ai aucun désir de me rappeler le nom», mais qu'indiquent les vers burlesques à la fin de la première partie du roman et qu'évoquait déjà la première ligne de son premier chapitre. Blasco, lui, s'il n'était pas en prison comme Cervantes, se voyait, au beau milieu d'une description de ces paysages méridionaux tout de calme et de grâce, interrompu brusquement par le rauque hurlement des sirènes, annonçant l'approche des pirates de l'air qui venaient jeter la ruine et la désolation sur Paris tremblant, sans feu, dans l'ombre de ses nuits sans éclairage. Ou bien, s'il jouissait d'une journée de calme relatif, c'était, en pleine période d'enthousiasme, quand son imagination l'entraînait à travers les campagnes radieuses peuplées d'orangers, de lauriers, d'oliviers, de citronniers, l'aspect désolant d'un poêle où manquait le combustible, avec, comme conséquence, la nécessité d'interrompre le travail de pensée pour, prosaïquement, se réchauffer, de son souffle, les doigts glacés qui refusaient de tenir la plume.

Ce fut au milieu de ces détresses, physiques et morales, que Blasco reçut de Miss Charlotte Brewster Jordan une missive lui offrant la somme de 300— trois cents—dollars pour lancer à New York la version anglaise des *Quatre Cavaliers de l'Apocalypse*. Je crois bien que, même si la traductrice américaine eût proposé cinq dollars, ou n'eût proposé aucune rétribution du tout à l'auteur, celui-ci n'en eût pas moins accepté avec enthousiasme cette offre si totalement désintéressée. Car il voyait en cet acte, avant tout, sa signification de propagande en faveur des Alliés, dans une Amérique hésitante et si longtemps retenue, sur la pente de l'intervention, par les intrigues allemandes. L'idée d'exercer sur l'esprit du peuple américain une influence, quelle qu'elle fût, dont bénéficierait la France, réjouissait tellement Blasco, qu'il donna aussitôt son assentiment et signa un papier où il cédait à la traductrice, en échange de ses trois cents dollars, tous droits d'auteur sur le roman pour tous pays de langue anglaise, sans pouvoir jamais alléguer le moindre prétexte à percevoir autre chose, quel que fût le succès du livre outre-mer. «*Business is bussines*»[86], d'abord. Et, aussi bien, l'œuvre pouvait s'avérer, là-bas, un four noir, auquel cas Miss Brewster Jordan, ou qui que ce fût à sa place, perdait les trois cents dollars. De plus, que signifiait alors l'argent, en ces jours de dépression morale universelle, où l'existence, même de ceux qui vivaient à l'arrière, avait perdu le taux de son cours normal, où d'un de ces vilains pigeons porteurs de croix, planant à l'improviste dans le firmament de Lutèce, tombait soudain l'œuf fatal dont l'éclosion formidable produisait, non la vie de nouvelles créations, mais le décès rapide de tant d'êtres innocents, brutalement pris au dépourvu? Qui garantissait à Blasco que l'immeuble de la rue Rennequin ne serait pas touché, une nuit, par cette ponte léthifère? Alors, de l'écrivain prolongeant jusqu'à l'aube ses veilles fécondes, il ne resterait pas même le cadavre, réduit qu'il serait à une sanglante bouillie dont l'éclaboussement se confondrait avec celui des autres morts, parmi le monceau des décombres de la maison écroulée! Ainsi s'explique cette autorisation, un peu inconsidérée, donnée à la traductrice américaine d'un ouvrage qui—au dire d'organes de langue anglaise, et, tout récemment, *The Illustrated London News* le répétaient encore—«*is said to have been more widely read than any printed work, with the exception of the Bible*»[87]. Mais, pour achever d'illustrer l'état d'esprit de Blasco Ibáñez à cette époque de sa vie, je relaterai une anecdote que je tiens de lui-même et qu'il m'a contée sans autre fin que celle d'agrémenter d'une historiette piquante, à son sens, certaine conversation à bâtons rompus. Pendant la guerre, sa moyenne quotidienne de travail fut de près de 16 heures. Il se mettait à écrire à huit heures du matin et cessait à une heure de l'après-midi, après quoi il déjeunait et s'accordait une courte promenade dans les rues voisines de la sienne. A trois heures, il était de nouveau assis à son secrétaire, jusqu'à huit. Il soupait à huit heures, faisait, après dîner, une promenade analogue à celle du déjeuner et revenait écrire jusque vers deux ou trois heures du matin. Une telle vie, prolongée des mois et des mois, si elle explique l'immense masse d'articles dispersés à travers la presse de l'Hispano-Amérique et de l'Espagne, ainsi que cette absorbante *Historia de la Guerra*, sans parler du triptyque admirable que forment les *Quatre Cavaliers de l'Apocalypse*, *Mare Nostrum* et *Les Ennemis de la Femme*, une telle vie, dis-je, n'était guère apte à fortifier une santé compromise par des nourritures mauvaises et le constant déséquilibre nerveux de l'état de guerre. Mangeant mal, dormant peu, ne prenant presque plus d'exercice physique, Blasco s'acheminait, d'un pas lent et sûr, à la fatale névrose. Mais, raidissant ses énergies, il ne voulait pas s'avouer vaincu. Une nuit où, vers trois heures, il sentait la plume lui tomber des mains et son cerveau lui refuser le fonctionnement, songeant que les pages qu'il écrivait devaient absolument paraître le matin même, il redressa, d'un brusque coup de cravache, sa bête fléchissante, et, raffermissant sur le siège un corps que l'épuisement en avait fait choir, il prononça, les yeux agrandis en une extase mystique, toutes les fibres vibrantes d'un effort suprême, ces mots magiques: «*¡Es para Francia, es para la patria de Victor Hugo!*»[88] et il se remit intrépidement à écrire, jusqu'à l'aurore.

VIII

L'immense succès, aux Etats-Unis, des *Quatre Cavaliers de l'Apocalypse.*—
Comment l'auteur en eut connaissance.—Le roman vendu 300 dollars
produit une fortune à la traductrice.—Un éditeur «*rara avis*».—Voyage de
Blasco Ibáñez en Amérique du Nord.—Triomphes et honneurs.—Le
Militarisme Mexicain.—Le Dr. Blasco Ibáñez revient en Europe pour y
écrire, à Nice, *El Aguila y la Serpiente*, roman mexicain.

Se trouvant à Monte-Carlo dans les derniers mois de la guerre—on a
exposé plus haut comment ce séjour lui avait été imposé par les médecins—
Blasco y reçut une grande surprise. Il avait, pour ainsi dire, oublié Miss
Brewster Jordan et la version anglaise des *Quatre Cavaliers*, ne pensant qu'à
son nouveau roman: *Les Ennemis de la Femme*, écrit à Monte-Carlo de Janvier
à Juin 1919. Or, un matin, le facteur lui remettait un volumineux monceau de
correspondances: lettres, cartes et journaux, portant tous le cachet postal et
le timbre des Etats-Unis. Une de ces lettres, ouverte à tout hasard par son
destinataire stupéfait, émanait d'un pasteur protestant, Révérend d'une des
nombreuses sectes évangéliques américaines, qui s'adressait à lui, comme à
un exégète de marque, et recourait à son érudition biblique au sujet de doutes
anciens qu'il nourrissait touchant divers passages de l'Apocalypse. La
première impression de Blasco fut qu'il était mystifié, que quelque ami
inconnu de là-bas entendait lui jouer un tour de sa façon, en se payant,
comme on dit, sa tête. Cependant Blasco continuait à dépouiller le
volumineux courrier. Son examen le convainquit bien vite que nul n'avait eu
l'idée de se jouer de sa personne. Ces lettres, ces cartes, ces journaux
révélaient un sérieux profond. Les femmes, en particulier, n'entendaient pas
plaisanterie et c'étaient elles qui constituaient le gros de ses correspondantes.
Beaucoup ne réclamaient que la signature de *mister Ibanez*, un quelconque
autographe, une phrase qu'elles pussent ensuite exhiber triomphalement,
dans leur club de New York, de Chicago, de Boston, de Philadelphie, comme
aussi d'autres coins inconnus de l'immense République Fédérale. Car l'auteur
de *The Four Horsemen of the Apocalypse* était devenu, à une telle date, célébrité
des Etats-Unis sans qu'il en eût eu la moindre idée. Il s'en était aperçu à la
lecture des journaux adjoints à cet envoi inattendu. L'on n'y tarissait pas sur
l'éloge du romancier. L'on avait recherché partout son portrait et fini par
découvrir, au musée de *The Hispanic Society of America, 551 W. 175th. Street*, à
New York City, la toile peinte par Sorolla en 1906 et acquise par le fondateur
millionnaire de cette grande institution, le poète hispanophile et érudit
antiquaire Archer Milton Huntington. Cette œuvre, qui possède une valeur
pictoriale considérable, n'offre malheureusement qu'une ressemblance assez
lointaine avec son modèle, du moins sous sa figure présente, et mieux eût
valu, comme on l'a fait depuis, un peu partout, reproduire l'effigie insérée en

1917 dans le livret explicatif du roman cinématographique *Arènes Sanglantes*, œuvre rédigée en français et richement illustrée, que publia la firme *Prometeo* et où Blasco apparaît dans la vérité de son aspect physique actuel.

Ces lectures et celles de correspondances et monceaux d'imprimés consécutifs, si elles achevèrent de persuader Blasco Ibáñez qu'il jouissait, outre-mer, d'une popularité immense et que la fortune de son roman y était égale, sinon supérieure, à celle qu'avait connue, à plus de deux tiers de siècle en arrière, mistress Harriet Beecher Stowe, dont la *Case de l'Oncle Tom* avait dépassé le tirage d'un million d'exemplaires, ne laissaient pas, en revanche, de lui causer quelque mélancolie, voire de le déconcerter. Les gros tirages de livres sensationnels, dans un pays de plus de 100.000.000 d'habitants, sont, en somme, chose naturelle et nul n'ignore que nos critères européens ne régissent pas les choses américaines. Mais quand, dans les extraits de presse qu'il recevait, Blasco lut que peu de jours après la publication des *Four Horsemen*, il s'en était vendu 100.000 copies; que cinq semaines plus tard, ce chiffre était doublé; qu'après six mois, il montait à trois cent mille; qu'un peu plus tard, il se haussait au demi million; quand il apprit que, d'un bout à l'autre de l'Union, le volume édité par la maison Dutton and Company, de New-York, apparaissait dans toutes les mains; qu'il n'était pas rare que, dans les cirques, les clowns et, dans les revues populaires, les étoiles réglassent leurs *puns*[89] sur la vertigineuse marche des *Quatre Cavaliers*; quand, enfin, il sut que d'habiles fabricants de produits industriels: cigares, toiles, gants, etc., choisissaient le patronage de ces mêmes *Four Horsemen* parce qu'ils pensaient que ce pavillon prestigieux pouvait couvrir les plus hétéroclites marchandises: alors, le «grand Espagnol», l'auteur du «merveilleux roman de guerre», se mit à songer et considéra que cette «*record sale*»[90], si elle lui faisait le plus légitime honneur, n'apportait pas un rouge liard à sa bourse. Et, quelque artiste que l'on soit, quelque Don Quichotte que l'on s'avère, il est difficile de ne pas ressentir un certain dépit à l'idée que, du fruit de son propre travail, ce sont les autres qui s'enrichissent, en ne vous laissant pour tout potage que les vaines fumées de la gloire. Aussi Blasco riait-il jaune, lorsque des officiers de l'A. E. F. venaient, en toute bonne foi, enthousiastes, le féliciter de ces fabuleux *lots of money*[91] qu'indubitablement lui procuraient le débit formidable, l'intarrissable vente des *Four Horsemen of the Apocalypse*. Mais comment leur avouer, à ces braves Yankees, qu'il n'avait touché, en tout et pour tout, que 300 misérables dollars? Il fût tombé immédiatement au-dessous de rien dans l'estime de ces joyeux garçons qui, en citoyens de leur pays, n'appréciaient les hommes que d'après leur valeur commerciale. D'ailleurs, j'ai dit que la traductrice américaine était couverte par un marché en bonne et due forme. Légalement, Blasco n'était pas l'auteur du livre mis en costume anglais. L'auteur, c'était Miss Charlotte Brewster Jordan. A elle, et à elle seule revenaient les droits de la vente. Le Pactole, qui avait si généreusement inondé son escarcelle, l'inonderait jusqu'à la fin des temps sans que Blasco pût formuler devant Thémis la moindre réclamation.

Ici, cependant, intervient un *deus ex machina* spécifiquement américain. Si, dans l'antiquité, la catastrophe finale s'obtenait assez souvent par l'apparition d'un Dieu qui descendait de l'empyrée sur le scène grâce à un ingénieux mécanisme, en l'espèce Blasco vit non moins merveilleusement intervenir un personnage dont l'apparition, pour les auteurs du vieux monde, n'est que fort rarement synonyme d'offre spontanée d'espèces sonnantes et trébuchantes: j'ai nommé l'éditeur. Mister Macrae, vice-président de la firme susmentionnée, établie à New York sur la *Cinquième Avenue*, ne put donc tolérer plus longtemps une situation qu'il jugeait scandaleuse et qui consistait en ce que la maison Dutton and Company, simple intermédiaire matériel, réalisât des gains formidables sur la vente d'un ouvrage dont le producteur effectif avait perçu la misérable aumône de 300 dollars une fois pour toutes. Comme quoi la morale n'existerait point seulement à la fin des fables pour la jeunesse, en Amérique du moins. Et, qui sait? Peut-être mister Macrae avait-il appris à connaître ailleurs que dans la Bible cette vérité, hélas! si fort controversée dans la pratique de la vie commune et que notre immortel fabuliste a revêtue de la défroque de quelques vers bonhommes:

Il est bon d'être charitable;
Mais envers qui? C'est là le point.
Quand aux ingrats, il n'en est point
Qui ne meure enfin misérable.[92]

Toujours est-il qu'un câblogramme imprévu apprit

OUVERTURE DE CANAUX D'IRRIGATION EN PLEIN HIVER PATAGONIEN

- 105 -

LA «GROSSE ARTILLERIE» DE BLASCO EN ARGENTINE
Blasco est debout devant la première charrue à vapeur. L'on voit
aussi, sur cette photographie, une drague sèche destinée à ouvrir les
canaux d'irrigation dans le désert.

un beau jour à Blasco que les éditeurs new yorkais des *Quatre Cavaliers* le priaient de consentir à accepter d'eux, à titre de compensation et sans que, par ailleurs, il s'engageât en quoi que ce fût à leur endroit, une certaine somme de dollars bien supérieure à celle payée naguère par Miss Charlotte Brewster Jordan et que ce don généreux a été répété, à plusieurs reprises, depuis. Un tel exemple risque-t-il d'être contagieux, à Paris, ou ailleurs? Souhaitons-le, sans trop l'espérer.

Naturellement, le succès du premier roman de «guerre» de Blasco Ibáñez avait eu pour conséquence un regain de popularité de ses romans déjà traduits en anglais, et la version en cette langue d'autres de ses romans qui n'étaient pas encore accessibles au public anglo-saxon. *Mare Nostrum*, qui n'attendra plus guère sa traduction en notre langue, mis en anglais par miss Brewster Jordan sous le titre de *Our Sea*, avait suivi immédiatement les *Four Horsemen* par le chiffre de ses tirages. Une telle popularité, le désir aussi de connaître ces Etats du Nord de l'Amérique, dont la comparaison avec ceux de l'Hispano-Amérique s'imposait à son esprit, décidèrent Blasco Ibáñez à entreprendre un voyage au pays de l'Oncle Sam. La *Société Hispanique*, que préside M. Huntington, et dont il a été question plus haut, l'ayant convié à venir se faire entendre à la *Columbia University*, à New York, Blasco accepta l'offre, qui se trouvait être concomitante avec celle d'un entrepreneur de tournées de conférences d'hommes illustres à travers les Etats-Unis. Parti en Octobre 1919 avec l'intention de n'y pas prolonger son séjour au-delà d'un trimestre, il est resté outre-mer jusqu'en Juillet 1920. Ces dix mois d'existence fiévreuse lui permirent d'enrichir considérablement le trésor déjà si copieux de ses expériences humaines, et, aussi, de refaire complètement ses finances. Pour si cosmopolite que soit l'Européen qui débarque pour la première fois sur la terre américaine, celui-ci ne laisse pas d'y éprouver aussitôt cette sensation unique: que, la-bas, il lui faudra se défaire des conceptions étroites propres à son petit continent, morcelé par la nature et par l'histoire. Les territoires de l'Amérique du Nord anglaise et des Etats-Unis sont, chacun pris à part, à peu près aussi grands que l'Europe entière. 15 pays comme le nôtre trouveraient place dans les frontières de l'Union Yankee. Cette immensité de l'espace entraîne avec soi d'autres possibilités qu'en Europe, dont la première est, sans doute, que les populations peuvent s'y développer en paix et y exploiter à l'aise les trésors d'un sol d'une grandeur continentale. Telle est la cause principale, non seulement du rapide développement des richesses, mais encore de l'esprit d'initiative, hardi et plein de confiance, de l'Américain, qui stupéfia, durant les deux dernières années de la Grande Guerre, la routine de notre France, hélas! sans effet de contagion immédiate pour l'avenir. L'ampleur des conceptions, le regard tourné, de tous côtés, vers des horizons lointains, confèrent, d'autre part, aux projets et aux actes politiques américains une vigueur, un essor qui apparaissent aux antipodes de la pusillanimité avec laquelle on tente, chez nous, de rétablir l'équilibre européen sur la base de concepts périmés et de calculs archaïques. Au point de vue économique, cet immense espace engage à l'exploitation rapide de vastes surfaces, laissant aux générations futures le soin de diviser le travail, pour ne produire, avec une uniformité grandiose, que ce qui peut être obtenu avec le moins de peine sur la plus vaste échelle. Blasco ne se sera pas plongé en vain dans cette fontaine de Jouvence qu'est, pour l'Européen, la vie américaine. La longue série de ses conférences le conduisit aux quatre coins de l'Union, où il parla dans les lieux les plus hétéroclites: Universités, temples évangéliques, synagogues, temples maçonniques, gigantesques salles de théâtre et de concerts, parfois installées au troisième étage d'un gratte-ciel, cirques et cinématographes. Les principaux établissements d'enseignement, y compris les deux plus fameuses Universités féminines, l'entendirent. L'Ecole Militaire de West Point, à 52 milles de New York, académie technique où sont formés les officiers de carrière de l'armée américaine, lui fit également l'honneur de lui demander d'y prononcer un «*address*»[93]. Détail intéressant et qui surprendra le lecteur français: tout au long de ces tournées, Blasco parla toujours en espagnol. S'il n'est que juste d'ajouter qu'il fallut, le plus souvent, que, sa conférence prononcée, un interprète la répétât en anglais, il ne le sera pas moins d'observer qu'en Californie et dans les Etats du Sud—en particulier le Texas, New Mexico et le territoire d'Arizona—l'espagnol était parfaitement compris et accueilli avec enthousiasme par d'immenses auditoires, auxquels cet idiome est resté familier. Mais, même dans les Etats du plus extrême Nord, la langue castillane était écoutée avec une grande sympathie. Ecrivant, il y a quinze ans, une étude sur cette question si importante[94], je remarquais que «la guerre de Cuba aura du moins eu cela de bon, du seul point de vue littéraire, qu'elle aura contribué à populariser au pays de Roosevelt l'étude officielle et scientifique de l'idiome espagnol» et j'analysais le détail des principales publications de librairie ayant trait à l'enseignement américain de cette langue, en citant aussi les firmes les plus connues s'adonnant à cette diffusion. Je terminais sur ces paroles: «J'aurais fort envie de conclure cette communication par une mélancolique comparaison entre l'état de l'enseignement de l'espagnol en France, où cependant tant de bons résultats ont été atteints durant ces dernières années, mais où tant reste à obtenir...! Je préfère laisser les faits parler leur langage éloquent, et, je l'espère, persuasif...» Aujourd'hui, les choses ont considérablement progressé... aux Etats-Unis et, dans un récent écrit[95], M. F. de Onis, professeur à cette même *Columbia University*, nous apprend qu'en 1919 «il y avait dans les seules écoles de New York, plus de 25.000 étudiants d'espagnol et, dans tout le pays, on en comptait plus de 200.000; des Collèges et des Universités où, jusqu'alors, on n'enseignait pas l'espagnol, comptent présentement des milliers d'étudiants et les centres d'instruction où cette langue était déjà enseignée, ont vu se multiplier élèves et professeurs; l'espagnol jouit maintenant, officiellement, de la même estime que les autres langues modernes...» J'ajouterai que, parmi les livres d'enseignement et de lecture les plus populaires dans ces classes de langue castillane, celui qui porte le titre: *Vistas Sudamericanas*, et qui a paru en 1920 chez Ginn and Company, édité par miss Marcial Dorado, combine des extraits des *Argonautas* et des *Cuatro Jinetes del Apocalipsis* avec des morceaux spécialement écrits pour le volume par Blasco Ibáñez.

A la fin de ces courses errantes dans le territoire de l'Union, Blasco reçut à Washington l'honneur le plus haut que la démocratie américaine confère, de temps à autre, aux hôtes illustres qui la visitent. L'Université George Washington lui concéda, en séance solennelle à laquelle prirent part plus de 6.000 personnes, le titre de Docteur ès lettres *honoris causa*. Quelques mois auparavant, elle avait conféré ce même titre, mais avec la mention: *Droit*, au Roi des Belges et au Cardinal Mercier, à l'occasion d'une semblable visite. Blasco reçut le sien en même temps que le Général Pershing, commandant en chef des Corps Expéditionnaires américains sur le front d'Europe. Le recteur de l'Université George Washington, M. W. Miller Collier, est un ancien ambassadeur des Etats-Unis à Madrid. Dans le discours qu'il lut, en anglais et en espagnol, il se livra à une étude fouillée de la personne et de l'œuvre du récipiendaire, que le vieux William Dean Howells, ce romancier social du «*common people*» et du «*self-made man*», mort alors que Blasco prononçait ses conférences américaines dans l'hiver de 1920, avait déclaré le successeur immédiat de Tolstoï, selon le témoignage qu'en a consigné, en 1917, M. Romera Navarro[96]. Quant à Blasco, il disserta, en guise de thèse doctorale, brillamment sur *Le plus grand roman du monde*. On devine que c'est du *Don Quichotte* qu'il s'agissait. Ce séjour à Washington fut d'ailleurs marqué par d'autres solennités encore. L'Ambassadeur de France, fin lettré lui-même, M. Jusserand, offrit un banquet en l'honneur de celui dont les *Four Horsemen* avaient agi si efficacement sur l'opinion américaine. L'Ambassadeur d'Espagne, D. Juan Riaño y Gayangos, donna, de son côté, un autre banquet et une réception élégante dont Blasco fut l'hôte. La visite que celui-ci avait rendue aux représentants de la Nation dans leur *Hall* du Capitole fut cause, d'autre part, d'un curieux incident, que je m'en voudrais de ne pas relater, d'autant plus qu'il est déjà passé à l'Histoire, consigné que je le trouve au vol. 52, n° 63, mardi 24 Février 1920, du *Congressional Record*, p. 3.600. Blasco assistait, d'une tribune des Galeries qui entourent le *Hall* immense, long de 42 mètres, large de 28 et haut de 11, à la séance du Congrès, dont les délibérations ressemblent assez à celles des Chambres françaises, avec cette différence, peut-être, que le bruit et le désordre y sont encore plus grands et que le Président ne parvient pas toujours facilement à attirer sur lui l'attention de la salle, dont les républicains occupent l'un des côtés, et les démocrates l'autre. Un député célèbre, l'ancien juge Towner, Président de la Commission des Affaires Etrangères, ayant demandé à l'Assemblée de faire «*a short statement*»[97] et ayant reçu l'«*unanimous consent*»[98] de rigueur, s'était exprimé en ces termes: «*Mr. Speaker, it is with great pleasure that I announce to the House we have visiting us to-day Blasco Ibáñez, whom you all know is the foremost writer of Spanish in the world, the author of the «Four Horsemen of the Apocalypse» and other works with which we are all familiar. It will perhaps be of interest to Members to know that Blasco Ibáñez has also been for seven years a member of the Spanish Cortes, or Parliament; that he has always been a republican...*»[99]. Mais à peine le mot fatal de «Républicain» était-il proféré, que les députés de ce parti applaudissaient à tout rompre. M. Towner comprit aussitôt sa bévue et se hâta de préciser: il n'entendait pas exalter en Blasco le républicain en tant que membre d'un parti opposé au parti démocratique, «*but a republican as against a monarchical system*», soit donc le simple ennemi du système monarchiste. Cette équivoque dissipée, parmi ce que le *Congressional Record* qualifie de «rires et applaudissements», l'honorable représentant de l'Etat d'Iowa put continuer son exposé, qu'il termina sur l'annonce que Blasco serait «*in the speaker's room after a little and he will be very glad indeed to meet all Members of Congress personally, and I am sure it will be a great pleasure for us to meet so distinguished a representative of that which is best in European and Spanish literature, as well as one whom we ought to admire and know better because of his republican and democratic principles*»[100]. Cette conclusion, qui conciliait finement république et démocratie, déchaîna d'unanimes applaudissements des deux côtés du *Hall*. Le président du Sénat avait, d'ailleurs, convié également Blasco dans ses salons et nul n'ignore que le Vice-Président des Etats-Unis est aussi président d'office du Sénat. Ce dignitaire républicain présenta le romancier à un grand nombre de sénateurs distingués, heureux qu'ils étaient tous de serrer la main d'un écrivain espagnol pensant à la moderne et, pour avoir pensé de la sorte, si longtemps en proie aux persécutions du conservatisme obscurantiste de son pays. Si le Président Wilson n'en eût alors été empêché par son état de santé précaire, il est certain que Blasco eût eu aussi l'honneur d'être reçu par ce grand homme. Du moins, lui manda-t-il l'un de ses secrétaires, qui l'assura que M. Wilson, l'un des premiers lecteurs et admirateurs des *Four Horsemen*, aurait une joie véritable à le voir, si, plus tard, à l'occasion d'un autre séjour à Washington, sa présence coïncidait avec le retour à la santé de l'illustre père de la Société des Nations, ce rêve d'un cœur généreux et d'un puissant cerveau. Blasco eut, du moins, le plaisir de connaître diverses personnes de la famille du Président, en particulier une de ses filles. Les dames de Washington l'avaient prié de les entretenir au *Club parlementaire féminin*, où elles lui offrirent un thé de gala. C'est là qu'en présence de la fine fleur de l'intelligence féminine américaine— femmes et filles de ministres, de sénateurs et de députés—Blasco Ibáñez laissa couler les flots d'une éloquence entraînante, en un discours aussitôt traduit par l'épouse de l'un des députés des îles Philippines. A Philadelphie, il éprouva un autre genre de satisfaction, presque aussi flatteuse. Les libraires et éditeurs américains, qui y étaient réunis en

**BLASCO DANS SA MAISON DE LA «COLONIA CERVANTES»,
PARLANT A SON INTENDANT**
Sur sa tête, une peau de puma tué dans les terres de la colonie

FABRICATION DE BRIQUES A LA MACHINE, POUR L'EDIFICATION DE MAISONS DANS LA «COLONIA CERVANTES»

congrès, l'invitèrent au banquet de 2.000 couverts qui couronna cette manifestation professionnelle et ce fut à la droite de leur Président qu'ils le contraignirent de s'asseoir, de même qu'ils le forcèrent aussi de leur adresser la parole. Violence, au demeurant, assez douce, car Blasco put leur dire des choses flatteuses, qu'il eût été difficile d'adresser, sans encourir le reproche de vile adulation, à certains éditeurs d'Europe.

En Espagne, s'il est un thème usé et rebattu, c'est, entre gens de lettres, celui du peu qu'y rend la carrière d'écrivain de profession. Qu'une telle assertion soit vraie ou non, l'on a prétendu que le délicieux roman de Juan Valera, cette *Pépita Jiménez* qui n'a été traduite en notre langue qu'en 1906, par M. C.-A. Ayrolle, et qui fut tant de fois réimprimée depuis 1874—et elle l'était en espagnol par la Maison Appleton, à New York, dès 1887—ne rapporta à son auteur que tout juste de quoi offrir à sa femme un costume de bal. Pérez Galdós, le seul littérateur de cette époque-là qui ait, à proprement parler, vécu de sa plume, serait presque mort—au dire de certains—dans la misère, en Janvier 1920, à Madrid, et, au cours d'un article que je lui ai dédié dans la revue *Le Monde Nouveau*, en Avril 1920, j'ai pu déplorer sincèrement que ses œuvres ne lui eussent pas donné «ce qu'elles eussent donné, en France, à un écrivain de sa valeur»[101]. *Le Temps* du lundi 26 Août 1907 contenait, sur toute cette matière, des réflexions d'autant plus dignes d'être signalées, qu'elles émanaient d'un écrivain espagnol et qu'elles se rapportaient à des auteurs aujourd'hui en pleine possession de la renommée. Et, déjà, de Valera, l'on nous y rapportait que cet Anatole France—première manière—de son pays «n'a jamais eu le bonheur d'atteindre à la circulation que sa renommée lui permettait d'espérer». De Pérez Galdós, l'on y consignait que c'était à peine s'il tirait à plus de 16.000 exemplaires, et, comme complément de ces curieuses indiscrétions, il y était dit—mais n'est-ce point aussi le cas de la France?—«qu'un jeune romancier qui vend une édition de 2.000 exemplaires, peut se vanter d'avoir accompli un exploit extraordinaire». Il y avait lieu, cependant, de n'accepter ces chiffres que sous bénéfice d'inventaire. Pour ce qui est de Pérez Galdós en particulier, plusieurs de ses tirages ont atteint les 60èmes et même les 70èmes milles—sans parler de ce que lui rapporta son théâtre, spécialement *Electra* et l'on sait si le théâtre rapporte en Espagne— et la légende de sa «pauvreté», d'ailleurs très relative, s'explique quand on connaît les dessous de sa vie. Enfin, il faut tenir compte, en l'espèce, de ce fait: que, chez les hommes de lettres, l'argent semble posséder cette vertu spéciale que la légende antique attribuait à l'anneau de Gygès et je ne m'étonnerais point trop qu'un jour lointain l'on nous dise que Blasco, lui aussi, est «mort dans la misère!» Mais il est, tout de même, bien certain que, pour la grosse moyenne, le métier d'écrivain rapporte moins en Espagne qu'en France. Je me souviens de ma surprise, lorsque, pour rétribuer le premier et long article que j'avais écrit dans sa revue, *La España Moderna*[102], le richissime dilettante D. José Lázaro m'envoya, au Lycée d'Aurillac, une lettre recommandée contenant un billet de 50 *pesetas*, «maximum—spécifiait-il—de paiement en Espagne pour un article de revue, quel qu'en soit le volume». 50 *pesetas* pour un travail de 23 pages, cela faisait 2 *pesetas* et 17 *céntimos* la page. Mais ce taux était bien, comme je l'ai vu depuis, celui d'organes analogues: *Nuestro Tiempo*, de D. Salvador Canals, et aussi la grave revue de feu Menéndez y Pelayo, cette *Revista de Archivos, Bibliotecas y Museos* qui, des divers articles d'érudition hispanique que j'y ai publiés, ne m'en a jamais rétribué que le premier, inséré dans son numéro de Septembre-Octobre 1908, p. 252-261. Quant aux feuilles quotidiennes, lorsqu'elles ont donné, pour un article de première page, 25 *pesetas* à l'auteur, leurs Directeurs sont persuadés qu'une telle rétribution est merveilleuse et beaucoup de célèbres journalistes espagnols doivent se contenter de moins encore. Blasco Ibáñez, qui a reçu, aux Etats-Unis, 2.000 dollars pour un seul conte et dont les articles ordinaires de presse y sont payés de 700 à 900 dollars, a pu apprécier *in animâ vili* que le célèbre mot de Pascal: *Vérité en deçà des Pyrénées, erreur au-delà*, était vrai aussi pour ce qui, d'après le Montecucculi qu'il connaît si bien, constituerait le «nerf de la guerre»: cet argent sans lequel la pensée la plus noble, la plus géniale, se voit réduite à l'esclavage des basses et avilissantes besognes. Peu avant de s'embarquer pour l'Europe, *The World*, de New York, l'envoya assister aux séances de la Convention Républicaine, réunie à Chicago pour l'élection du Nouveau Président des Etats-Unis et qui a nommé, comme successeur de M. Wilson, M. Harding. Dans cette mission, non seulement Blasco eut les frais de voyage et d'hôtel remboursés pour lui et son secrétaire, mais encore lui payait-on 1.000 dollars chacun de ses articles. Et ces articles ne dépassaient pas 2.000 mots et se bornaient à exposer les vues et impressions personnelles du signataire sur l'aspect et la physionomie extérieurs du Congrès, vues et impressions consignées dans la plus absolue indépendance d'esprit. Ecrits à trois heures de l'après-midi, au sortir de la séance de la Convention, ils étaient traduits, phrase par phrase, en anglais et aussitôt télégraphiés à New York, où l'édition du soir du *World* en offrait le texte à ses lecteurs, cependant que ce même texte avait déjà été transmis par fil spécial aux feuilles associées, à travers tout le territoire de l'Union.

Ce fut durant ce séjour en Amérique que Blasco Ibáñez fit, en Mars et Avril 1920, son excursion au Mexique, invité par celui qui en était alors le Président, Don Venustiano Carranza. Quant le maître arriva en Nouvelle-Espagne pour y passer ces deux mois, tout y semblait tranquille. Son but n'était autre que d'étudier à fond le Mexique pour, ensuite, écrire, sur cette République Fédérale de langue espagnole, son roman *El Aguila y la Serpiente*. Depuis l'ouverture des chemins de fer, l'excursion au Mexique se fait facilement, du Sud des Etats-Unis. Le touriste européen ne sait qu'y admirer davantage, ou ses merveilleuses beautés naturelles, ou cette civilisation spéciale, dont le charme essentiel consiste, pour lui, en la nouveauté. Trois semaines suffisent, à la rigueur, pour le voyage à México et retour, avec séjour aux points les plus intéressants et excursion de México à Orizaba, ou même à Vera-Cruz. Le «tour» ne présente aucune difficulté et je connais des dames qui l'ont entrepris et s'en réjouissent. Mais la visite des intéressantes ruines de Yucatán, de Chiapas et d'Oaxaca demande plus de temps. Blasco s'était fié aux assurances des gouvernants mexicains et croyait fermement que l'anarchie était désormais bannie de ce malheureux pays. Le patron des révolutionnaires triomphants, Carranza, semblait devoir y rester ce *Primer Jefe*[103] qu'affectaient de l'appeler les prolétaires conscients que sont les citoyens-généraux de là-bas et dont Blasco vient de nous donner un si délicieux croquis dans la courte nouvelle: *El automóvil del General*, qu'a publiée *El Liberal* de Madrid. Or, à quelques semaines de là, l'Etat de Sonora se soulevait contre le vieux tyran, et l'ex-traficant en pois chiches, ex-vainqueur de Pancho Villa, le général Alvaro Obregón, actuel Président de la République Mexicaine, se déclarait à son tour en rébellion. Tout le Mexique retombait, de nouveau, en proie à cette affreuse guerre civile, qui semblait y être devenue mal endémique. On sait ce qui arriva et comment l'assassinat mystérieux de Carranza, loin d'éteindre la flamme de la discorde, ne fit que l'attiser. Dans un article que j'ai publié dans le fascicule de Mars 1921 de la *Renaissance d'Occident*[104], j'ai rendu compte en ces termes de la genèse et du contenu du livre de Blasco Ibáñez sur *El Militarismo Mejicano*, paru à Valence dans l'été de 1920. «...De retour aux Etats-Unis, Blasco Ibáñez, sollicité par des journalistes de New York et en présence de l'incertitude générale où l'on se trouvait—en Amérique et ailleurs—sur la situation véritable du Mexique, considéra de son devoir, pour couper court à une multitude d'interviews plus ou moins fantaisistes, de donner aux *New York Times* et à la *Chicago Tribune*— d'où ils passèrent dans la plupart des feuilles de l'Union—des articles dont le présent livre offre la seule version espagnole authentique, après que le texte anglais en a paru en volume à New York. On se souviendra que Blasco Ibáñez, en même temps que le plus grand romancier de l'Espagne, en est aussi l'un des meilleurs journalistes. Aussi sera-t-on heureux de retrouver, dans ce livre sur le Mexique de la Révolution, la plume nerveuse et merveilleusement évocatrice qui—même dans des pages comme celles-ci, où l'ordre rigoureux d'une composition méthodique fait fatalement défaut— reste toujours égale à elle-même... Combien, à la place de Blasco, n'eussent pas dit sur le Mexique ce qu'il importait de dire! C'est, précisément, en ceci que gît toute l'immense signification de ces pages: en ce que, dans leurs dix chapitres, il y exprime sans fard, avec la robuste franchise d'un bon Latin gémissant de voir un grand pays en proie à l'anarchie—parce qu'un militarisme de rustres sans culture l'asservit, grâce à l'état d'ignorance d'une plèbe de demi-castes—, ce que tant de plumes intéressées à taire la vérité n'eussent jamais dit... Le Mexique, avec ses quinze millions d'habitants, est, du moins numériquement, le plus important des pays latins d'outre-mer, et, pour beaucoup de Yankees, l'Amérique latine se résume dans le Mexique. Ils ne songent pas que, sur ces quinze millions d'habitants, deux millions à peine sont des blancs et que le reste n'est qu'une horde illettrée de métis et d'Indiens. Que l'on juge donc de l'effet produit sur les Américains du Nord par cet état navrant de désordre, où Blasco vit l'infortuné Mexique se débattre. L'incohérence de leurs jugements semble avoir contaminé jusqu'à M. Wilson, dont l'auteur du *Militarisme Mexicain* qualifie la politique mexicaine de cette épithète même: *incohérence*, qui caractérise parfaitement toute l'attitude des masses américaines à l'endroit de voisins dont elles ignorent jusqu'à la situation géographique exacte... Tant que le Mexique n'aura pas à sa tête des gouvernants civils formés par un stage au dehors, il restera donc ce qu'il est présentement: la honte de l'Amérique latine. Remercions Blasco Ibáñez de bien l'avoir montré et souhaitons à son volume une prompte diffusion en notre langue[105]. Elle s'impose, en dépit des innombrables défenseurs de l'actuel Président du Mexique et de leurs proses, allant de l'exposé apologétique d'un Don Luis F. Seoane aux grotesques diatribes d'un D. Z. Cuellar Chaves, ou aux insinuations jésuitiques du quotidien conservateur new-yorkais de langue espagnole: *La Tribuna*.»

IX

Classification des romans de Blasco Ibáñez: Romans valenciens, Romans espagnols, Cycle américain, Triptyque de «guerre».—Blasco Ibáñez est-il le «Zola espagnol»?—Comment Blasco a écrit ses romans.—Quelques réflexions sur le style du romancier.

L'œuvre de Blasco Ibáñez actuellement réunie en volumes et, par suite, accessible au public lettré se compose de contes, de romans, de récits de voyages et du recueil d'articles sur la situation du Mexique.

Les contes sont actuellement au nombre de trente-six: treize dans le recueil intitulé: *Cuentos Valencianos*, dix-sept dans celui qui porte le titre: *La Condenada* et six entre la nouvelle: *Luna Benamor* et les cinq *Ebauches et Esquisses* qui terminent le volume dont la dite nouvelle occupe les cent neuf premières pages.

Les romans peuvent être subdivisés en romans «valenciens», romans «espagnols», romans «américains» et romans de «guerre».

Des récits de voyages, il a été suffisamment parlé plus haut, ainsi que du livre sur le *Militarisme au Mexique*, pour qu'il soit permis de passer outre.

Les romans «valenciens» comprennent six volumes, composés de 1894 à 1902 et qui sont: *Arroz y Tartana, Flor de Mayo, La Barraca, Entre Naranjos, Sónnica la Cortesana, Cañas y Barro*. Les romans «espagnols» en comprennent huit, composés de 1903 à 1908 et qui sont: *La Catedral, El Intruso, La Bodega, La Horda, La Maja Desnuda, Sangre y Arena, Los Muertos mandan* et *Luna Benamor*. Le seul roman «américain» jusqu'ici publié sont *Los Argonautas*, dont il a été dit que la composition en remonte à 1913-1914. Les romans de «guerre» ont vu le jour de 1916 à 1919 et ce sont, comme on sait: *Los Cuatro Jinetes del Apocalipsis, Mare Nostrum* et *Los Enemigos de la Mujer*.

Il est facile de faire accorder cette classification avec le cours de l'existence même de Blasco, dont l'œuvre apparaît ainsi en fonction de la vie et se révèle fort indépendante des tyrannies, plus ou moins capricieuses, de telles ou telles modes littéraires, le seul facteur véritablement efficace d'influence dont elle puisse se réclamer étant le facteur de l'ambiance. Lorsque Blasco Ibáñez vécut à Valence, il y composa ses romans valenciens, œuvres montées en couleurs, de la même nuance que celle des peintres du lieu, manifestant, en leur auteur, une âme violente et simple, semblable à celle de ses protagonistes, une mentalité quelque peu provinciale, et «provinciale valencienne». Plus tard, lorsque commencèrent ses séjours à Madrid et qu'il eut pris l'habitude de courir le monde, une transformation radicale s'opéra en Blasco Ibáñez, transformation dont ses romans contiennent la trace manifeste. Il s'aperçut que l'art pour l'art impliquait un procédé d'écriture stérile et il convertit sa narration désintéressée, simplement satirique ou humoristique, d'antan, en une arme de propagande pour les idées politiques et sociales qu'il patronnait, s'efforçant de faire passer dans l'esprit du lecteur la même volonté de réforme, la même ardente prétention d'améliorer le sort des plèbes misérables d'Espagne. Puis, à la suite du premier voyage en Amérique, son esprit subit une modification nouvelle. Ses conceptions s'étant amplifiées, ses horizons s'étant dilatés, d'écrivain espagnol il passa à la catégorie d'auteur mondial, de «*novelista provinciano*» au rang de «*novelista humano*». La Grande Guerre le surprit à ce stade décisif de son évolution. Quels thèmes merveilleux n'offrait-elle pas à sa vision artistique rénovée, à sa puissance créatrice, rajeunie et comme refondue par cette rude épreuve! Il n'a pas failli, ici non plus, à sa tâche et le prodigieux succès qui a accueilli le triptyque de ses romans de «guerre» est là qui atteste l'exactitude de cette affirmation.

A l'origine de la carrière littéraire de Blasco, l'on trouve une erreur d'appréciation qui, formulée maladroitement dans une intention d'apologie, s'est muée, par la paresse intellectuelle des critiques, en une sorte de lieu commun de la *Weltliteratur*[106], dont l'inopportune popularité n'a servi qu'à bouleverser les critères et à brouiller fâcheusement les idées de qui prétendrait fixer la filiation littéraire de notre romancier. Lorsque celui-ci publia *Arroz y Tartana*, en 1894, Emile Zola jouissait de la plénitude de sa célébrité et était universellement reconnu comme le père du roman naturaliste. En Espagne, à la bonne époque de 1880 où Madame Pardo Bazán, Pérez Galdós et Palacio Valdés avaient donné à un public lettré malheureusement très clairsemé ses premières émotions réalistes, avait succédé une ère de discussions et de polémiques sur la théorie du naturalisme. Cette longue et curieuse querelle où, après beaucoup de papier noirci, les adversaires restèrent sur leurs positions, avait laissé Pérez Galdós continuant à écrire sans nerf, Pereda s'obstinant dans son rance classicisme, Palacio Valdés pratiquant, en dépit du *prologue* de 1889 à *La Hermana de San Sulpicio*, ses coutumières négligences. D. Juan Valera cultivant sa vieille manière académique et Madame Pardo Bazán n'adoptant du naturalisme que ce qu'elle estimait devoir s'adapter à la morale catholique, ou, si l'on préfère, ne point blesser trop grièvement les sentiments traditionalistes d'une clientèle choisie. En face de ces maîtres, dont la formule était définitivement fixée, Blasco, énergique et personnel, ignorant l'artifice des demi-teintes, doué de «fibre», violent même, fut tout de suite classé comme vivant contraste et il était naturel que pour la critique de son pays, alors surtout exercée par des plumes bourgeoises, le jeune romancier de Valence payât de la louange de «futur» Zola espagnol le mérite, ou le crime, d'être, en même temps qu'un écrivain sincère, un homme politique partisan du plus foncier radicalisme. A la rigueur, l'on pouvait, à pareille date, rapprocher, sans trop d'accrocs à la vérité historique, le nom du maître de Médan du nom de Blasco Ibáñez. Celui-ci, grand admirateur de Zola, dont il a donné, chez son éditeur de Valence, en collaboration avec Paul Alexis et feu Luis Bonafoux, une étude: *Emilio Zola, Su Vida y Sus Obras*[107], ne songeait pas à nier une familiarité ancienne avec la doctrine naturaliste. Qu'en outre il ait été l'ami personnel de Zola, c'est ce que les épisodes de la campagne de presse en faveur de Dreyfus permirent de constater, quand, à l'appel du Directeur de *El Pueblo*, les colonnes de ce journal s'emplirent de signatures des admirateurs espagnols de l'auteur de *J'accuse* et qu'enfin, cette amitié ait survécu à la mort du romancier français, c'est ce dont fait foi le souci qu'a Blasco Ibáñez de toujours placer sur sa table de travail, en quelque résidence qu'il la fixe, certaine photographie avec dédicace autographe que, peu de mois avant sa fin tragique, Zola l'avait, en signe de bonne confraternité littéraire, prié de bien vouloir accepter. Mais l'influence exercée sur Blasco Ibáñez par l'œuvre d'Emile Zola constitue un problème que ne résolvent pas de simples affirmations. Pour ce qui est d'*Arroz y Tartana*, le lecteur le moins prévenu y notera sans peine plus d'un ressouvenir soit du *Bonheur des Dames*—par la façon dont est décrit le magasin symbolique des *Trois Roses*—, soit du *Ventre de Paris*—dans la gargantuesque vision du *Mercado de Navidad*[108] valencien—soit, de façon plus générale, de la manière zolesque, par la prépondérance accordée à la description du milieu, que l'art classique se faisait un scrupule d'à peine ébaucher, ainsi que par les procédés d'un style aux touches lentes, lourdes, vigoureuses, usant de répétitions fréquentes, qui constituent comme le *leit-motiv* de cette grande symphonie sur la vie du peuple et de la bourgeoisie à Valence. Toutefois, dès le roman suivant, *Flor de Mayo*, cette influence de Zola a, à peu près, disparu—tant de la conception de l'œuvre que du style, qui s'avèrent, l'un et l'autre, à tel point propriété personnelle de l'auteur que M. William Ritter, qui a finement analysé ce volume dans son livre de 1906, concluera à sa totale originalité, en ces termes: «Ce livre est décidément un coup de maître et l'homme de ce livre peut-être le premier, je ne dis pas penseur ni poète, mais peintre réaliste de la littérature d'aujourd'hui»[109]. *La Barraca*, troisième roman de Blasco, ne souffre plus la moindre comparaison avec Zola, et le suivant, *Entre Naranjos*, s'il évoque le faire de quelque devancier, ce serait plutôt, par le procédé de composition égotiste et l'exaltation exclusive que l'on y trouve d'un seul personnage, au D'Annunzio de *Il Fuoco* que je songerais et j'y constate aussi, au chapitre V, le ressouvenir de certain rossignol qui—je l'ai démontré en 1920 dans une note de la *Revue des Langues Romanes*[110]—s'est envolé d'un récit de Maupassant intitulé: *Une partie de campagne*, pour venir se poser sur une page de *L'Innocente*—traduit en 1893 par M. Hérelle sous le titre: *L'Intrus*—d'où l'écho de ses trilles et roulades est allé émouvoir la solitude nocturne de l'île du Júcar où se pâment les deux amants de Blasco, dont il n'est pas jusqu'au style qui ne se nuance, à plus d'une reprise, de ces teintes morbides que l'on trouve dans les artificielles narrations du décadent italien. Mais l'étiquette zolesque, appendue aux romans de Blasco Ibáñez, correspondait trop bien aux préjugés que la petite élite intellectuelle bourgeoise espagnole nourrissait à l'endroit de l'écrivain non conformiste de Valence, pour que, du «futur» Zola espagnol, l'on ne se hâtât, dans la mesure où son succès allait grandissant, de faire le «Zola» pur et simple du roman transpyrénaïque. Et c'est bien ainsi que le définira l'*Enciclopedia Espasa*: «*Las huellas de Zola, que se descubren en muchas de sus novelas, le han valido el título de «el Zola español»...*»[111]. De ce que je viens de dire, il ne s'en suit pas que le prêtre D. Julio Cejador n'ait pas eu raison, dans un certain sens, d'associer le nom de Zola à ceux de Maupassant, d'Ibsen et de Maeterlinck, lorsqu'il qualifie la manière de Blasco dans les romans de sa seconde époque, sociologique et doctrinaire, qui va de *La Catedral* à *La Horda*. Mais ce qui importait, c'était de ne pas laisser passer sans la réfuter une imputation aussi généralisée que dénuée de fondements, et, puisque Blasco Ibáñez a bien voulu s'en défendre lui-même, je traduirai le passage de sa lettre insérée, comme il a été dit, au t. IX de l'*Historia* de M. Cejador, passage où il repousse cette filiation zolesque, globale et sans distinguo:

«Dans mes premiers romans, j'ai subi de façon considérable l'influence de Zola et de l'école naturaliste, alors en plein triomphe. *Mais seulement dans mes premiers romans.* Ensuite, ma personnalité s'est peu à peu formée, telle quelle; et moi-même, dans ces vingt ans écoulés, je constate et compare la différence d'hier à aujourd'hui. Il ne faudrait pas croire que je me repente de cette influence, ou que je la renie. Tous, même les plus grands, ont connu, dans leur jeunesse, des maîtres, de l'exemple desquels ils se sont inspirés. Ç'a été le cas de Balzac, celui de Victor Hugo et de tant d'autres. Forcément, il fallait que je commençasse par imiter quelqu'un, comme tout le monde, et il me plaît que mon modèle ait été Zola, plutôt que tout autre modèle anodin. Zola, pour avoir voulu être chef d'école, a exagéré, cherchant souvent, de parti pris, à irriter le public par des caresses à rebrousse-poil. De plus, tous les chefs d'école se trompent et leurs erreurs subsistent comme d'importants témoins à charge. Mais, abstraction faite de ces tares, quel prodigieux peintre, non pas de tableaux, mais de fresques immenses! Quel constructeur, non pas de temples, mais de pyramides! Qui sut, comme lui, faire mouvoir et vivre les multitudes, dans les pages d'un livre?... Chez nous, au pays de la paresse intellectuelle, le pire qui puisse arriver à un artiste, c'est de se voir enrégimenter, affubler d'un numéro matricule, même glorieux, à l'origine de sa carrière. Quand j'ai publié mes premiers romans, on les trouva semblables à ceux de Zola et on me classifia, en conséquence, une fois pour toutes. C'est là procédé commode, qui dispense, pour l'avenir, de la nécessité de rechercher, de s'enquérir. Pour beaucoup de gens, quoi que j'écrive, quelques radicales transformations que puisse connaître ma carrière littéraire, je suis et je resterai «*le Zola espagnol*». Ceux qui le disent et le répètent par paresseux automatisme intellectuel, font preuve qu'ils ignorent et Zola et moi-même, ou, du moins, que, s'ils connaissent les œuvres de l'un et de l'autre, ils ne les connaissent que superficiellement, sans les avoir jamais approfondies. J'admire Zola, j'envie beaucoup de ses pages, je voudrais posséder en toute propriété les merveilleuses oasis qui s'ouvrent dans le monotone et interminable décor d'une grande partie de sa production. Je m'enorgueillirais, par exemple, de me sentir père des foules de *Germinal*, de me savoir peintre des jardins du Paradou. Mais cette admiration n'empêche pas qu'aujourd'hui, en pleine maturité, dans l'entière possession de ma personnalité artistique, je ne constate qu'il n'est que très peu de points de contact entre ma formule et celle de mon ancienne idole. Zola a exagéré en appuyant toute son œuvre sur une théorie «scientifique», celle de l'hérédité physiologique, théorie dont l'écroulement partiel a détruit les affirmations les plus graves de sa vie intellectuelle, toute l'armature intérieure de ses romans. Actuellement, j'ai beau chercher, je ne me trouve que fort peu de rapports avec celui que l'on a voulu considérer comme mon répondant littéraire. Nous n'avons pas la moindre similitude, ni dans notre méthode de travail, ni dans notre écriture. Zola a été littérairement un réfléchi, je suis un impulsif. Il arrivait lentement au résultat final, en suivant un système de perforation. Je procède violemment et bruyamment, par voie d'explosion. Il composait un volume par an, dans son labeur de termite, patient, lent, égal. Je porte en moi mon roman fort longtemps, parfois deux ou trois années, et, le moment de la parturition venu, c'est comme une fièvre puerpérale qui m'assaille. Je rédige mon livre sans m'en rendre compte, dans le temps qu'il faudrait à un secrétaire pour en recopier au net le brouillon. Bref, quand j'ai commencé d'écrire, je voyais la vie à travers les livres d'autrui, comme tous les jeunes. Aujourd'hui, je la vois de mes propres yeux et j'ai, même, l'occasion de voir mieux que beaucoup d'autres, puisque vivant une existence pleine et agitée, et que changeant fréquemment de milieu...»

M. Eduardo Zamacois avait déjà recueilli, des lèvres de Blasco, d'analogues considérations, consignées au chapitre V de son livret de 1909, où il ajoutait cette autre différence, que Zola «fut un chaste, un mystique, triste et solitaire, un homme

BLASCO A BORD D'UN TRANSATLANTIQUE DANS UN DE SES VOYAGES D'ARGENTINE EN EUROPE

TRACTEURS LABOURANT LES TERRES VIERGES DE LA COLONIE «NUEVA VALENCIA»

de *vie intérieure*, accablé sous la hantise d'accumuler les volumes», tandis que Blasco est une vitalité prolifique, débordante, dont les œuvres respirent la joie de vivre, profonde, sincère, immarcescible. Cependant, un jeune critique qui s'est fait depuis un nom honorable dans les lettres espagnoles, M. Andrés

González-Blanco—dont le chapitre VIII de la volumineuse *Historia de la Novela en España desde el romanticismo á nuestros días*, paru à Madrid en 1909, mais achevé de rédiger dès 1906[112], consacre à Blasco Ibáñez des réflexions et des digressions souvent prolixes, mais généralement justes—remarquait, dès la première page, que, «si un romancier naturaliste a été, en Espagne, le représentant exclusif du produit français, c'est Vicente Blasco Ibáñez» et que «si Blasco ressemble à quelqu'un, c'est à Zola dans ses romans, et à Maupassant dans ses contes», ajoutant que «sous sa plume, le naturalisme espagnol est parvenu à terme». Pour M. Andrés González-Blanco, «d'influence de Zola sur Blasco dans sa façon d'écrire ses romans est indéniable». Il voit, chez l'un et chez l'autre, «une commune mesure dans le dosage des éléments dramatiques et l'emploi du dialogue, un même souci de créer des personnages épisodiques, un même mode d'expression, où la langue arrive souvent à acquérir une artistique magnificence, un même amour pour les thèmes romanesques à base populaire, et, surtout, pour les façons de dire du peuple, fraîches et rapides». Que si M. Andrés González-Blanco a cru devoir aller jusqu'à affirmer encore que Blasco et Zola manifestent, «après un certain temps de pratique littéraire, une même confusion relativement au roman social», c'est qu'au moment où il rédigeait la centaine de pages qu'il a dédiées à Blasco dans son imposant volume, il se trouvait sous l'impression directe de ces romans de la seconde époque, dont j'ai relevé plus haut le jugement d'influences que portait sur eux le prêtre D. Julio Cejador et dont le scandale était alors très vif en Espagne. Mais, déjà, M. Andrés González-Blanco ne se dissimulait pas qu'entre Zola et Blasco Ibáñez, il existait de considérables différences, et de tempérament et d'origine. Blasco, notait-il, «est plus méridional et, par suite, plus emphatique, souvent; il possède aussi plus d'imagination; il ne se croit point obligé de recourir si fréquemment au «document humain» et à l'expérimentation; il est plus véhément; il ne travaille pas à froid; il raisonne moins son art et jamais il ne s'est adonné à la critique systématique...» Et tout ceci, certes, était parfaitement exact.

Après de tels témoignages espagnols, il ne sera pas superflu de produire deux attestations françaises contemporaines sur cet épineux débat des rapports de Blasco avec Zola. L'une émane de feu Laurent Tailhade et a été publiée en 1918, au premier fascicule de la première année d'*Hispania*. L'autre provient de M. Edmond Jaloux et se trouve dans l'article que celui-ci écrivit pour la *Revue de Paris* du 1er Août 1919 sous le simple titre: *Lectures Etrangères*. Laurent Tailhade, dont la longue conférence sur Blasco à l'*Odéon* est restée dans la mémoire des quelques lettrés que la guerre n'avait pas dispersés loin de Paris, s'exprime en ces termes à la page 16 de cet article, composé, disait-il, dans l'intention de présenter l'auteur espagnol «non pas au public français qui le chérit et l'adore, mais à la jeune clientèle d'une *Revue* où la France et l'Espagne, grâce à un contact plus fréquent, apprendront à se mieux connaître, partant à s'aimer davantage»,—*Revue* qui, jusqu'ici, a bien tenu sa promesse. «On a comparé souvent Blasco Ibáñez à Zola. Rien de plus faux. Certes, Blasco Ibáñez, comme Zola, se plaît à l'étude sincère du peuple, des milieux primitifs où le vice, la pauvreté, l'ignorance jettent leurs racines vénéneuses et font épanouir d'inquiétantes fleurs. L'assommoir, le bouge, la rue inquiète et le faubourg souffrant, les repaires du crime et les refuges de la misère, le geste du chiffonnier, du vagabond, de l'ivrogne et de l'assassin émeuvent profondément leur curiosité d'artiste. Mais là s'arrête la ressemblance. Car Zola, préoccupé d'un socialisme enfantin et d'un parti-pris scientifique dont les prémisses manquent un peu de clarté, ne laisse pas d'être gêné par quelques-uns de ces parti-pris. En effet, il se prétend observateur exact, mais ne regarde les objets qu'avec un verre grossissant. Il voit démesuré. C'est un poète, non un peintre minutieux de l'existence quotidienne. L'homme d'esprit qui a dit de *Pot-Bouille*: «C'est de l'Henri Monnier à la manière noire», s'est borné, en ceci, à faire un bon mot. Car Zola n'a rien de la touche minutieuse qui caractérise l'inventeur de *Joseph Prudhomme*. Ses personnages ont des muscles d'acier, des appétits géants. Même, après Nana, ils deviennent, ou peu s'en faut, des entités philosophiques, les porte-paroles de l'auteur, dans une action qui perd, à chaque livre nouveau, de l'importance, pour aboutir à l'immobilité des *Quatre Evangiles*. Ici, le poète abdique et le romancier, dorénavant, se fait législateur. Dans ce débordement de poésie allégorique, où chercher le «naturalisme», l'étude «scientifique», la vérité? Blasco Ibáñez nous apparaît à la fois moins dogmatique et plus sincère... Un parallèle serait aisé entre *La Terre*— enterrement du père Fouan, avec l'épisode final de Jésus-Christ—et *La Barraca*—funérailles du petit enfant, paré comme pour une fête. Ainsi, l'on pourrait opposer les deux maîtres, dans leur style comme dans l'invention et l'ordonnance de leurs ouvrages principaux. Blasco Ibáñez n'a pas la touche grasse, la manière abondante, le faire large et sanguin de Zola. Mais il évite les répétitions, les longueurs, les retours sans fin des *leit-motive*, les redites, que la verve seule de Zola rend supportables, mais qui, toutefois, alourdissent les meilleurs de ses romans. Blasco Ibáñez est plus discret, plus nerveux. Il ne se prodigue pas. Il sait choisir, se borner. Comparés aux formidables élucubrations de Zola, *Boue et Roseaux*, *Arènes Sanglantes*, *Sous les Orangers*, semblent à peine de fortes nouvelles. Le don supérieur de Zola, c'est de créer, de mettre en mouvement la Foule. Walter Scott, dans les *Puritains*, les *Chroniques de la Canongate*, *Anne de Geirstein* et *Quentin Durward*, est peut-être l'unique romancier que l'on puisse égaler, sur ce point, à l'auteur de *Germinal* et de *Lourdes*. En revanche, l'Espagnol est plus varié et plus nuancé. Il se guinde plus facilement à la compréhension des idées générales, des milieux raffinés. Zola n'a pas une «grande dame» comparable en dévergondage, en cynisme patricien, en impudente luxure, à la Doña Sol d'*Arènes Sanglantes*...»

A son tour, M. Edmond Jaloux, qui semble avoir ignoré ce curieux témoignage du pauvre Tailhade, et, naturellement, aussi, le vieil article de M.

J. Ernest-Charles dans la *Revue Bleue*,—des *«clichés»* duquel j'ai déjà eu l'occasion de parler: «Nous associons sans effort le nom de Blasco Ibáñez au nom d'Emile Zola... Ses livres, où tout prend, comme dans ceux de Zola, un caractère épique, sont déprimants comme les siens. Si Blasco Ibáñez a la même poésie, il a aussi la même aptitude aux peintures naturalistes, etc., etc...»,—à son tour, disais-je, M. Edmond Jaloux, romancier de talent, constate, entre l'œuvre de Zola et celle de Blasco, des analogies, mais aussi de profondes divergences. «Tous deux traitent le roman comme une vaste symphonie—Blasco Ibáñez raffole de la musique et en parle avec ravissement et lucidité, dans bien des pages de son œuvre—, avec des thèmes principaux qui se poursuivent, reviennent, donnent l'atmosphère du livre, sa couleur. Tous deux, nés réalistes, ont évolué vers ces grands symboles simples qui font d'un être rencontré au hasard une sorte de figure mythologique, d'un groupement quelconque—élémentaire ou humain—une puissance mystérieuse et géante. Tous deux répugnent aux personnages trop raffinés de mœurs ou d'esprit et adorent, au contraire, les êtres simples, rudes, violents. J'ajoute que Blasco Ibáñez, né sur une terre heureuse, a une connaissance de l'instinct supérieure à celle de Zola. Et d'abord, parce qu'il montre une gamme d'instincts plus riche, plus variée que l'auteur de *Nana*, aux yeux de qui il n'en existait guère que deux ou trois. Et ensuite, parce que ceux qu'il met en lumière sont libres et pleins et donnent du prix à la vie. Zola, naturellement pessimiste, a essayé d'être optimiste. Blasco Ibáñez a peut-être essayé d'être pessimiste, et ses romans finissent généralement mal. Mais toute son œuvre contient une joie tranquille, un bonheur profond d'exister, une force puissante qui font qu'on oublie la malchance des héros, les injustices de la vie et les lamentations de beaucoup d'entre eux, pour se repaître l'esprit de ces fresques brutales et sensuelles, où l'homme travaille, peine et lutte, mais où on le sent pleinement satisfait d'atteindre son but et d'obtenir—volupté, argent, terre ou renom—ce qu'il demande à ce monde. Les héros de Blasco Ibáñez, quels que soient leurs tourments, sont tous un peu pareils à cet Ulysse Ferragut de *Mare Nostrum*, audacieux aventurier, mais qui oublie tout dès qu'il est heureux... La qualité maîtresse de Blasco Ibáñez, c'est son œil. Il a un œil qui voit tout, qui distingue chaque chose, l'isole d'abord, puis la replace dans son ensemble. Aussi n'y a-t-il pas un être dont il ne fixe aussitôt l'image unique. Il sait en quoi un matelot, un prêtre, un pêcheur diffèrent des autres matelots, des autres prêtres, ou pêcheurs. Et il semble, vraiment, que ses livres, à l'origine, au lieu d'être de lentes germinations de son cerveau, soient des grappes de visions agglutinées les unes aux autres autour de visions centrales originelles...»

Pour résumer en une phrase toute la portée de cette querelle touchant l'influenciation de Blasco par Zola, je risquerai l'hypothèse que le réalisme étant une qualité essentielle de la littérature espagnole, il n'était pas besoin de Zola pour en apprendre, rebaptisée «naturalisme», la pratique à l'Espagne;

j'ajouterai que, d'autre part, la matière populaire en tant que thème de roman est à la base de la *Novela picaresca*, si spécifiquement espagnole, et j'insinuerai qu'enfin, à l'époque où Blasco commença d'écrire, l'influence naturaliste flottait, comme on dit, dans l'air, un peu partout, en Europe. Laissons donc une dispute oiseuse pour relater quelques anecdotes qui illustrent la façon dont Blasco composa ses livres et dont certaines sont, aussi bien, déjà connues. Nul n'ignore en Espagne que, pour la préparation de *Flor de Mayo*, il s'embarqua à plusieurs reprises sur les bateaux de la pêche dite *del bòu*[113], participant à la rude existence des gens de mer méditerranéens et qu'il entreprit même, sur une barque de contrebandiers, un voyage en Algérie pour juger *de visu* de la façon dont on pouvait, en réalisant de gros bénéfices, approvisionner de tabac l'Espagne en dépit, ou avec l'assentiment, payé, des employés de douane. Pour *La Barraca*, nous savons grâce à une interview de Blasco prise par un rédacteur de *La Esfera*, lors du courageux voyage de propagande en Espagne durant la guerre, et insérée par ce journaliste—D. José María Carretero, alias: *El Caballero Audaz*—au t. II de son recueil: «*Lo que sé por mí*»[114], comment l'idée en vint à Blasco: «Mon roman *La Barraca* a son histoire. Quand j'étais caché dans l'arrière-boutique d'un débitant de vins du port, attendant l'occasion de fuir en Italie et avec la perspective d'être fusillé, je m'amusai à écrire sur quelques feuillets un conte que j'intitulai: *Venganza Morisca*[115]. Je pus m'enfuir en Italie et c'est au retour de ce voyage que je fus condamné au bagne. Plusieurs années s'écoulèrent et voici qu'un beau jour le coreligionnaire qui était patron du débit, m'apporte les papiers que j'avais oubliés chez lui. Ce fut en les relisant que je compris que je pourrais en tirer un roman. En peu de temps, j'eus monté *La Barraca*, premier livre qui me rendit célèbre, en Espagne et à l'étranger...» Oui, mais ce que M. Carretero a oublié de dire, c'est que, pour «monter *La Barraca*», Blasco, député aux *Cortes*, connut, dans la *Huerta* valencienne, l'existence de ses électeurs ruraux en la vivant lui-même et que la peinture de cette farouche vengeance populaire, qui maintient incultes les champs du *tío Barret*, comme si une malédiction s'était appesantie sur eux, n'est qu'un ressouvenir d'un acte de vendetta analogue, auquel il avait assisté naguère, dans sa prime jeunesse. Quant à *Cañas y Barro*, l'auteur, avant de l'écrire, réalisa en compagnie d'un connaisseur de la grande lagune valencienne, à travers l'Albuféra, cette succession aventureuse de pêches, de chasses et d'errances qu'il a si bien décrite et où les représentants de l'autorité royale tentèrent, plus d'une fois, de mettre terme par la violence à ses exploits de héros à la Fenimore Cooper, de *Dernier des Mohicans* opérant à quelques kilomètres de cette cité de luxe et de plaisirs qu'est Valence. Ainsi en ira-t-il pour tous les romans successifs de Blasco jusqu'à cette *Horda*, où, afin de mieux décrire les mœurs des braconniers ravageant les chasses de *El Pardo*, propriété réservée de la Couronne, il n'hésita pas à entreprendre en leur compagnie une expédition nocturne avec ces chiens spéciaux que la présence du gibier laisse silencieux, pour ne pas attirer sur leurs maîtres l'attention des gardes de Sa Majesté. Cette excursion eût pu mal tourner. Blasco avait sauté les murs d'enceinte de ce parc à la forêt d'yeuses caractéristique et vaqué en conscience à sa tâche de «chasseur furtif». Peu de temps après son aventure, un de ses compagnons fut abattu à coups de fusil et un autre fut blessé grièvement. Le hasard seul voulut que les braconniers ne

DANS LES FOURRÉS DE LA COLONIE «NUEVA VALENCIA»

LES GÉANTS DE LA FORÊT A «NUEVA VALENCIA»

fussent pas surpris la nuit où le député républicain de Valence s'était adjoint à eux. D'autre part, je tiens d'un ami de Luis Morote que, pour cette même *Horda*, Blasco se familiarisa avec la vie des gitanes madrilènes, toujours aussi curieuse qu'à l'époque où Cervantes écrivait sa *Gitanilla de Madrid*, dont Alexandre Hardy tira, en 1615, sa *Belle Egyptienne* et Hugo son Esmeralda. La composition de *Sangre y Arena* le mêla un moment à la vie des toreros, dont il n'est cependant que médiocre admirateur. Il accompagna souvent un matador célèbre, assista à maintes *corridas de muerte* en spectateur privilégié, et, des coulisses de l'arène—j'entends de ces lieux où le commun du public n'a pas accès, spécialement les *corrales* de la *plaza*—put étudier à l'aise la menue cuisine de la «fête nationale» espagnole. Un jour où sa curiosité l'avait fait s'approcher de trop près de l'une des rosses que la corne acérée d'un Miura venait de transpercer, les ruades furieuses de cette triste victime à l'agonie lui causèrent une blessure qui faillit devenir mortelle. La composition de *Los Muertos Mandan* fut cause, d'autre part, qu'il cinglât, en un frêle esquif à voile, aux rivages d'Ibiza, la plus grande des Pityuses—nom antique actuellement hors d'usage en Espagne—et, une tempête comme celle qu'il a décrite dans *Flor de Mayo* au retour de l'expédition d'Alger l'ayant surpris, qu'il se vît contraint à chercher un refuge désespéré dans un îlot désert, où il demeura un jour entier à l'abandon, trempé jusqu'aux os et privé de toute nourriture. Mais cette soigneuse préparation matérielle se combine chez Blasco Ibáñez avec un procédé d'écriture impressionniste ou, mieux, «intuitiviste». J'ai déjà dit qu'il portait dans sa tête, durant des années, un livre, mais que, lorsqu'il s'était, sous la pression tyrannique de l'idée enfin mûre, décidé à l'écrire, rien, absolument rien, ne pouvait l'arrêter dans cette besogne. Si le début, les premiers chapitres, lui coûtent encore des hésitations, des haltes, des repos, à peine a-t-il atteint le milieu de l'œuvre, que le dénouement paraît exercer sur sa vision mentale une fascination mystérieuse et qu'absorbé par son sujet, il semble vivre dans un état de somnambulisme, se refusant à quitter sa demeure et s'étant à peine levé de sa table de travail, qu'une force irrésistible l'y rive de nouveau. Il est resté ainsi cloué à la tâche jusqu'à seize heures consécutives, sans autre trêve que celle requise pour une alimentation sommaire, qui consiste principalement dans l'absorption de café brûlant. Pour achever *Cañas y Barro*, il m'a avoué avoir écrit 34 heures avec les seules interruptions que je viens d'indiquer, puis être tombé malade, sa phrase finale à peine tracée. Certains de ses romans ont été rédigés en si peu de temps, que le lecteur se demande si l'indication des mois employés à ce travail, dont ils sont munis à la dernière page, n'est pas erronée. Je sais qu'au contraire elle pèche par excès. Blasco ayant coutume, souvent, d'allonger ces mentions de temps à seule fin de ne pas encourir le reproche—que des critiques trop strictement grammairiens lui ont parfois adressé—d'une écriture un peu hâtive. Cependant, il n'est que trop certain que Blasco Ibáñez, en violentant une loi de sa nature, n'écrirait pas mieux et que si, au lieu de cette rédaction de premier jet, il balançait ses périodes conformément aux principes des auteurs de traités de style—principes qui, d'ailleurs, n'apprennent guère qu'une chose: à savoir que ce n'est pas aux grands écrivains que l'on doit aller demander des leçons d'écrire—, le lecteur n'aurait qu'à y perdre. Quand Blasco affirme: «*Lo que no veo en el primer momento, ya no lo veo despúes*»[116], cette maxime pourrait tout aussi exactement être transposée en cette autre: «*Lo que no escribo en el primer momento, ya no lo escribo despúes*»[117]. Toutefois, entre la rapidité d'écriture primesautière d'antan et la méthode mûrie et réfléchie d'aujourd'hui, s'est interposé, en Blasco Ibáñez, le résultat d'une évolution où la pratique du métier s'allie aux expériences de la vie. S'il écrivit, lors de sa première époque, le plus grand nombre de ses œuvres en deux mois; si, même, certaines ne lui ont demandé que 45 jours de rédaction; si, dominé par cette impatience nerveuse propre à tous les artistes, il lui est arrivé d'envoyer des manuscrits à l'imprimerie sans même les avoir relus, corrigeant sur épreuves les plus gros de ces lapsus qui échappent fatalement à toute première rédaction, il importe de ne jamais oublier un point capital, déjà indiqué lorsqu'il fut question d'*Oriente*, et qui est qu'une telle méthode explique les nombreuses incorrections de l'œuvre imprimée de Blasco, lesquelles, simples errata typographiques, eussent disparu dès la mise en page, si l'auteur ne continuait à ne lire que la première épreuve de ses livres, laissant aux protes de Valence le soin d'en surveiller les réimpressions. Je l'ai entendu souvent répéter qu'il faudrait, quelque jour, qu'il se décidât à procéder enfin à une édition complète—qui, jusqu'ici n'existe qu'en langue russe[118] et qui serait aussi l'édition «définitive» de ses *œuvres*—pour laquelle, naturellement, il aurait à revoir, du point de vue de ces corrections de style, plus spécialement les romans de sa jeunesse. Ce vœu est jusqu'ici resté platonique, par suite, sans doute, de l'agitation d'une vie sans cesse en mouvement. Maintenant que Blasco Ibáñez semble avoir enfin trouvé le calme des *templa serena*, osera-t-on espérer que cette nécessaire entreprise ne tardera plus à être réalisée et que nous pourrons saluer, prochainement, en un beau monument typographique, l'ensemble de la production du Maître?

Il faut, avant de clore ce chapitre, consigner encore quelques légères observations sur la manière actuelle de composer observée par Blasco Ibáñez. J'ai suffisamment marqué son grand souci de la documentation directe. Toutefois, il est curieux de constater qu'il ne prend jamais aucunes notes, d'aucune sorte. Son système consiste à tout confier à sa mémoire, ou, si l'on préfère, à tout oublier, de ce qu'il a vu. Son tempérament tumultueux et ardent s'oppose à la méticulosité mécanique d'une préparation d'écrivain de cabinet. Sûr de ses facultés, il s'est à peine assis à son secrétaire, que le voile qui semblait couvrir le passé se lève, qu'un monde enseveli renaît à la vie, comme si ce sommeil apparent n'eût servi qu'à en rajeunir la vision. D'abord, il ne conçoit son roman, ainsi qu'il aime à s'exprimer, *qu'en bloc*, c'est-à-dire qu'il n'en saisit avec netteté que le nœud de l'action et le jeu de ses principaux protagonistes. Les épisodes, les mille péripéties secondaires qui confèrent à la fable les reliefs et le contour du réel, ne surgissent dans son esprit qu'à mesure que sa plume fiévreuse court sur le papier et que son âme enthousiaste s'abandonne à cette ivresse étrange que je ne saurais comparer qu'à celle des grands mystiques, dans leurs visions ultraterrestres. Même la division par chapitres—ce que l'on pourrait qualifier d'architecture de l'œuvre—, il l'abandonne à l'inspiration du moment, à cet instinct de génie qui, chez lui, se substitue, si avantageusement, à la méthode à froid d'autres collègues, moins doués. Il compose avec une rapidité surprenante, jetant sa pensée telle qu'elle lui vient, sans préoccupation de style, sans souci académique des proportions. Le livre ainsi construit équivaut à une masse inorganique, ressemble à un monceau de protoplasma, a l'aspect d'une forêt touffue. Impitoyablement, Blasco y taille et y tranche, supprimant, raccourcissant, soudant, condensant, un peu partout. Et l'œuvre qui en eût eu 800, se trouve réduite à 350 pages, où rien ne dénote au lecteur conquis l'effort du métier, où tout lui semble couler de source, sans recherche apparente ni de pensées ni de phrases.

Blasco Ibáñez, romancier avant tout, professe sur le style des idées originales et, en tout cas, bien personnelles. «L'on confond trop souvent, m'a-t-il déclaré, l'écrivain et le romancier. Il est de grands écrivains qui, selon que je l'expliquai au R. P. Cejador, auraient beau s'obstiner à vouloir composer un roman viable. Il est, par contre, d'excellents romanciers, dont l'écriture s'avère pour le moins médiocre et laissera toujours à désirer. Pourquoi? C'est que le roman requiert un style adéquat et qu'on n'écrit pas un roman comme on compose une chronique de journal, ou un récit de voyage. Dans quantité de productions littéraires, l'attrait du style constitue le premier des dons. Pour le roman, la seule qualité qui importe, c'est celle en vertu de laquelle le lecteur oublie qu'il a devant les yeux une histoire inventée par un monsieur et croit véritablement, pendant quelques heures, assister au spectacle d'une action qui se déroule sous ses yeux, dont il voit s'agiter les figurants de façon que, sa lecture achevée, il lui semblera s'éveiller d'un rêve, ou revenir de quelque autre monde. Que si vous interrompez ce charme par le simple accident d'un vocable rare, d'un savant artifice de style, c'en est fait du miracle et il ne se renouvellera désormais que difficilement. C'est une erreur de penser que le plus bel éloge que puissent adresser à un romancier ses lecteurs, consiste à s'écrier, au beau milieu de leur lecture: «*Mon Dieu, que cet auteur écrit donc bien!*» Je ne veux pas dire par là qu'il faille que ces mêmes lecteurs s'arrêtent pour constater des incorrections de style de leur romancier. Dans l'un et l'autre cas, la magie du récit est également interrompue. Mon unique secret consiste à me faire oublier, en tant qu'intermédiaire entre mes lecteurs et la fable de mon livre. Mais le style, pour opérer un tel prodige, doit varier en proportion même où varie l'action du roman. Il est clair, d'ailleurs, que ce n'est là qu'un facteur secondaire, subordonné à d'autres qualités, infiniment supérieures, et dont la possession assure au romancier le succès. J'apprécie donc fort le style, que je relègue, sur l'échelle des valeurs professionnelles, au troisième ou au quatrième rang. En somme, voulez-vous mon dernier mot sur la question? Le romancier doit songer avant tout à la simplicité et à la clarté. Ces dons lui sont indispensables, s'il veut agir sur le public moyen, qui constitue la meilleure clientèle et assure le véritable triomphe d'un roman. Or, la simplicité et la clarté s'accommodent parfaitement d'un style correct et même de ce qu'on est convenu d'appeler un «beau style...»—Au fond, Blasco Ibáñez étant lu comme personne n'a, de toute la génération de romanciers qu'a connue le XIXème siècle espagnol, été lu, les jugements contradictoires de certains critiques sur son style, il est en droit de n'y attacher qu'une importance secondaire. Son style, ce n'est, à mon avis, ni celui du naturalisme—consignant, avec une stérile application, des gestes insignifiants—, ni celui du psychologisme, ce naturalisme appliqué à l'âme et qui enregistre patiemment les faits les plus menus de la vie mentale. Blasco s'est gardé de tomber dans le piège que tendaient à son essor novateur ces deux systèmes, confondant l'art, qui est une synthèse, avec la science, qui procède par analyse, et ses romans ne furent jamais des monographies écrites en style d'inventaire. Il a su éviter aussi le défaut des symbolistes, dont l'imagination se diluait en songes brumeux et qui, dénués du sentiment des contours précis, n'ont pas réussi à posséder de style. Son style, à lui, qui consiste essentiellement dans l'idéalisation harmonieuse de la réalité, s'il lui arrive de s'orner d'un réel déploiement d'éloquence, c'est lorsqu'il atteint aux sommets du grand art, et je crois qu'aucun de ses lecteurs ne me contredira, si je remarque que c'est, chez lui, accident fréquent.

A nul grand écrivain moderne mieux qu'à Blasco Ibáñez ne s'applique donc, en Espagne, la définition d'un érudit universitaire bordelais, feu Paul Stapfer, dans son curieux livre: *Des Réputations Littéraires*[119]: «Qu'est-ce que le style? Je le définis: l'expression naturelle d'une personnalité forte dans une écriture originale, quelquefois travaillée, mais le plus souvent libre du besoin anxieux de la perfection exemplaire.»

X

Etat de la littérature à Valence avant Blasco Ibáñez.—Importance des *Contes* de ce dernier pour l'appréciation de ses romans valenciens: *Arroz y Tartana, Flor de Mayo, La Barraca, Entre Naranjos, Sónnica la Cortesana, Cañas y Barro.*

Quel était l'état de la littérature à Valence, lorsque Blasco Ibáñez commença d'écrire ses romans valenciens? A la différence de la Catalogne, dont l'idiome ne diffère pas essentiellement de celui qui se parle dans la cité du Turia et qui est devenu langue littéraire, Valence n'avait connu, aux premiers temps du romantisme, qu'une renaissance en castillan. Sa vieille langue, qu'Ausias March et Jaume Roig avaient si bien maniée, dont Cervantes admirait la molle suavité, à laquelle s'attache encore quelque chose des couleurs et des parfums de la *Huerta*, sa vieille langue y était tombée à l'indignité d'une sorte d'argot et les efforts de V. Boix, de T. Villarroya, de Pascual Pérez pour la revivifier étaient demeurés sans résultats sensibles, lorsque, en 1878, le relieur Llombart fonda la société littéraire d'amis de Valence qu'il baptisa du nom, pittoresque et local, de *Rat-Penat*. Mais les collaborateurs de son *Almanac* furent surtout des Catalans ou des Majorquins et cette institution resta sans influence sur le peuple. Le valencianisme ne repose pas, en effet, comme le catalanisme, sur l'énergique affirmation d'une personnalité ethnique et morale et l'idiome valencien, par suite, ne saurait, comme le catalan, assumer la dignité de langue nationale, imposée par une élite d'écrivains à tous les usages de la vie civique. Des deux plus grands poètes qu'a comptés Valence dans la seconde moitié du siècle dernier: Vicente Wenceslao Querol (1837-1889) et Teodoro Llorente (1836-1911), le premier est surtout connu comme auteur de *Rimas* (1877) en castillan et agencées sur le patron classique, tandis que le second, sorte de sous-Mistral dont l'érudition ne s'est jamais mise à cet exact niveau où l'artiste communie avec l'âme populaire, a partagé le meilleur de sa carrière d'écrivain entre le culte de la muse castillane et la poétisation, en vers valenciens: *Llibret de vèrsos* (1884-85) et *Nòu llibret de vèrsos* (1902), de motifs de vie locale interprétés selon les normes bourgeoises. Et quand, en 1907, un autre écrivain bilingue, Eduardo L. Chavarri, publiera ses *Cuentos lírics,*—22 contes en valencien, avec une fantaisie sur le wagnériste et autant d'illustrations à la plume—, En Santiago Rusiñol aura soin d'observer, au *prologue,* qu'à Valence «*ahon no més s'ha escrit en vèrs, ò en broma, ò p'el teatre, posarse a escriure en pròsa seria es una gran rebelió...*»[120]. Et D. Teodoro Llorente lui-même déclarera, dans le n° de Novembre 1907 de *Cultura Española,* p. 1.011, à propos de ce livre: «Hélas! le valencien que l'on parle aujourd'hui, surtout dans la capitale, est le détritus (*sic*) d'une langue qui a cessé d'être cultivée, impropre à la production littéraire, même dans les genres les plus simples et les plus familiers...!» Blasco n'avait donc pas à hésiter, quoi qu'en ait prétendu M. Jean Amade en 1907 dans ses *Etudes de Littérature Méridionale*[121], sur le choix de la langue de ses premiers essais: le castillan seul était pour lui de mise, s'il voulait connaître autre chose que la petite gloire d'un petit cercle d'amateurs. Quant aux thèmes mêmes de ses narrations, en les choisissant dans sa province, il ne risquait pas de s'entendre objecter par la critique de son pays l'étroitesse de ce cadre local, puisque, depuis sa renaissance avec Fernán Caballero et Trueba, la *novela de costumbres provinciales* était demeurée l'une des formes les plus cultivées du roman espagnol, où les noms de P.-A. de Alarcón, de Juan Valera, de Mme Pardo Bazán, de Pereda, de Palacio Valdés, de Salvador Rueda, de Picón, de Leopoldo Alas, d'Arturo Reyes, de Picavea, de Polo y Peirolón, sans parler des Catalans, rappellent à l'hispanologue le souvenir d'œuvres d'intérêt local, toutes, sous des aspects divers, fort curieuses. Mais aucun des écrivains précités n'avait abordé le domaine valencien et si les auteurs de *Sainetes* et autres compositions du théâtre populaire en valencien,—tel, par exemple, Eduardo Escalante, mort en 1895 et qui semble avoir été le descendant levantin du madrilène Ramón de la Cruz,—avaient déjà esquissé quelques-uns des types qui passeront dans les romans de Blasco, l'on peut bien dire qu'en somme, avant lui, le domaine à exploiter était resté à peu près vierge et qu'il y avait à entreprendre, pour cette admirable région méditerranéenne, l'étude pittoresque et pénétrante des lieux et des êtres, la peinture des choses en même temps que la psychologie du peuple que, pour d'autres régions de l'Espagne, d'autres avaient déjà entreprise.

L'on ne saurait, d'autre part, aborder l'examen des romans valenciens de Blasco sans jeter un coup d'œil rapide sur ses contes, croquis d'après nature, esquisses de détail, dont la date exacte est assez difficile à fixer, mais dont plusieurs ont, de toute évidence, été repris dans la suite pour les ouvrages de longue haleine qui vont être analysés. M. Ernest Mérimée remarquait un peu cavalièrement, lors de son article de 1903 dans le *Bulletin Hispanique*, que «de *dulzainero Dimòni*, qui promène infatigablement sa clarinette et son ivresse de Cullera à Murviedro, a fourni la matière de l'un des meilleurs contes. Nous le retrouverons dans *Cañas y Barro*, et peut-être encore a-t-il servi à poser la bizarre figure de l'ivrogne mystique *Sangonera*, dans le même roman. Nous reverrons de même Nelet, le petit ramasseur de fumier, le *femateret*, dans *Arroz y Tartana*. Il y a bien d'autres croquis de *payeses*[122], de *guapos*[123], de *churros*[124], ou de pêcheurs du Cabañal, que l'auteur n'a eu qu'à sortir de ses cartons (*sic*) pour les mettre à la place qui les attendait. Comme il sied à un artiste conscient des tâches futures, il n'a rien dédaigné, il n'a rien laissé perdre. Une légende, une tradition populaire, une farce de rapin, une plaisanterie de village, un conte de pêcheur traînant dans le sable de Nazaret (*sic*), tout lui est bon, et il en tirera d'aimables petits tableaux de genre...» Cela est d'une psychologie trop rudimentaire, en vérité.

Si l'on en croyait une indication qui figure à la page de garde de tous les romans de Blasco, ces contes auraient été traduits en français: *Contes Espagnols, par G. Ménétrier, Paris.* C'est là une erreur, du moins jusqu'à ce jour. Le traducteur—qui a, malheureusement, fort abrégé cette œuvre—de *Entre Naranjos,* M. F. Ménétrier, professeur au lycée de Nantes, a, à ma connaissance, publié les traductions françaises de 17 contes: 5 dans le *Gaulois du Dimanche* de Juillet 1906 à Avril 1907, 1 dans le *Journal des Débats* en Janvier 1907, 4 dans *Le Matin* en 1906 et 1908, 1 dans la *Revue Hebdomadaire* en Juillet 1907, 1 dans le *Journal* en Avril 1909, 1 dans le *Supplément Littéraire* du Figaro en Octobre 1907, 1 dans les *Mille Nouvelles Nouvelles* de Mars 1910 et 3, enfin, dans la *Semaine Littéraire* de Genève. Un autre professeur, alors au lycée Ampère à Lyon, M. F. Vézinet, a, de son côté, publié en 1906 dans une Revue qui paraissait alors en cette ville, la *Revue du Sud-Est,* la version élégante et nerveuse de trois autres contes de Blasco, dont l'un: *La Tombe d'Ali-Bellus,* inséré dans le n° du 1er Mai 1906, a été redonné dans le *Supplément Littéraire* du *Figaro* du samedi 23 Juin 1906, comme traduction originale de M. Marcel Abel-Hermant. Quand le public français aura sous les yeux la traduction complète des *Contes* de Blasco Ibáñez,—que le maître va enrichir très prochainement d'un troisième recueil, intitulé: *El préstamo de la difunta*—il jugera en connaissance de cause de leur originale et peut-être unique valeur et se convaincra que leur auteur ne pourrait être comparé—car en Espagne, Mme Pardo Bazán, si bonne conteuse soit-elle, est infiniment moins naturelle que Blasco et sa langue reste trop artificielle pour pouvoir rivaliser avec celle, merveilleusement simple et plastique, du romancier valencien—qu'au seul Maupassant, mais à un Maupassant qui serait allé à l'école de Gorki et d'Andréjew. Il y a là toute une galerie de personnages saisis sur le vif, inoubliables, de types de paysans de la *Huerta* attachés à leur glèbe: le père Tòfol qui tue au travail sa misérable fille adoptive, la *Borda,* et Sènto, le pacifique, qui fait coup double sur l'Alcalde et son alguazil, et les bandits comme Quico Bolsón «*el roder*» et les «*matones*», les terribles bravaches, tels Visentico et le *Menut,* et les marins: le vieux loup de mer, Llovet qui, tout usé qu'il est, se porte au secours d'une barque en détresse, et Juanillo, et Antoñico, et les pauvres diables: *Dimòni* et sa compagne l'ivrognesse, et cette autre figure inoubliable: le parasite du train, et tous et chacun de ces héros de narrations savamment composées, sans longueurs, descriptives juste ce qu'il faut pour fixer le milieu, d'un style net, expressif, d'un style de voyant. Blasco, en vérité, était né conteur. Il l'était si essentiellement que quelques-uns de ses romans pourraient être ramenés à des contes ou à des nouvelles, allongés à l'aide d'autres contes qui y sont rattachés. Ce genre de roman à tiroir est surtout manifeste dans *Los Muertos Mandan,* d'où, parmi l'amoncellement des descriptions, des digressions historiques et géographiques, l'on pourrait extraire une admirable nouvelle: *Ibiza et le festeig,* chef-d'œuvre d'une centaine de pages, cependant qu'en vertu du même procédé, il serait loisible d'extraire de *Sangre y Arena* l'épisode du bandit *Plumitas, novela picaresca* de la meilleure tradition cervantine, et ainsi pour d'autres romans. D'ailleurs, il ne sera pas, sans doute, inutile d'observer que Mme Carmen de Burgos—bien connue en Espagne sous le pseudonyme de *Colombine*—a opéré, pour deux des romans de Blasco, cette sommaire réduction, qu'elle a publiée dans la collection madrilène de *La Novela Corta* (n°s 130 et 139, 29 Juin et 30 Août 1918), nous donnant ainsi *Arroz y Tartana* et *La Horda* en un curieux raccourci.

Dans les œuvres de jeunesse de Blasco, il est aisé de relever des incorrections de style et une verve exubérante et indisciplinée. Mais quels charmes, en revanche, ont et auront toujours les pages où, artiste fascinateur, il a su évoquer la grâce souriante de cette *Huerta* extraordinairement féconde, la pureté classique de ses lignes, la finesse de sa race naturellement élégante, les chantantes inflexions de sa langue *més dolsa que la mèl*[125], la mollesse ionienne de son paysage unique, dont la courbe harmonieuse s'étend du cap San Antonio au rocher de Sagonte, et les drames que déroulent à travers cette verdoyante émeraude, enchâssée entre la mer bleue et les sierras brunes, les passions d'un sang aux hérédités orientales, toujours prêtes à revivre dans l'amour ou dans la haine! Zamacois a bien rendu, en quelques lignes, cette étonnante faculté que possède Blasco de reconstituer les réalités avec la puissance et la précision de la vie. «Sa complexion, écrit-il, le porte à ressentir avec une intensité extraordinaire l'amour de la Nature. Quoique écrivant en prose, c'est un vrai et très haut poète de ce qui vit, un amoureux fervent de la terre, tel ces prêtres des vieux cultes qui saluaient à genoux, par des hurlements, le lever du soleil. Maître d'une palette opulente, il se sert à son gré des couleurs... Sous son incantation, les moindres recoins de la plaine de Valence s'animent, s'éveillent, étincellent de tout l'embrasement lumineux du midi... La poésie, énergique à la fois et paresseuse, de cette terre-sultane nous pénètre et finit par dominer notre esprit...»

Dans *Arroz y Tartana*, la première de cette série et qui est restée jusqu'ici sans traducteur en notre langue, l'influence de Zola est contrebalancée par celle de Balzac et l'œuvre ne saurait, aussi bien, être appréciée à sa valeur exacte que par qui connaît Valence et ses mœurs, celles, surtout, de sa bourgeoisie. Le titre, à lui seul, est déjà bien valencien, évoquant cette vieille *copla* que chantait Manuel Fora, l'ex-fabricant de soie, père de l'héroïne du livre et qui est citée à la page 103:

Arròs y tartana,
casaca á la mòda,
y ¡ròde la bola
á la valensiana![126]

Elle signifie ce qu'en français nous entendons exprimer lorsque nous parlons de «*jeter de la poudre aux yeux des gens*», soit donc de les éblouir par des discours, des manières, un luxe non basés sur la réalité. La tartane est, d'autre part, un véhicule à deux roues d'usage ancien à Valence et dont la désignation, empruntée aux barques méditerranéennes à voiles triangulaires dites: *voiles latines*, indique assez le peu de confortable de ce mode de transport. Mais posséder une tartane pour ne point aller à pied, n'en était pas moins suprême luxe, dût-on, pour en jouir, se contenter de manger du riz dans le secret de la maison... L'intrigue d'*Arroz y Tartana* est des plus simples. Doña Manuela, fille du Manuel Fora que j'ai dit et mariée à un excellent homme d'Aragon qui, à force de labeur, s'est mis à la tête d'un magasin de draps à l'enseigne des *Trois Roses*, cède, devenue riche, sa boutique à son premier commis, Antonio Cuadros, et réalise son rêve ancien de vie bourgeoise, où elle dilapide l'héritage paternel et fait mourir son mari de désespoir. Puis elle se remarie avec un ami d'enfance, le médecin Rafaël Pajares, viveur qui lui donne trois enfants et achève, avant de crever de débauches, de l'appauvrir. Sa vie, désormais, ne sera qu'une suite d'expédients, jusqu'à ce qu'elle tombe entre les bras d'Antonio Cuadros, qui, enrichi à la Bourse, en fera sa maîtresse. Mais un crac survient. L'ami généreux d'antan s'enfuit. Doña Manuela, abandonnée de tous, ayant causé, par sa mauvaise conduite, la mort du fils qu'elle avait eu du premier lit, le brave Juan Peña, peut enfin apprécier dans toute la plénitude de sa signification, matérielle et morale, le vocable: «ruine», avec lequel elle a joué si longtemps. Le livre se clôt sur le dramatique suicide, plus que mort naturelle, du fondateur des *Trois Roses*, le vieil Aragonais D. Eugenio García, que ses parents avaient naguère abandonné sur la place du marché, devant l'église des Santos Juanes et qui, ruiné lui aussi, s'y effondre de désespoir: «d'abord ses genoux ployèrent et il apparut agenouillé en ce lieu où, soixante-dix ans plus tôt, son père l'avait laissé; puis il tomba foudroyé sur le trottoir». Cette «histoire naturelle et sociale» d'un groupe de la bourgeoisie valencienne est l'une des études les plus solides et les plus consciencieusement travaillées de Blasco Ibáñez. L'œuvre en est au 40ème mille. Elle montera rapidement, lorsque l'on se sera convaincu que ces pages curieuses, éclatantes et très loyalement documentées, constituent un témoignage précieux en même temps qu'un tableau unique dans toute la littérature régionaliste espagnole, où l'évolution économique et morale de la classe moyenne à Valence peu avant cette rénovation fondamentale que marque, pour l'Espagne, la date fatidique de 1898, apparaît admirablement fixée. Combien plus méritoire est le livre, de ce point de vue, que telles œuvres à prétentions analogues de Pérez Galdós: par exemple, pour Madrid, *Fortuna y Jacinta*, et pour Tolède, *Angel Guerra*!

Flor de Mayo est du Sorolla transposé en caractères d'imprimerie. C'est le plus beau roman qui, avant *Mare Nostrum*, ait été écrit sur la Méditerranée. Que l'on y réfléchisse un instant. Notre littérature était riche en merveilleuses descriptions de l'Océan, depuis les *Travailleurs de la Mer* jusqu'à *Pêcheur d'Islande*. Mais qu'avions-nous sur la Méditerranée? Qu'est-ce que *Jean d'Agrève*—qui est de 1897—, à côté de ces marines bariolées comme un mât de cocagne, salées comme les embruns, sobres et hautes en couleurs, peintes comme on peinturlure le bois sculpté, à l'emporte-pièce, des proues de navire? Mais si le cadre est du Sorolla, les acteurs de ce drame en pleine mer latine ne semblent-ils pas échappés à la palette de Zuloaga, du Zuloaga de *La Famille du Torero*, peintre grandiose auquel l'art espagnol aura été redevable d'un regain de belles réussites dans lesquelles Velasquez se combine avec Goya? Oui, les touches de Blasco, dans ces 239 pages de 1895 que M. G. Hérelle n'a adaptées qu'en 1905—sans même une *note* sur le sens du titre espagnol[127], ou la date originale de publication de l'œuvre—valent, comme l'écrira M. Ritter, «une de ces larges et sommaires coulées du pinceau synthétique qui a campé sur de si fières toiles les danseuses et les gitanes de son pays». Dans ce drame, où le ressouvenir du *Ventre de Paris* apparaît, fugitif, à la description de la *Halle aux poissons* de Valence, le lecteur français attendait le dénouement de Prosper Mérimée dans *Carmen*. Blasco eut le bon goût de nous éviter une réédition du coup de poignard de D. José. Si son tableau de la tempête, avec la rentrée éperdue des barques, a pu rappeler celui de la *galerna* qui constitue le morceau de bravoure du roman de Pereda: *Sotileza*, combien fade apparaît, par contre, le douceâtre spiritualisme du romancier santandérin en présence de ce pessimisme vigoureux et bien observé, dont la saveur laisse dans l'âme une impression physique aussi amère et excitante que celle d'un virginia sur le cerveau d'un fumeur! C'est un roman de pêcheurs du Cabañal. Tona s'était mariée à Pascualo, tombé à la mer par une nuit de bourrasque. D'abord mendiante pour élever ses deux fils, Pascual et Tonet, elle n'a pas tardé à se tirer de misère en transformant en bar la vieille barque de son mari naufragé. C'est là que poussent Pascual, un gros garçon docile et travailleur que l'on surnommera, à cause de son air «de séminariste bien nourri», le *Retor*—le *Recteur*—et son frère Tonet, vagabond et coureur de jupes. Mariés, l'un avec Dolores, l'autre avec Rosario, deux types adverses de vendeuses de poissons valenciennes, Tonet s'acoquine avec sa belle-sœur, naguère sa fiancée, et le brave *Retor*, qui va méthodiquement à une belle aisance par tous les moyens honnêtes, y compris celui de la contrebande, ne s'aperçoit de son infortune conjugale que tout juste à temps pour jeter à la mer le frère perfide et périr lui-même dans la tempête où disparaît également celui qu'il croyait son fils, Pascualet, et qui lui était finalement apparu comme le fruit des amours de sa femme avec Tonet. On trouve, dans ce court roman, des esquisses inoubliables de commères et de compères levantins: la *tía Picores*, sorte de lionne de la halle aux poissons; le *tío Paella*, père de Dolores; le *siñor Martines*, douanier andalous qui s'entend à tromper les femmes tout en vivant à leurs dépens; la petite Roseta, blasée avant l'âge, en gamine errante des bords de l'eau. Et quelle eau-forte que celle de ce café de *Carabina*, où l'on décide, sur les conseils de Mariano *el Callao*, l'expédition de contrebande à Alger! «Dans le récit de cette expédition, dit justement Zamacois, Blasco Ibáñez se surpasse et se bonifie, en quelque sorte, lui-même. La blancheur de la plage sablonneuse qui réverbère les rayons solaires, la quiétude des barques étendues le long du rivage dans un laisser-aller presque intelligent, comme si elles eussent eu conscience de leur repos, la verte sérénité de la mer, figée dans l'ardeur de midi, le silence, l'énorme silence qui remplit l'espace azuré, et, parfois, dans les fonds d'horizon lumineux, l'éclair blanc de quelque voile, semblable à la poitrine d'une mouette: tableau étonnant qui pourrait être signé Sorolla.»

Entre *Flor de Mayo* et *La Barraca* il y a: *En el País del Arte* et il y a aussi l'intermède du bagne de San Gregorio, où Blasco,—«*caballero preso por escribir cosas en los papeles*»[128], comme dira le *Magdalena* du conte: *Un Hallazgo*[129],—connut l'aristocratie des galériens: les *presos de sangre*[130] y dédaignant les simples *ladrones*[131] et put étudier à l'aise «cette masse de chair d'hommes en perpétuelle ébullition de haine». Blasco, cependant, demeurait—écrivain rebelle, mi-artiste, mi-agitateur politique—comme perdu dans sa capitale de province et le public des autres provinces espagnoles ignorait presque son nom. Quant à la critique, toujours identique à elle-même, si elle s'épuisait au service des «réputations consacrées», elle persistait à maintenir la conspiration du silence sur ce «nouveau», qui était venu bouleverser tous les critères reçus dans les bureaux de rédactions bien pensantes de la capitale de la *meseta central*. L'un de ces critiques madrilènes, M. E. Gómez de Baquero, écrivant dans *Cultura Española* de Novembre 1908 une étude d'ensemble: *Las novelas de Blasco Ibáñez*[132], avait encore soin d'observer que ce n'avait été que peu à peu, «*poco á poco*», que son renom littéraire s'était superposé à celui «de l'agitateur politique et du publiciste *révolutionnaire*» (*sic*) et que «d'auréole de l'écrivain» avait «éclipsé» celle, «plus inférieure, du tribun populaire ou *démagogique*» (*sic!*) Et celui qui était alors Chef de Publicité à l'*Instituto Nacional de Previsión*, de s'étendre complaisamment sur ce qu'il qualifiait d'humanitarisme démocratique, qui considère avec indulgence les faiblesses et les vices des humbles et réserve aux classes supérieures, aux puissants et aux heureux, les sévérités de la critique..., ajoutant que les idées de Blasco Ibáñez, comme celles de «ceux que l'on a coutume d'appeler vulgairement *gens d'idées avancées*», étaient définies «principalement par leur aspect négatif». Cette conspiration du silence, *La Barraca* l'avait brisée, lors de sa publication au rez-de-chaussée de cette retentissante tribune qu'était alors *El Liberal* de Madrid, puis en volume chez Fernando Fe en cette ville, en 1899. Ecrite d'Octobre à Décembre 1898 dans le hall tapageur du *Pueblo*, au milieu des troubles—manifestations contre la guerre de Cuba—de Valence, cette œuvre, comme l'a déjà remarqué Ritter, restera donc assez peu considérée par «des Espagnols lettrés et mondains», jusqu'à ce que la consécration mondiale due à la version d'Hérelle les eut forcés, en 1901, de s'avouer vaincus. Elle continuait dignement l'entreprise commencée avec les deux précédentes: de peindre sous ses divers aspects—citadin, maritime, champêtre de la *Huerta* et champêtre de l'*Albufera*—la vie de la région de Valence. Son action est d'une simplicité épique, puisqu'elle se borne aux péripéties d'un cas de boycottage populaire. Par un accord tacite des habitants de la *Huerta*, personne ne veut cultiver les champs où l'avarice d'un propriétaire cruel, l'usurier Don Salvador, a laissé une suite de misères et contraint son fermier, le *tío Barret*, à l'assassiner. S'il arrive qu'un intrus, soit ignorance, soit misère, entreprenne de labourer ces «terres maudites», on l'avertit et, au besoin, on le contraint de les abandonner. Mais voici venir Batiste, homme résolu, tenace, infatigable, qui osera faire front à la sourde conspiration de ses voisins. Victime d'injustices, il tient tête aux provocateurs et finit par s'imposer aux faux braves qui le menacent. Il allait recueillir le fruit de son travail, lorsqu'un redoublement de haines a raison de ses efforts. Son fils, que les gamins ont plongé dans une naville, meurt des fièvres contractées à la suite de ce bain forcé. Son cheval, qui est son meilleur ami, est frappé traîtreusement. Sa *barraca*—cette chaumière valencienne chantée en vers aimables par Llorente et dont l'effigie caractéristique, par Povo, orne la couverture du roman—est incendiée. Sur les ruines de son effort détruit stupidement, s'érige, tragique, la figure du lutteur, qui a tenté de défier cette chose implacable que d'aucuns dénomment destin et qui, de son vrai nom, s'appelle la méchanceté des hommes. «*La Barraca*, disait M. Gómez de Baquero, passe avec justice pour l'un des meilleurs romans de Blasco Ibáñez. Elle est courte. Son action est fort simple et se déroule avec une clarté, une logique qui ne laissent rien à désirer. Les personnages ont le relief des êtres vivants et le drame est si naturel, il est présenté de façon si objective et impartiale et avec tant d'artistique vigueur, qu'il nous émeut profondément.» J'ajouterai que ce livre, par sa position catégorique des problèmes sociaux, jusqu'alors évitée avec une ténacité touchante par les grandes vedettes du roman espagnol, fait date doublement. «Livre admirable, dira Zamacois, son auteur l'a vu comme il fallait, d'un coup d'œil, et l'a écrit avec une véhémence, une limpidité de style inimitables. Toute l'âme arabe, sauvage et patiente, des gens de la *Huerta*, palpite ici... Dans l'histoire du roman espagnol contemporain, ce livre restera comme un modèle définitif de notre littérature régionale.» Et un critique aussi méticuleux et difficile que l'ex-professeur d'espagnol à Paris, M. Peseux-Richard, se voyait contraint de confesser, dans la *Revue Hispanique* de 1902[133], à propos de ce roman auquel il reprochait le manque de «rigueur de plan» et d'«art de la composition», qu'«il y a quelque chose de plus fort que toutes les règles et de plus efficace que tous les préceptes didactiques: c'est la puissance d'émotion communicative qui donne à M. Blasco Ibáñez une place à part entre tous ses contemporains.» M. Peseux-Richard eût acquiescé, sans doute, aussi à un constat d'ordre peu grammatical, certes, à savoir: que cette puissance d'émotion de Blasco Ibáñez découlait de l'âme même de l'écrivain, selon une anecdote autobiographique que j'emprunte encore à Zamacois: «*La Barraca* a été écrite d'un trait et dans un état d'hyperesthésie qui ne faisait que croître et s'exaspérer à mesure qu'approchait le dénouement. Les deux derniers chapitres, plus spécialement, le jetèrent dans un état de déséquilibre mental. Il eut des hallucinations. La nuit où il acheva l'œuvre, il avait travaillé jusqu'à l'aube. Seul dans la pièce, il leva la tête au moment où, sur la dernière feuille, il traçait le point final. Devant lui, *Pimentó*, le *guapo* fainéant, terreur de la *Huerta*, était assis. L'impression fut si violente, que Blasco jeta la

BLASCO IBÁÑEZ EN COMPAGNIE DE QUATRE MÉTIS— DONT QUELQUES-UNS PORTENT L'ÉPÉE CROISÉE À LA CEINTURE, EN SOUVENIR DE L'ÉPOQUE DES CONQUISTADORS—DANS SA COLONIE «NUEVA VALENCIA»

LA FORÊT VIERGE À «NUEVA VALENCIA»

plume et, reculant comme s'il craignait une attaque par derrière, s'en fut à sa chambre à coucher. L'ombre tragique du bandit tué par Batiste restait immobile, les coudes appuyés sur la table de l'écrivain, près de la lampe, parmi le silence du grand hall obscur.»

Entre Naranjos est un roman d'amour que les femmes ont toujours favorisé de leur prédilection. Aujourd'hui encore, en Espagne et en Amérique, Blasco est, pour beaucoup de lectrices féminines, l'auteur de *Entre Naranjos*, qui a dépassé le 50ème mille. J'ai connu de délicieuses jeunes filles, à Madrid, qui avaient fait leur livre de chevet de ce roman terriblement amoral et voluptueux, dont j'ai déjà dit que la traduction française est trop incomplète pour en donner une juste idée. Ce qui le sauve, peut-être, aux yeux des mamans, même les plus dévotes, c'est son ambiance «poétique». On sait, d'ailleurs, que Blasco traite les choses de l'amour avec cette manière rapide et chaste qui est le propre des grands maîtres. «Blasco Ibáñez, dit le prêtre Cejador, est de ces artistes qui ennoblissent tout ce qu'ils touchent, parce qu'il est de ceux qui, par nature, sont des maîtres et de virils artistes.» *Clarín* a parlé naguère du «tempérament sanguin» de Blasco et Andrés

González-Blanco, qui cite le critique d'Oviedo, n'a pas laissé de remarquer opportunément, p. 577 de son livre, que «*sus novelas son castas, sobrias como la Naturaleza*»[134]. Même au milieu des descriptions voluptueuses d'*Entre Naranjos*, le renoncement foncier de Blasco transparaît, qui est celui que formulait Moréas dans la stance, si belle:

Ne dites pas: «la vie est un joyeux festin»!
Ou c'est d'un esprit sot, ou c'est d'une âme basse...

Voici la fable du livre, où, comme je l'ai déjà noté, on a voulu voir une influence diffuse de D'Annunzio. Un jeune homme d'Alcira, petite cité dont les blanches maisons semblent flotter sur le vert océan des champs d'orangers et des palmeraies qui l'entourent, Rafael Brull, fils d'un *cacique*—ce hobereau bourgeois de variété spécifiquement espagnole—tombe, à la suite d'une rencontre de hasard, éperdument amoureux d'une chanteuse d'opéra, fille d'un médecin du lieu, Leonora Moreno, dont les aventures galantes de par le vaste monde ne se comptent plus. Quand, après une longue résistance aux assauts passionnés de Rafael, la belle Walkyrie—car c'est une spécialiste des rôles de Wagner—s'est enfin donnée et lorsque, pour échapper aux potins malveillants de ses concitoyens jaloux et aux persécutions que font subir au jeune Brull sa mère et un factotum, Don Andrés, type de vieux sigisbée croqué de main de maître, l'on a décidé de fuir à Naples—le couple s'est, avant cette fugue, passagèrement installé dans un hôtel de Valence—Rafael, sermonné par Don Andrés, qui a vite découvert le refuge des deux tourtereaux, cède aux objurgations du familial Tartufe, et, esclave du qu'en dira-t-on, abandonne lâchement sa maîtresse pour s'en revenir à Alcira, où il poursuit sans remords sa carrière de député «*con distrito propio*»[135] et d'influent propriétaire terrien, marié à une femme laide et riche qu'il n'aime pas et père d'une famille procréée sans enthousiasme. Mais un jour—huit ans se sont écoulés depuis son couard abandon de Leonora—qu'il a prononcé à la Chambre, à Madrid, un discours particulièrement enthousiaste, en faveur des prérogatives de l'Eglise et du budget des cultes, réfutant la thèse d'un vénérable député républicain où il me semble que Blasco ait voulu réincarner son ancien maître Pi y Margall, une dame, qui a eu la patience de l'entendre jusqu'au bout de cette interminable autant qu'insincère harangue, se révèle, à la sortie du palais des Représentants, comme n'étant autre que Leonora, de passage à Madrid pour Lisbonne, où elle va chanter Wagner au San Carlos. Vainement Rafael, dont la flamme s'est allumée de nouveau, plus violente que naguère, essaie-t-il d'attendrir celle qu'il a regretté, si souvent, d'avoir quittée. Il s'entend dire par cette femme altière de rudes vérités, puis la voit disparaître, fantôme symbolique de l'amour, à jamais. Désormais, il ne sera plus,—pour n'avoir pas su garder Eros au moment où celui-ci s'offrait,— qu'un mort vivant, promenant son cadavre à travers la comédie sociale des milieux bourgeois d'Espagne, car «*el amor no pasa más que una vez en la vida*»[136].

Zamacois, qui a reçu de Blasco plus d'une confession, a rapporté tout au long l'aventure vécue par l'auteur et par lui mise à la base de *Entre Naranjos*, ainsi que je l'ai insinué, moi-même, plus haut: «Il est dans ce roman une partie autobiographique fort intéressante. Blasco Ibáñez avait connu, dans un de ses voyages, certaine artiste russe, contralto d'opéra, femme extraordinaire, belle, forte et sadique comme une Walkyrie, qui parcourait le monde en compagnie d'une pauvre soubrette, qu'elle flagellait cruellement dans ses accès de mauvaise humeur. Il eut avec elle des amours de cauchemar, véhémentes et brèves. L'artiste, avec sa haute taille et ses biceps d'acier, était une vraie Amazone, jalouse et agressive, de celles dont leurs amants doivent se défendre à coups de poing. Instinctivement, son tempérament rebelle se refusait à se donner et chaque possession demandait une scène atavique de lutte et de résistance, où les baisers ne servaient qu'à étancher le sang des horions...» C'est de cette aventure que Blasco a tiré un livre exquis, dont le dénouement rappelle le geste mélancolique de ces mouchoirs brodés et parfumés qu'une main amie de femme agite, mouillés de larmes, à l'instant des départs suprêmes, des adieux qu'on pleure plus que l'on ne profère, de loin—livre exquis, je le répète, parce que fleurant, lui aussi, la tragédie, la grande tragédie non sanglante des jeunes illusions perdues.

Sónnica la Cortesana a prêté à un étrange malentendu de la part des critiques. En sa qualité de reconstitution historique, se détachant, à ce titre, du cadre des précédentes œuvres, on n'a rien trouvé de mieux que de la traiter isolément, et personne jusqu'ici ne semble s'être aperçu qu'elle continuait la série des romans valenciens. M. Gómez de Baquero y voit «une œuvre singulière et une exception dans la galerie des romans de Blasco Ibáñez»; Zamacois écrit qu'elle «constitue, dans la technique de Vicente Blasco Ibáñez, un geste à part»; Andrés González-Blanco s'en désintéresse, ou à peu près, et cela, sous l'étrange prétexte du *græcum est, non legitur* médiéval et, encore, parce qu'il s'imagina que l'auteur manquait d'éducation classique et, par suite, ne pouvait baser sa composition que sur de «*bien débiles puntales*»[137]. D'autre part, il est amusant de constater que ces mêmes critiques qui se refusent d'examiner *Sónnica la Cortesana*, justifient leur paresse spirituelle par un renvoi à la *Salammbô* de Flaubert. «J'imagine, écrivait déjà M. Ernest Mérimée en 1903, qu'il fut... sollicité à ce tour de force, d'abord par l'exemple de Gustave Flaubert, qui en a réalisé un semblable dans *Salammbô*, etc.» Et, un peu plus loin, il définissait Blasco: «Un disciple de Flaubert, qui s'applique à l'imiter de son mieux.» Du moins, l'ex-professeur de Toulouse reconnaissait-il que l'auteur s'était «sérieusement documenté» et avait étudié «en conscience les anciens et les modernes, de Tite-Live et Strabon jusqu'à Hübner et Chabret». Et ceci ne laisse pas d'appeler quelques rectifications. D'abord, une nécessaire remarque sur l'étroitesse des horizons comparatifs d'exégètes qui ne trouvent à citer que *Salammbô*, là où—depuis le célèbre roman de 1834: *The last days of Pompeii*, où Bulwer Lytton marquait la voie à tant d'épigones, jusqu'aux évocations égyptiennes de Georg-Moritz Ebers, dont *Eine ægyptische Kœnigstochter* compte, depuis 1864, plus de 15 éditions et *Uarda*, qui est de 1877, a été tant de fois traduite, jusqu'à la *Thaïs* d'Anatole France, au *Quo Vadis?* de Sienkiewicz et à l'*Aphrodite* de Pierre Louÿs,—il faudrait un volume pour consigner la bibliographie complète du roman archéologique. Ensuite, une autre observation sur le surprenant oubli—de la part d'érudits de formation classique—de la plus précieuse des sources antiques sur la guerre que soutint Sagonte avec Hannibal. J'ai nommé Silius Italicus et son poème latin sur les *Guerres Puniques*. Mais il faut croire que cet oubli est ancien, puisque, dès Septembre 1836, E.-F. Corpet définissait le poète comme étant «de moins lu, le moins étudié, le moins connu» de tous ceux de la décadence[138]. Il eût suffi de *lire*, non de *citer* le travail du médecin de Sagonte, D. Antonio Chabret: *Sagunto, su historia y sus monumentos*[139], pour y trouver, dès la p. 6 du t. I, un renvoi à Silius Italicus, «que nous devons, avec raison, considérer comme l'Homère de la cité invincible». D'autre part, l'historien français Hennebert avait fort bien exposé, dans son *Histoire d'Hannibal*[140], les particularités du siège de Sagonte lors de la IIème Guerre Punique et quelques détails techniques de ce siège étaient, au surplus, mis en lumière par le philologue Raimund Oehler en 1891, au t. 37, p. 421-428, des *Jahrbuecher fuer classische Philologie*[141], comblant ainsi une regrettable lacune des successifs éditeurs et commentateurs de Tite-Live. Blasco Ibáñez m'a avoué, lorsque je le priai de me dire comment il s'était préparé à écrire *Sónnica*, s'être remis au latin uniquement pour lire Silius Italicus dans le texte, sachant qu'il y trouverait, aux deux premiers livres des *Puniques*, une excellente description de l'origine, de la situation et des vicissitudes de Sagonte— appelée jusqu'en 1877 Murviedro par les Espagnols—lors de sa prise par Hannibal, dans l'automne de l'année 219 avant Jésus-Christ. Qu'il se soit enquis aussi de ce qu'en disaient Polybe, III, 17, et Florus, II, 6, je crois bien en être sûr. Mais enfin, l'on voit qu'il ne procéda nullement à la légère dans cette tentative de reconstitution du drame où succomba l'antique *Arsesacen* des Ibères et s'il l'entreprit, ce fut, je le répète, pour compléter ses peintures de la vie valencienne par le tableau d'un des épisodes les plus glorieux du passé de l'antique Province Tarraconaise: entreprise, on le voit, en parfaite conformité avec son programme régionaliste d'alors. Voici, d'ailleurs, ses propres paroles: «J'obéissais au désir de faire quelque chose d'épique et de grandiose sur ma terre natale. Lorsque parut *Sónnica*, le roman antique était assez de mode. Mais la véritable cause de la composition de cette œuvre, c'est celle que je viens de dire. *Sónnica* a été traduite en anglais par Frances Douglas, en portugais par Riveiro de Carvalho et Moraes Rosa, en allemand par Leydhecker et, naturellement, en russe. En France, c'est à peine si on l'a connue par son titre et par quelques lignes insignifiantes de critiques qui ne semblent pas même l'avoir lue jusqu'au bout. J'en suis venu moi-même à l'oublier. Retenez, cependant, que je ne l'ai écrite que par «valencianisme» et parce que, chaque fois que je contemplais les ruines de Sagonte, je sentais renaître en moi ce désir de reconstitution littéraire.» L'action du roman,—dont la beauté plastique est extraordinaire et qui, n'en déplaise à M. Fitzmaurice-Kelly, lequel, en 1911, avait découvert, dans un article sur la *Littérature Espagnole* au t. XXV de *The Enciclopædia Britannica*, que Blasco Ibáñez «manquait de goût et de jugement»[142], est tout autre chose qu'un livre «trop hâtivement improvisé»—est la suivante. A Sagonte vit une courtisane d'Athènes, Sónnica, qui est venue s'y établir à la suite de son mariage avec un trafiquant de ce grand emporium méditerranéen et que son veuvage a mise à la tête d'une immense fortune. Un Grec, Actéon, errant par le monde, finit par échouer à Sagonte, où il devient le favori de Sónnica. C'est pendant que se déroule cette passion qu'Hannibal, déguisé en berger d'Ibérie, explore la cité et y trace les plans du siège qu'il projette. Reconnu par Actéon, dont le père a été au service des Carthaginois et y est mort, le futur vainqueur de Cannes lui propose de le prendre à son service et lui dévoile ses ambitieux projets. L'offre est rejetée par amour pour Sónnica. Et le siège commence. C'est ici que Blasco a fait le plus méritoire effort de reconstitution antique. Si, dans l'ouvrage de Chabret, un chapitre entier, traduit de l'étude publiée par Hübner, en 1867-68, dans le *Hermes*, est dédié à l'emploi des béliers au siège de Sagonte—il manque une semblable étude sur celui de la catapulte, dont l'exemplaire retrouvé aux ruines d'Ampurias eût, s'il eût été exhumé alors, certainement fourni la base[143]—Blasco sait, par de simples touches, évoquer infiniment mieux que l'archéologue berlinois la vision des assauts furieux où les hordes

BLASCO VISITANT, EN 1914, LES PREMIÈRES TRANCHÉES
DU FRONT EST

AU QUARTIER GÉNÉRAL DE FRANCHET D'ESPEREY,
LORSQUE L'ACTUEL MARÉCHAL DE FRANCE
COMMANDAIT LA 3ème ARMÉE, EN 1914

numides, les sauvages tribus ibériques et jusqu'aux amazones africaines se ruent à l'assaut de ces murs cyclopéens dont l'énormité nous remplit toujours de stupeur et que dominait la gigantesque masse de l'Acropole avec ses temples d'Aphrodite et d'Héraclès, cependant qu'au pied du *clivus*[144] sacré s'érigeait l'effigie fatidique du serpent divin qui tua le héros éponyme, Zacinthos, compagnon d'Hercule. Et quelle fresque inoubliable que celle où l'on voit Théron, le gigantesque prêtre d'Hercule, succomber dans son duel effroyable avec Hannibal! Et quel délicieux tableautin, digne de Théocrite, que celui des amours siciliennes d'Erocion, le jeune potier, avec Ranto, la chevrière, dont l'idylle finit si tragiquement! Mais les jours de Sagonte sont comptés. Malgré l'ambassade d'Actéon à Rome,—prétexte pour Blasco d'une évocation de la cité républicaine, où l'on voit le vieux Caton admonester virilement le futur vainqueur d'Hannibal à Zama, Publius-Cornelius Scipion—la fière Sagonte où, de tous les points de la Méditerranée, depuis les colonnes d'Hercule jusqu'aux rivages d'Asie, affluaient les marchandises cosmopolites, doit s'avouer vaincue. Mais, plutôt que de se rendre, elle préfère périr dans les flammes, corps et biens, et cet incendie final sert d'apothéose à la fatale figure d'Hannibal. Sónnica, fille de la cité de Minerve, où les femmes, vraies déesses, consolaient de leur splendide nudité la nostalgie des hommes, disparaît dans la tourmente et Actéon, son amant, n'a même pas la consolation suprême de mourir embrassé à sa dépouille chérie. Tel est ce livre de 369 pages, dont le 50ᵉ mille est dépassé et où Blasco a su trouver le frisson épique en retraçant, pour ses compatriotes, les péripéties d'un drame dont tressaillit le monde antique et qui, aujourd'hui encore, est pour l'Espagne motif de légitime orgueil, au même titre que le drame de Numance.

Cañas y Barro, publié en Novembre 1902, a été mis en notre langue en 1905 par le traducteur de *Misericordia*, de Pérez Galdós (1900), Maurice Bixio, Président du Conseil d'Administration de la Compagnie Générale des Voitures parisiennes et qui, né en 1836, est mort cette même année 1905. Sa traduction, du moins, n'est pas une «belle infidèle»[145] et permet au lecteur français d'apprécier le bien fondé de la prédilection ressentie pour cette œuvre par Blasco Ibáñez, qui m'a avoué un jour que la «tragédie sur le lac» avait pour lui l'attrait qu'éprouve un père pour celui de ses fils dont le type, physique et moral, se rapproche davantage du sien propre. «*Es la obra*, m'a-t-il dit, *que tiene para mí un recuerdo más grato, la que compuse con más solidez, la que me parece más «redonda»...*»[146]. Il est assez difficile d'en exposer la fable, parce que celle-ci implique plusieurs actions différentes, également intéressantes et qui se développent simultanément, toutes d'un réalisme psychologique merveilleux et présentent cette particularité curieuse que le premier chapitre met déjà en scène chacun des divers personnages. C'est une sorte de miroir où se reflètent les histoires de plusieurs familles dont l'existence se déroule parallèle, une plaque sensible où se gravent toutes les rudimentaires palpitations d'âme d'un coin pittoresque d'humanité espagnole. *Cañas y Barro* relate la vie des gens de l'Albuféra, dont Napoléon avait fait le fief du conquérant de Valence, héros d'Austerlitz et d'Iéna, le maréchal Suchet. Feu Mariano de Cavia, cet Aragonais qui exerça si longtemps à Madrid le magistère de la critique journalistique, déclarait que le livre lui donnait la fièvre et le pénétrait d'une impression physique d'angoisse. «La vapeur perfide et énervante de la grande lagune, écrivait-il[147], nous trouble et nous abat et nous serions atteints par les cas de paludisme moral et social que nous présente le romancier, si les fleurs maladives qu'il fait surgir du grand marais des volontés mortes et des appétits malsains ne disparaissaient dans un dénouement horrible et effrayant...» En somme, on pourrait résumer le livre en disant qu'un vieux pêcheur, le *tío Paloma*, voit son fils, Tòni, dévier de la tradition familiale et—tel Batiste dans *La Barraca*—s'adonner en dépit de tous à la culture des terres, aidé par une pauvre fille, timide, farouche et laide, qu'il est allé chercher aux Enfants trouvés, la *Borda*. Mais Tòni a un fils, Tonet, qui, amoureux naguère d'une certaine Neleta, a, au retour de la campagne de Cuba, retrouvé cette femme, mariée à un cabaretier, ancien contrebandier, du nom de *Cañamèl*, type inoubliable de Sancho levantin, dont le cocuage est le moindre souci. *Cañamèl* mort, Neleta, enceinte de Tonet, mais dans l'impossibilité de se remarier, en vertu d'une clause testamentaire du défunt, doit à tout prix faire disparaître le produit de ses illégitimes amours et ce sera le père lui-même qui, dans sa barque, ira noyer l'innocent fruit de son adultère, pour, victime du remords, se tuer ensuite dans ces mêmes roseaux où des chasseurs ont découvert le corps de l'enfant, rongé par les sangsues du lac. Adultère, infanticide et suicide, c'est moins la description de ces tares sociales qui opère sur l'âme du lecteur que l'habilité avec laquelle sont peints les caractères et la netteté de tableaux où, tout en s'interdisant les répugnantes précisions de la littérature physiologiste, Blasco Ibáñez obtient une intensité d'émotion rarement atteinte dans ses romans antérieurs. «Malgré, dit M. Ernest Mérimée, une partie descriptive encore abondante, l'action marche rapidement, l'intérêt croît de scène en scène; l'auteur laisse parler ou agir ses personnages; il est sobre de réflexions philosophiques, exquises quand elles sortent de la plume d'un Valera, mais qui risquent le plus souvent de faire dévier ou languir l'action... La netteté du trait fondamental, la vérité du costume, la propriété du langage, volontiers émaillé de locutions populaires—voire d'expressions valenciennes pleines de saveur—, le retour intentionnel de tel ou tel détail typique, par-dessus tout la connaissance directe et familière des mœurs, des habitudes, de la coloration spéciale que prend la pensée en traversant les cerveaux de là-bas: tout cela explique que quelques-uns de ses types, d'ailleurs sortis du peuple, soient déjà devenus populaires.» Empruntons, une fois encore, un savoureux détail à Zamacois. Blasco Ibáñez venait à peine de sortir de l'Albuféra où, pour l'étudier de plus près, il avait passé une dizaine de jours à pêcher, dormant à la belle étoile au fond d'une barque, qu'il se mit à écrire son roman, sans savoir comment il le terminerait. L'automne commençait. Maintes nuits, d'une fenêtre de sa propriété de la Malvarrosa[148], il contemplait la mer—tranquille, murmurante, argentée par la lune—tout en chantonnant la marche funèbre de Siegfried. Cependant, il ne laissait pas de méditer sur le chapitre final de son livre. Soudain, il le vit. «L'émotion fut si forte que ses yeux la ressentirent presque. Ce qui la lui avait suggérée, c'était le souvenir du cadavre du héros wagnérien, étendu sur le bouclier et que portaient les guerriers... Et pourquoi n'en eût-il pas été ainsi, conformément aux explications du romancier? Il importe de ne jamais oublier, avec Blasco—plus accessible qu'aucun artiste aux surprises de l'impression—, que l'«*art est instinct*»...»

XI

Les romans «espagnols».—I° Romans de lutte: *La Catedral, El Intruso, La Bodega, La Horda.*—II° Romans d'analyse: *La Maja Desnuda, Sangre y Arena, Los Muertos Mandan, Luna Benamor.*

Dans tous les romans examinés jusqu'ici, il est une idée qui apparaît dominante, aussi bien à travers cette idylle d'amour qu'est *Entre Naranjos* qu'au cours des péripéties du siège de Sagonte. Et cette idée, c'est celle de l'universelle nécessité de la lutte pour la conquête de l'argent. Mais le cadre où se déroule l'âpre bataille humaine—que ce soit la *«casita azul»*[149] de Leonora, ou la tragique *«barraca»* de Tòni, la plage, si proche de celle de la Malvarrosa, du Cabañal, ou les fourrés millénaires de l'Albuféra—, est si enchanteur, qu'on en oublie l'horreur du drame auquel il sert de fond et que, malgré les prédications éloquentes de l'auteur contre l'égoïsme des classes possédantes espagnoles, le lecteur étranger de Blasco Ibáñez, comme si le subjuguait l'ivresse divine d'une Nature toujours victorieuse, éprouve, en définitive, une émotion presque sereine au spectacle de ce *struggle for life* au grand soleil, en pleine joie méridionale de vivre. Non, il ne saurait y avoir de douleurs profondes dans ce paradis terrestre où les arbres ploient éternellement sous le faix de fruits savoureux, où les récoltes, en dépit de l'alternance des saisons, se succèdent comme jaillissant d'Edens inépuisables, où la magnificence d'un simple coucher de soleil suffit à consoler l'homme de ses chagrins par la vertu souveraine d'une terre triomphatrice. Sans doute, Blasco Ibáñez comprit-il qu'un renouvellement du champ d'action de ses récits, en rajeunissant sa verve et en fécondant son inspiration, aurait aussi pour conséquence d'agir plus efficacement sur l'âme du public et que le seul fait de transporter la scène de ses romans en d'autres contrées de l'Espagne, où la terre est plus pauvre et a été répartie avec une injustice plus criante, conférerait à ceux-ci cette force de persuasion dont manquaient, pour les raisons susdites, les œuvres de sa première période. Ainsi semble-t-il avoir été amené à composer la double série de ses romans «espagnols», que je crois devoir diviser en romans «de lutte» et en romans «d'analyse». M. Eduardo Zamacois a dit des premiers que c'étaient des livres de rébellion et de combat avant tout, des véhicules efficaces de propagande révolutionnaire, des armes puissantes, élégantes, soigneusement trempées, de démolition et de protestation où réapparaissait l'ancien esprit belliqueux de Blasco, où l'homme politique égalait l'artiste en rivalisant avec lui, et où l'un et l'autre, par une intime collaboration, avaient réussi à composer «une œuvre belle et bonne dont l'utilité s'associait au charme, en une heureuse union». M. Gómez de Baquero donnait, de son côté, la note bourgeoise dans son article de *Cultura Española*, en reconnaissant que c'étaient «des livres de combat, non de pure contemplation ou de reconstitution esthétique et que, plus encore que la passion et la partialité qui les animaient, ce qui leur nuisait, c'était une profusion de considérants historiques et d'enquêtes sociales introduites par l'auteur sous le couvert de ses protagonistes et constituant un lest fort lourd pour des romans». Qu'au surplus l'esprit de Zola, du Zola des *Trois Villes* et des *Quatre Evangiles*, réapparaisse dans ces romans d'action sociale, c'est ce qu'il serait malaisé de vouloir nier. Blasco, comme Zola, a cru, dans ses quatre romans «de lutte», lui aussi à la «mission» du romancier, à sa «fonction sociale» et, se souvenant, sans doute, que Mme Pardo Bazán elle-même, avait, dans *La Cuestión Palpitante*, reproché à Pereda de s'être confiné à peindre des toiles toujours semblables, a voulu, en quittant Valence et sa *Huerta*, montrer qu'il était capable, telle la vie, de se renouveler sans aucunement s'épuiser. Quelqu'un pourrait-il objecter que Pereda, bien que prisonnier de sa «*Montaña*» santandérine, avait su faire—ainsi que l'observera un ami, Menéndez y Pelayo, au *prologue* de *Los Hombres de pro*—du roman social, c'est-à-dire discuter ces problèmes dont l'intérêt est commun à tous les hommes et présenter un essai de solution de ces grandes questions à travers l'artifice d'un récit romanesque? Mais, de quelques spécieux sophismes que l'on enveloppe un même reproche, il n'est que trop manifeste qu'au fond de toutes les critiques dirigées à Blasco pour avoir abandonné son domaine réservé de Valence et des choses valenciennes et abordé le roman social espagnol, ce n'est point l'art qui est en cause, mais le dépit de mentalités timides, qu'inquiètent ces prédications, adressées, non point à des lecteurs sceptiques, pour qui le jeu des idées n'est que simple artifice, mais à la grande foule espagnole, afin de la galvaniser et de la pousser à cette action salutaire d'où jaillira, quelque jour, une Espagne nouvelle. Et il n'est pas jusqu'à M. Jean Amade, actuellement maître de conférences, quoique non docteur ès lettres, à l'Université de Montpellier et l'un des plus zélés défenseurs français de cette thèse conservatrice, qui, après avoir accumulé les reproches à l'auteur de *La Catedral*, de *El Intruso*, de *La Bodega*, de *La Horda*, n'ait dû reconnaître que cet idéal de Blasco paraîtrait «toujours infiniment noble» et qu'il lui avait même fallu un «certain courage pour l'avoir conçu et exprimé dans un pays comme l'Espagne»![150].

Blasco Ibáñez a fait à Zamacois la confidence que *La Catedral*, bien que le plus répandu, alors, de ses romans à l'étranger—si la guerre n'eût pas éclaté, nous eussions connu à Paris, à l'Opéra-Comique, une *Cathédrale* mise en musique par G. Hue, que M. Carré se proposait de jouer au cours du tragique été de 1914—, était cependant celui qui lui agréait le moins: «*Lo encuentro pesado*, s'était-il écrié, *hay en él demasiada doctrina...*»[151]. M. Andrés González-Blanco s'est même amusé à en détailler les hors-d'œuvre, avec renvoi, pour chacun d'eux, à la pagination du livre. M. Gómez de Baquero, dans un volume de 1905[152], les a censurés comme constituant un «poids mort, qui retarde la marche de l'action, divise et brise l'intérêt». Mais le lecteur étranger, qui n'est pas, comme ces critiques de Madrid, complètement blasé sur la vie sociale espagnole, trouve, au contraire, de tels «hors-d'œuvre» extrêmement instructifs dans un ouvrage qui a pour but d'opposer à une religion purement formelle—symbolisée par la cathédrale tolédane—le culte d'une humanité enfin consciente et de sa mission et de ses destinées. C'est ce qu'avait fort bien vu M. Georges Le Gentil, qui professe actuellement le portugais en Sorbonne, lorsque, analysant *La Catedral* dans la *Revue Latine* d'Emile Faguet[153], il écrivait: «La Cathédrale que l'imagination romanesque dressait comme un symbole mystique au milieu de la cité ensoleillée et grandie par les souvenirs légendaires, apparaît—et qu'on y prenne garde—comme le dernier vestige d'un passé gothique et branlant qui nourrit, à l'ombre, une floraison vénéneuse.» L'action de *La Catedral* se déroule tout entière à Tolède, cité vénérable, belle et triste comme un musée, qui semble toujours dormir, à l'ombre de ses églises et de ses couvents, l'horrible songe léthargique médiéval de quiétisme et de renonciation. Un anarchiste, Gabriel Luna, après le plus lamentable des exodes à travers l'Europe, est revenu à sa ville natale et se propose d'y achever ses jours près d'un frère, vieux serviteur du temple érigé en 1227 par Saint Ferdinand. Ayant appris que sa nièce, Sagrario, vivait à Madrid une existence misérable de fille perdue, il réussit à la redonner à son père, qui lui pardonne. La bonté n'est-elle pas vertu divine et le pardon précepte du Christ? Luna, malade de la poitrine en conséquence de ses courses de paria, apparaît comme un doux visionnaire pacifique, une véritable figure de chrétien primitif. Il aime Sagrario, malade ainsi que lui, et cette passion chaste et tranquille revêt l'apparence des amitiés spirituelles où, mieux que les lèvres, ce sont les âmes qui se baisent. Mais Luna a fait le rêve d'une refonte sociale de l'Espagne. Nourri du suc des doctrines révolutionnaires cosmopolites, il se soulève à l'idée que sa patrie pourra continuer longtemps encore dans la routine d'autrefois. Ses prédications agissent selon qu'il était aisé de prévoir sur les cerveaux frustes d'un auditoire ignorant. La plèbe n'en dégage que la possibilité de jouissances brutales et sans lendemain. Une nuit où l'anarchiste veille à la garde de la Cathédrale, ses prétendus disciples accourent en armes pour piller le trésor historique du saint lieu. Car ils veulent à tout prix, puisque les hommes sont égaux, «devenir semblables aux messieurs qui se promènent en voiture et jettent leur argent par les fenêtres.» Luna, épouvanté de ce grossier contresens, s'oppose de toutes ses forces à la violence de telles brutes. Mais l'un d'eux lui fracasse le crâne d'un coup du trousseau des clefs même de la Cathédrale. Une fois de plus, les brebis, converties en loups dévorants, mettent en pièces leur imprudent berger, et Luna, tel le Christ, paye de son sang le plus grave de tous les crimes: le crime d'avoir été bon. Deux catégories d'esprits peuvent trouver leur compte dans *La Catedral*: les avancés et les rétrogrades. Pour les uns, Luna reste le prophète qui indique la voie. Pour les autres, il n'est qu'une victime expiatoire documentant la chimère de tout projet de réforme radicale de notre vieux monde. La vérité me semble être que, dans ce livre, Blasco n'entendait faire le procès du catholicisme—par des arguments empruntés à l'archéologie, à l'histoire, à la métaphysique et jusqu'à la tradition orale populaire—que pour remédier à sa torpeur doctrinale, à sa stagnation d'idées, et le succès de l'œuvre, en Espagne même, prouve qu'il y a assez bien réussi, en dépit des mécontents.

L'année suivante, en 1904, parut *El Intruso*. Si *La Catedral* symbolise la religion momifiée qui s'écarte des directions présentes de l'esprit en laissant à sa longue histoire et au principe d'autorité le souci de l'avenir, *El Intruso*, dont l'action se déroule à Bilbao, la cité du fer et des mines, me semble incarner un autre aspect de cette même religion, son aspect moderniste, ses prétentions d'Eglise militante, qui, fuyant les cloîtres, se mêle au tumulte de la rue, fréquente les salons, publie livres, revues et journaux, fonde des établissements d'enseignement et des compagnies anonymes de navigation, participe aux entreprises ferroviaires et minières et s'efforce, en un mot, de vibrer à tous les battements de la vie contemporaine. D. Manuel Ugarte, critique dont la valeur est reconnue, a dit, à la p. 62 de *El Arte y la Democracia*, que ce roman de Blasco était «de plus représentatif, le plus *social* qui ait vu le jour en Espagne depuis longtemps», et que, «comme œuvre de lutte et de sociologie, il équivalait à une révolution». On ne saurait nier que cette littérature d'idées, que cet art combatif fussent jusqu'alors chose inconnue aux romanciers espagnols à succès et la critique bourgeoise, qui s'en tenait, en matière de solution des problèmes sociaux, aux deux topiques: *religion* et *morale*, ne trouva rien de mieux, pour réfuter la thèse que Blasco faisait formuler par Aresti à la suite du Comte de Saint-Simon: «*L'âge d'or, qu'une aveugle tradition a placé jusqu'ici dans le passé, est devant nous*», que de ressasser les lieux communs courants sur la soi-disant inefficacité d'une morale scientifique et de citer les pages 31 et 34 du *Jardin d'Epicure*, d'Anatole France! Quel est donc cet *Intrus*, dont l'évocation remémore le petit drame ibsénien en un acte que Maeterlinck publia à Bruxelles, en 1890, où l'on voyait une famille attendre dans l'angoisse la prochaine visite de la Mort, et qui, joué à Paris, y avait produit une assez forte impression? *L'Intrus*, c'est le Jésuite. Non pas le type de Jésuite conventionnel qui, depuis Eugène Sue et bien avant lui déjà, s'est cristallisé dans une littérature spéciale. Les Jésuites espagnols ne sont pas une entité, mais une réalité, dont l'influence se fait sentir dans les manifestations les plus diverses de la vie économique et morale du pays et en dédiant à Saint Joseph leur célèbre Université de Deusto, dont l'architecture romane ne laisse pas de frapper le visiteur de Bilbao et de sa banlieue, ils ne pouvaient mieux, selon de mot de Blasco, illustrer, par l'image de ce «saint résigné et sans volonté, à la pureté grise d'impuissant», leur méthode d'éducateurs d'une société à leur image. L'opulent armateur Sánchez Morueta unit, à un coup d'œil infaillible pour les affaires, une volonté diamantine. Tout lui réussit. Là où d'autres se ruinent, lui s'enrichit. Lutteur infatigable, il a su dompter la Fortune. Les proportions cyclopéennes de cette figure mettent mieux en relief le pouvoir illimité des Jésuites. Ceux-ci, peu à peu, se sont infiltrés dans l'intimité du foyer de cet homme d'action à l'âme rude, qui n'en soupçonne d'abord pas le péril. Sa femme, Doña Cristina, et sa fille, Pepita, sont entièrement entre les mains des fils d'Ignace. Quand l'armateur se rend enfin compte de cette trahison, il est trop tard. La conspiration jésuitique l'étreint. Se sentant vieilli et triste, il n'aura plus le courage de la combattre. Et les terreurs de l'au-delà assaillent cet esprit sans lest métaphysique. Il va à Loyola avec les siens, et s'y prépare, par une retraite spirituelle dans ce monastère de Guipúzcoa, à bien mourir. En face de ce représentant des patrons cléricaux, Blasco a posé la tourbe misérable des mineurs, dont le Docteur Aresti, ex-interne des hôpitaux de Paris et cousin de Sánchez Morueta, est le guide spirituel, en même temps que le sauveur de leurs corps déshérités. Le roman,—de même que le suivant, *La Bodega*,—se clôt sur une scène historique: la collision surgie entre radicaux et catholiques lors du pèlerinage à la «Vierge de Begoña». Et, moins alourdie de dissertations que *La Catedral*, cette œuvre forte et saine, bien rendue en notre langue par Mme Renée Lafont, chez E. Fasquelle, en 1912, a mérité une mention et, en somme, des éloges de la *Revue d'Histoire Littéraire de la France*[154], qui en exalta la puissante signification sociale.

La Bodega est restée, par contre, jusqu'ici sans traducteur français. C'est véritablement fort dommage, car cette œuvre, dans ses 363 pages composées à Madrid de Décembre 1904 à Février 1905, me semble plus finie, plus intense, aussi, que les deux précédentes et, ne servît-elle qu'à révéler à tant de superficiels «connaisseurs de l'Espagne», l'effroyable réalité de la misère agraire en ce pays, en cette Andalousie tant vantée, qu'elle devrait, et depuis longtemps, avoir été traduite. Au lendemain de sa publication, une feuille bourgeoise, *El Imparcial* de Madrid, écrivait, dans son n° du 11 Mars 1905: «Séville, Málaga, Cadix! N'est-il pas vrai que ces trois noms seuls, par l'étrange cristallisation d'une idée fausse, en sont venus à signifier toute joie, à nier toute humaine douleur? Et cependant, c'est au spectacle de leurs campagnes desséchées, de leurs immenses domaines à l'abandon et sans culture; c'est en écoutant la clameur des valets de ferme qui émigrent, entassés dans les cales des navires, ou qui meurent sur le sol natal, que l'on pourrait appliquer à ces trois provinces sœurs la triste, l'ironique exclamation que Blasco Ibáñez place sur les lèvres d'un des personnages de son dernier livre, en face des campagnes désertes de Jerez et d'un peuple affamé: «*¡He aquí la alegre Andalucía!*»...»[155].—Ici encore, nous sentons la froide main du Jésuite, dont l'influence magnétique apparaît diffuse dans l'atmosphère espagnole, soit qu'elle contraigne les ouvriers des champs à assister à la messe pour ne pas se voir congédiés par le patron, soit qu'elle appelle sur les vignes, en un latin macaronique, la bénédiction du Seigneur. Et comme, déjà, dans les tortueuses ruelles tolédanes; comme, aussi, dans les puits de mines de Bilbao, ce sera toujours, en ces fertiles plaines andalouses, les mêmes douleurs, la même plainte immense arrachée aux déshérités, à ceux du Nord comme à ceux du Sud, par une même injustice sociale. Pablo Dupont, de lointaine ascendance française, est propriétaire des vignobles et des chais les plus renommés de Jerez. Ce personnage, qui s'apparente intellectuellement à la souche énergique des Sánchez Morueta, a un cousin, Don Luis, prototype du *señorito* andalous, prodigue, efféminé, bravache et improductif, qui dédaigne le travail et ne semble exister que pour satisfaire des appétits effrénés de jouissance et les insolents caprices de son atavisme de féodal et d'Arabe. Pour lui, comme pour ses aïeux du Moyen Age, les pauvres ne sont que les esclaves de la glèbe, les serfs taillables et corvéables à merci. Mais «*los de abajo*»[156] ne pensent plus tout-à-fait comme à la bonne époque. Le courant libertaire moderne les a contaminés. Leurs consciences, encore incomplètement affranchies, entrevoient, dans le lointain, la radieuse vision de la Cité Future et ce n'est pas le moindre attrait *espagnol* du livre, ni la moindre raison des haines *espagnoles* contre Blasco Ibáñez, que ce *leit-motiv* des revendications sociales bruissant en sourdine,—jusqu'à ce qu'il s'exaspère en tumulte au chapitre IX, où est décrite l'invasion de Jerez par la horde affamée des terriens—tout au long de pages colorées et bien andalouses, et andalouses d'autre sorte encore que par l'intervention des

DANS UN POSTE AVANCÉ, FACE AUX TRANCHÉES ALLEMANDES, EN 1914

BLASCO ASSISTANT A UN BOMBARDEMENT PAR PIÈCES DE GROS CALIBRE, PRES DE REIMS

traditionnels *gitanos* et *gitanas*. Comme je le notais en 1905, dans le *Bulletin Hispanique* de Bordeaux[157], le romancier se trouvait, ici, en face d'un écueil dangereux, «auquel Zola a succombé très souvent, mais jamais avec autant d'évidence que dans *La Faute de l'abbé Mouret*, écueil qui consiste à attribuer une prépondérance illimitée à la terre, érigée à la dignité d'acteur principal, sorte de réincarnation moderne de l'antique Fatum. Blasco Ibáñez a su éviter cette outrance: il a tracé vigoureusement, mais solidement, sa peinture des *latifundios*[158] jérézans, et, dans ce cadre exubérant de couleurs, grouille une vie intense, se meuvent des figures nettement enlevées: gens de la *gañanía*: *aperadores* et *arreadores*, *capataces* et *mayorales* de *cortijos*, humbles *braceros*[159] aussi, qu'un souffle anarchique soulève vers les révoltes de je ne sais quelle effroyable *Germanía*[160], gitanes crapuleux et *señoritos* efféminés, fainéants, avec leur cour de *guapos* et de hâbleurs: rien ne manque au tableau...» Il y a là un pendant du Gabriel Luna de *La Catedral*, qui n'est qu'une transposition du rêveur anarchiste que fut Fermín Salvochea[161], rebaptisé par Blasco sous le nom de Don Fernando Salvatierra, champion cultivé et passionné des idées d'égalité, que torture l'humiliant spectacle de l'aboulie des masses espagnoles et qui voudrait faire passer d'autre sorte que sous forme d'émeutes son rêve ascétique de justice et de fraternité dans la foule, illettrée et crédule, des esclaves de la grande propriété andalouse. Don Luis, qui n'a cure de l'avenir, ne songe, lui, qu'à satisfaire ses appétits de bestiale noce. Une nuit où, au *cortijo* de Marchamalo, la fête des vendanges dégénère, par ses soins, en une bachique orgie, ce triste personnage cause l'ivresse de la belle María de la Luz, fiancée au sympathique Rafael, et en profite pour violer la jeune fille, dont le frère, après avoir en vain exigé du misérable, son ami, la réparation de son lâche forfait par un mariage en bonne et due forme, se sert de l'émeute de Jerez pour tuer, d'un coup de la *navaja* de Rafael, le malfaisant parasite. Rafael, qui avait d'abord pensé ne jamais épouser María de la Luz—en vertu de ce préjugé qui situe la pureté de la femme dans la particularité purement animale d'une virginité anatomique—, s'en va, converti par les prédications libertaires de Salvatierra, avec cette compagne de vie et de mort, tenter la fortune en Amérique, dans cette Argentine toujours hospitalière aux désespérés de l'Espagne, où le travail est resté une forme de l'antique esclavage, où les révoltes finissent par des fusillades de la *guardia civil* et la peine du *garrote*, ou du *presidio*, aux meneurs souvent le moins responsables. Mais, selon qu'il est dit au dernier paragraphe du livre, «au-delà des campagnes il y a les villes, les grandes agglomérations de la civilisation moderne, et, dans ces villes, d'autres troupeaux de désespérés, de tristes, qui, eux, repoussent la fausse consolation de l'ivresse; qui baignent leur âme naissante dans l'aurore du nouveau jour; qui sentent, au-dessus de leurs têtes, les premiers rayons du soleil, alors que le reste du monde reste plongé dans l'ombre...»

La Horda, peinture de la pègre madrilène, a suscité, de la part d'un romancier espagnol d'origine basque, M. Pío Baroja, une accusation voilée, mais cependant catégorique, de plagiat, en même temps qu'un reproche, très nettement formulé, de manque d'unité organique dans la composition. C'est à la page 148 des *Páginas Escogidas* publiées par l'auteur en 1911 chez l'éditeur Calleja à Madrid, que se trouve le passage en question, que je m'en voudrais de n'avoir pas signalé. M. Pío Baroja ne semble, en effet, pas s'être aperçu qu'une comparaison entre *La Horda* et sa série de romans intitulée: *La Lucha por la Vida*, avait déjà été instituée en 1909 par le très consciencieux Andrés González-Blanco, qui en avait déduit qu'aucun terme commun, aucun point de comparaison n'existant entre les deux écrivains et leurs œuvres, chacun restait grand à sa manière. Cette conclusion, parfaitement exacte, me dispensera d'insister sur d'ultérieurs parallèles, aussi superflus que celui déjà ébauché par M. Pío Baroja en tête des extraits de son roman: *Mala Hierba*, entre lui-même et l'auteur de *La Horda*, et dont la Revue *Hermes*, de Bilbao, en Janvier 1921, sous la plume de D. Ignacio de Areilza[162], tentait de nouveau le vain exercice. *La Horda*, que M. Hérelle traduisit en français en 1912, c'est cette tourbe de déshérités—chiffonniers, contrebandiers, braconniers, maquignons, mendiants, voleurs, ouvriers sans travail, vagabonds de toute sorte, gitanes, etc.—qui pullule dans certains quartiers de Madrid: à *Tetuán*, aux *Cuatro Caminos*, à *Vallecas*, et à son pendant: *Las Américas*, aux *Peñuelas* et aux *Injurias*, aux *Cambroneras* et aux *Carolinas*, et en d'autres recoins encore, où grouillent la misère et le vice dans une répugnante promiscuité. J'ai déjà dit que le touriste étranger n'avait guère occasion de connaître ce Madrid-là. Le Madrid qu'il connaît et, avec raison, admire, c'est la double cité dont une moitié est au levant, à gauche de la ligne tracée par la *Carrera de San Jerónimo*, la *Puerta del Sol*, la *Calle Mayor* et le Palais Royal et l'autre moitié est constituée par une étroite zone bornée à l'est par la ligne ci-dessus et sans frontières définies à l'ouest. De ces deux cités, la première est une très correcte ville avec d'originales verrues modernes—*Casa de Correos, Banco del Río de la Plata,* certains édifices de la *Gran Vía*—et quelques curieuses constructions de l'époque de Charles III, tandis que la seconde n'est qu'une sorte de survivance de l'âge de Philippe V, avec sa *Plaza Mayor*—pauvre, mais sérieuse—et sa *Plaza de Provincia*—«provinciale», mais d'un provincialisme gai—, ainsi que quelques vieilles bicoques aristocratiques, aujourd'hui bourgeoisement habitées. L'autre Madrid, celui des *Barrios Bajos* et des faubourgs, ne tente guère la curiosité de visiteurs exotiques. Son caractère essentiel me semble être un aspect de tristesse inexplicable, profonde, intégrale, cosmique—tristesse distincte de celle que causent d'autres faubourgs dans d'autres villes, *Whitechapel* à Londres, par exemple, tristesse qui ne vous abandonne même pas en ces instants de béatitude physique que procure une heureuse digestion. Seuls, les faubourgs pouilleux de Naples me semblent inspirer des sentiments analogues à ceux qui m'assaillent en parcourant—dans le plus bourgeois de tous les *Suburbios* madrilènes, celui de Vallecas—ces *Rondas* hérissées de bruyantes casernes ouvrières à cinq et six étages, dont les fenêtres ouvrent sur une campagne pelée, sur un océan de sable figé, au bout duquel l'on jurerait qu'il n'y ait plus rien, que l'Univers finisse. Blasco a groupé dans la fable de sa *Horda* tous les ex-hommes—selon que les a définis Gorki—dont l'existence s'étiole autour d'un Madrid à décor de luxe et à prétentions de capitale civilisée. Ce que les criminalistes de l'école de Salillas nous ont décrit dans leurs traités sur *La Mala Vida en Madrid*[163], le romancier l'a condensé en une narration balzacienne où la tendance—l'éveil futur de la Horde—apparaît discrètement au chapitre final et d'où l'âpreté polémique de *La Catedral* et de *El Intruso,* déjà fort atténuée dans *La Bodega,* a presque totalement disparu, fondue qu'elle apparaît dans le pathétique récit des aventures d'un pauvre bohème intellectuel. Celui-ci, Isidro Maltrana, né d'un maçon et d'une serve de la plèbe castillane, dont la mère, la *Mariposa,* est chiffonnière au quartier des *Carolinas* et vit maritalement avec *Zaratustra*—ressouvenance, adaptée au milieu madrilène, du *Sangonera* de *Cañas y Barro*—, eût peut-être végété comme ses pareils, si la bienveillance d'une vieille dame, frappée des dispositions du gamin, ne lui avait permis de se faire recevoir bachelier—ce qui n'est pas, en Espagne, un tour de force—, puis de suivre avec succès les cours de la Faculté des Lettres. Il en est à ceux d'avant-dernière année, quand sa protectrice meurt. Sans profession précise, le jeune homme connaît l'horreur d'une existence de déclassé, vaguement journaliste, rémunéré selon les salaires de famine de feuilles besogneuses et vivant maritalement, dans un taudis proche du *Rastro,* avec la fille du braconnier *Mosco,* Feliciana, qu'il a connue lors de visites chez sa grand'mère. Feli est jeune et jolie, son amant intelligent et ambitieux. Que manque-t-il à leur bonheur? Un peu de chance, aux yeux du vulgaire; entendons: un peu plus de savoir faire et d'habilité à déjouer les pièges de la vie. Mais Maltrana, trop faible, ne sait pas s'imposer et sa maîtresse se trouve enceinte. Affamé, en haillons, le couple émigre dans une masure des *Cambroneras* qui ressemble à un douar de bohémiens. La mère de Maltrana était morte à l'hôpital. Le fils qu'elle a eu d'un amant après son veuvage, élevé dans le ruisseau, n'est qu'un gibier de potence. L'amant, un maçon, étant tombé d'un échafaudage, a trouvé la mort dans cet accident. Le *Mosco*, surpris dans la *Casa de Campo*, y a été tué à coups de fusil par les gardes du Roi. Feli accouche à l'*Hospital Clínico* et y meurt. Son cadavre—tel celui de Mimi au chapitre XXII des *Scènes de la Vie de Bohème*—ira à l'abandon de la fosse commune, après être passé par les salles de dissection de la Faculté de Médecine. La conclusion du livre serait effroyablement triste, si l'auteur, dans ce qu'un de ses critiques a cru devoir qualifier de «fin postiche, imaginée pour plaire au lecteur»[164] et dont l'exemple est loin d'être unique en littérature—à commencer, chez nous, par Molière—ne nous laissait sur la perspective d'un Maltrana vainqueur de son caractère, s'acheminant vers l'aisance—épilogue optimiste évoquant je ne sais quel germinal de paix et de bonheur entre les hommes et dont *La Maja Desnuda* (p. 252), *Los Argonautas*, puis le nouveau recueil de contes de Blasco: *El préstamo de la difunta* présentent la justification, en en résolvant l'énigme.

La Maja Desnuda, composée à Madrid de Février à Avril 1906, inaugure la seconde série des romans «espagnols», où, comme je l'ai dit, le souci psychologique absorbe presque complètement la tendance polémique des quatre volumes précédents. En même temps que douloureuse histoire de passion, l'œuvre est aussi une sorte de critique d'art, dont le titre, emprunté à celui de la toile célèbre de Goya—qui, numérotée 741, orne l'*antesala* du Musée du Prado à Madrid—, souligne déjà ce caractère composite. Il est assez difficile de juger avec impartialité un tel livre, dans lequel il semble qu'on découvre un vague souvenir de *Manette Salomon* et où le procédé de composition s'inspire manifestement de la manière de Zola, conférant à ces pages le caractère un peu artificiel du «document classé», dont la disposition par tranches accentue encore certain manque de lien organique, comme si chacun des chapitres—et c'est, d'ailleurs, un peu le cas de *La Horda* et de *Sangre y Arena*—se détachait de l'ensemble à la façon d'une monographie. D'où quelque froideur, résultant d'un manque de circulation vitale et, aussi, de l'extrême prolixité du récit, aux trop nombreux hors-d'œuvre. En ce sens, le critique de la *Revue Hispanique*[165] que j'ai déjà eu l'occasion de citer, a pu reprocher à *La Maja Desnuda* ce qu'il appelait son peu de psychologie, dérouté qu'il se trouvait, sans doute, en face de l'indécision de caractère du héros principal, dont l'énigme, cependant, a fort bien été dégagée par l'actuel proviseur du lycée Lamartine à Mâcon, M. F. Vézinet, en 23 pages de son volume de 1907[166]. Tout ce qu'il importait de dire a été dit, en ce livre, sur une production où Blasco, en mettant plus de complexité et de vie dans ses personnages, plus de mesure et de discrétion dans son récit et l'exposé de ses idées, témoigne d'une acuité pénétrante comme psychologue et d'un rare talent comme artiste, à tel point qu'il n'avait, peut-être, jamais écrit auparavant de pages plus pleines de vie, d'enthousiasme et d'observations exactes, que les 148 pages de la *Première Partie*, mais spécialement que ses quatre premiers chapitres. L'intrigue est simple en son apparente complexité. Elle a pour objet la manie d'un peintre célèbre qui, après avoir souffert de la tyrannie d'une femme hystérique, ennemie de son art, jalouse de ses modèles, empoisonnant sa vie, finit, devenu veuf, par ressentir pour la morte le violent amour qu'elle lui avait inspiré au commencement de leur union. Où retrouver ce divin modèle de «*Belle Nue*», ce corps adorable que, dans un fugitif instant de docilité et d'abandon, Josefina avait permis à Renovales de fixer sur la toile pour, cette toile achevée, la détruire aussitôt, dans un accès de furieuse pudeur? Obsédé par le persistant souvenir de la défunte—la visite qu'il rend à sa tombe, au vieux cimetière de la Almudena, au ch. III de la *IIIème Partie*, pourrait rappeler le souvenir d'*Une*

DANS UNE RUE DE REIMS BOMBARDÉE, EN 1914

PORTRAIT DE BLASCO AU MOMENT OÙ IL ÉCRIVIT «LES QUATRE CAVALIERS DE L'APOCALYPSE»

Page d'Amour, où nous voyons Mme Rambaud, au cimetière de Passy, agenouillée sur la tombe de Jeanne, au ch. V et dernier de la *Vème Partie*—, il poursuit le rêve stérile de la reconstituer dans sa nudité physique par le moyen d'un modèle ressemblant en tout à sa femme. Quand il a rencontré ce Sosie— une étoile de café concert—, il s'avise,—sur une décision dont l'apparent illogisme se justifie par des raisons sentimentales qu'a fort bien dégagées M. F. Vézinet et dont l'idée se retrouverait déjà dans le chapitre VII de *Bruges-la-Morte*[167],—de la faire habiller d'un costume de sa femme et se met à la peindre ainsi vêtue. Mais l'illusion résiste à ces simulacres, et, tandis que la fille épouvantée s'enfuit, l'artiste reste seul, à pleurer sur sa déchéance irrémédiable, sur sa vie à jamais brisée. De même que Josefina est morte de jalousie,—et il serait difficile de trouver, dans aucun roman, une meilleure description des ravages progressifs de ce sentiment dans une âme de femme—de même Renovales, envoûté par son amour posthume—dont il n'est guère malaisé de citer des cas vécus et non moins effroyables,—mourra dans un gâtisme voisin de la démence.

Sangre y Arena, que M. Hérelle a mué, pour l'amour du titre, en *Arènes Sanglantes* et qu'il a publié en 1909 dans la *Revue de Paris*, a fait couler en Espagne des flots d'encre. Même un critique imbu de cosmopolitisme comme l'est M. Díez-Canedo, présentant, en 1914, l'œuvre de Blasco Ibáñez aux auditeurs du 7ème Cours international d'expansion commerciale à Barcelone, n'hésitera pas à définir ce roman: une œuvre écrite pour l'exportation, ajoutant, en français, que «tous les éléments conventionnels de l'Espagne pittoresque s'entassent dans ce livre: c'est bien possible que les étrangers y reconnaissent l'Espagne qu'ils s'attendaient à trouver: nous, Espagnols, nous y voyons seulement la parodie d'un livre étranger»[168]. Nous constaterons plus loin qu'un autre écrivain espagnol traitera également de «livre étranger» *Los Cuatro Jinetes del Apocalipsis*, ce qui est une façon trop aisée, en vérité, d'éviter la discussion de problèmes gênants. Le lecteur un peu familier avec la littérature tauromachique de *tras los montes* n'ignore pas que, dans un livre qu'il a intitulé: *El Espectáculo más nacional*[169], D. Juan Gualberto López-Valdemoro y de Quesada, Comte de las Navas, a accumulé les témoignages les plus rares tendant à démontrer historiquement que les courses de taureaux sont «d'ombre que projette le corps de la nation espagnole» et que la suppression de l'un pourrait seule amener la disparition de l'autre. Et il n'ignore peut-être pas davantage qu'une femme de lettres, une universitaire aussi distinguée que Mme Blanca de los Ríos de Lampérez a, dans le n° d'Août 1909, p. 576, de *Cultura Española*, assimilé la passion tauromachique du peuple espagnol à la force vitale du soleil qui dore, dans les vignobles andalous, les grappes fécondes en vins généreux. A quoi bon, d'ailleurs, insister, si le grand succès actuel, en Espagne, de D. Antonio de Hoyos y Vinent est conditionné par une production où se détachent surtout trois romans tauromachiques: *Oro, Seda, Sangre y Sol*; *La Zarpa de la Esfinge* et *Los Toreros de Invierno?*[170]. Il n'est guère, dans le vaste monde, de coin où n'ait été projeté le film édité par la maison *Prometeo* et qui a propagé à l'infini la tragique histoire de Juan Gallardo et de Doña Sol, cette Leonora andalouse. On souffrira donc qu'ici je ne la relate point, puisqu'elle est surabondamment connue de tous et qu'*Arènes Sanglantes*, comme si sa popularité en volume ne suffisait pas, réapparaît, de temps à autre—ce fut, à partir du 1er Mars 1921, le tour du *Petit Marseillais*—comme feuilleton, au rez-de-chaussée de nos journaux. Les Espagnols qui affectent de repousser cette œuvre parce «qu'écrite pour l'exportation», ont coutume de hausser les épaules lorsqu'on leur parle de l'épisode du bandit *Plumitas*. M. Peseux-Richard, analysant *Sangre y Arena* dans la *Revue Hispanique*[171], observait que tout portait à croire que ce personnage n'était qu'une transcription romanesque du fameux et authentique *Pernales*, qui venait de mettre sur les dents toute la gendarmerie du sud de l'Espagne. «La réception discrète—ajoutait-il—mais presque amicale, qui lui est faite à *La Rinconada*, les marques d'intérêt que lui témoignent de hauts personnages comme le marquis de Moraima, en disent long sur l'état social de l'Andalousie...» Or, dans un livre de D. Enrique de Mesa intitulé: *Tragi-Comedia*[172], je trouve les lignes suivantes: «Le cas de *Pernales* est récent. Pour montrer le pittoresque de l'Espagne, Blasco Ibáñez, dans son roman *Sangre y Arena*..., trace le type de ce bandit, en se bornant à suivre pas à pas les récits des journaux. Et le fanfaron n'était pas ce José Maria légendaire célébré par le *cantar* et le *romance* populaires: le *Plumitas* du roman n'est autre que le *Pernales* réel et la propriété champêtre du torero Juan Gallardo s'est appelée, dans la réalité, *La Coronela* et appartenait à Antonio

Fuentes.» Déjà, d'ailleurs, dans *La Epoca* du jeudi 4 Juin 1908, le critique *Zeda*—pseudonyme de D. Francisco F. Villegas, ancien professeur à Salamanque et fort bon lettré—avait rendu pleine justice à la fidélité avec laquelle Blasco Ibáñez procédait dans sa documentation pour une œuvre où il n'a guère qu'effleuré la matière. «En Espagne, écrivait-il,—et je citais déjà ce précieux témoignage dans un article ancien du *Bulletin Hispanique*[173],—tuer des taureaux équivaut à être, en d'autres époques, général victorieux. Quel chef, depuis la mort de Prim, a joui de plus de renommée que *Lagartijo*, *Frascuelo* et le *Guerra*? Leurs biographies sont connues de tous; leurs portraits décorent les murs de milliers de foyers; leurs bons mots circulent de bouche en bouche. Leurs cadenettes ont eu plus de chantres que la chevelure de Bérénice et leurs blessures suscité plus de pitié que celles reçues sur les champs de bataille par des héros de la nation. Qui ne se souvient qu'alors que Méndez Núñez oublié était à l'agonie, la foule s'écrasait à la porte du *Tato*?» Et ce peu suspect garant n'hésitait pas à proclamer que Blasco venait de donner, dans son gros volume, *«una fase completa de la vida popular española»*[174], ajoutant: «Les lecteurs étrangers, en lisant—car ils les liront—les pages vibrantes de *Sangre y Arena*, pourront se faire une idée exacte de tout ce qui a rapport à notre fête nationale». Voici, enfin, le propre aveu d'un maître en l'art de tuer les taureaux, *Bombita*, à la page 81 de *Intimidades Taurinas y el Arte de Torear de Ricardo Torres «Bombita»*, recueil de conversations avec le célèbre *diestro* publié à Madrid à la maison *Renacimiento* par D. Miguel A. Ródenas: «Des livres de Blasco Ibáñez, que j'ai lus, *Sangre y Arena* me semble le meilleur, peut-être parce que traitant de ma profession et que je connais mieux les mœurs et le milieu des personnages...» Evidemment, il serait aisé de citer, à côté de ces témoignages sincères, les protestations d'autres plumes espagnoles—telle celles d'E. Maestre dans *Cultura Española* d'Août 1908, p. 707—déclarant que le roman de Blasco est le pire de tous les romans jusqu'alors écrits par ce maître. Mais ces protestations, partant d'esprits hostiles à la tauromachie—car il y en a plus d'un, en Espagne et, pour ce qui est d'E. Maestre, c'était aussi un esprit hostile au réalisme et même au modernisme!—s'inspirent surtout de la considération du mauvais effet que sont censées produire à l'étranger ces descriptions de mœurs espagnoles considérées à juste titre comme répugnantes et elles n'enlèvent rien à la valeur artistique et sociale du livre. Que celui-ci ait été qualifié de plagiat par un obscur chroniqueur de sport sévillan improvisé romancier, D. Manuel Héctor-Abreu,—qui usa aussi du pseudonyme d'*Abrego*,—c'est là détail sans importance. J'ai relu, cependant, *El Espada*, roman de 368 pages in-8° et *Niño Bonito*, petite narration sévillane de 185 pp. in-16°,—l'un et l'autre parus chez Fernando Fe à Madrid,—et je n'y ai trouvé que des détails techniques consignés avec une fidélité extrême, mais un manque total d'art, et, en tout cas, rien qui pût démontrer la dépendance de Blasco à l'endroit de ce précurseur dans un genre jusqu'alors dédaigné par les maîtres du roman espagnol[175].

Los Muertos Mandan contiennent, sous une couverture polychrome de L. Dubón d'inspiration un peu lugubre, l'un des plus purs chef-d'œuvre de Blasco Ibáñez. L'œuvre, composée à Madrid de Mai à Décembre 1908, a été traduite en français par Mme B. Delaunay sous le titre: *Les Morts Commandent*, mais n'est guère connue. C'est un roman exceptionnel, représentant un effort considérable, roman qui unit au charme des paysages décrits, comme toujours, de main de maître, une peinture fouillée de caractères étranges et dont la signification philosophique revêt la grandeur tragique des fables de l'Hellade. Jaime Febrer, dernier descendant d'une très ancienne famille de «*butifarras*»[176] majorquins à laquelle ont appartenu d'aventureux navigateurs, de belliqueux Chevaliers de Malte, d'audacieux commerçants, des inquisiteurs et des cardinaux, est revenu, après une jeunesse de faste et de joie, habiter le palais ruiné de ses aïeux, où le soigne une vieille servante, *madó* Antonia. Pour redorer son blason, il se déciderait à épouser une jeune millionnaire, qui accepterait avec un bonheur souverain une aussi noble union. Mais Catalina Valls, fille unique, est aussi une «*chueta*», une descendante de juifs convertis au XVème siècle, et, comme telle, appartient à la caste des parias, à «ceux de la rue», qu'aujourd'hui encore, dans les «*Iles Fortunées*», on traite avec le plus souverain des mépris, vilenie digne de ces fanatiques sans culture qu'après George Sand, D. Gabriel Alomar, dans son volume: *Verba*, a,—fils lui-même de Majorque,—si bien caractérisés[177]. En conséquence, tous s'opposent à l'union de Febrer et celui-ci, pour fuir la conspiration des *butifarras*, des *mosóns*, des *payeses* et même des *chuetas*—car l'oncle de Catalina, Pablo Valls, marin qu'une expérience du vaste monde a rendu fier de sa race, ne veut pas exposer deux êtres qu'il aime aux effroyables conséquences d'une telle mésalliance—, se réfugie sur un roc de l'île d'Ibiza, dans une tour de corsaire qui s'érige, farouche, sur les falaises de ces côtes sauvages. Ainsi espère-t-il échapper, dans ce château-fort en ruines, qui est le dernier vestige de sa richesse, à la tyrannique domination des Morts, toute-puissante à Majorque. Il s'y réaccoutume à la vie rustique, naturelle et primitive, et se fond insensiblement dans l'ambiance de ce rude et inhospitalier pays, pêchant, chassant, à la façon d'un primitif. Mais, dans son agreste solitude, l'Amour veille et le fera s'enamourer de Margalida, fille de Pèp, propriétaire de *Can Mallorquí* et descendant de modestes laboureurs, feudataires, autrefois, des Febrer, dont le représentant, bien que sans argent, continue, à leurs yeux, d'être «*el amo*», une sorte d'homme supérieur, isolé des autres par les dons suréminents de l'intelligence et de la race. Un Febrer épouser l'«*atlòta*», la vierge paysanne qui porte chaque jour le repas à «*sa mercè*», quelle abomination! A Ibiza comme à Majorque, le passé s'oppose à l'avenir et en entrave la marche. Partout, en Espagne, l'histoire, l'autorité de ce qui fut! Et tout conspire, derechef, pour que Jaime et Margalida, belle fille intelligente et seigneuriale d'aspect, ne s'aiment pas. Au «*festeig*»—cérémonie où, au jour et à l'heure fixés, sont admis, devant l'«*atlòta*», tous les prétendants pour que celle-ci choisisse—, Jaime entre en lutte avec ses compétiteurs, est blessé à mort, puis guéri par les soins pieux de sa divine maîtresse. Cette fois, l'Amour triomphe. Le Febrer épouse Margalida et ce Robinson de la tour *del Pirata*, dont Pablo Valls a pu sauver quelques bribes de la fortune, s'unira à cet ami fidèle pour inaugurer une vie entreprenante de commerçant, dont l'âme, fondue en celle de sa douce et chère femme, se moquera désormais de ces Morts qui ne commandent que parce qu'ils ne trouvent pas d'hommes forts sachant, tel Jaime Febrer, se libérer de leur pernicieuse emprise. «Non, les Morts ne commandent pas! Qui commande, c'est la Vie, et, par-dessus elle, l'Amour!»

Luna Benamor, cette nouvelle dont j'ai déjà parlé, a perdu, fort heureusement, dans ses rééditions successives sa couverture aussi peu artistique que la couverture de *Los Muertos Mandan* et dont M. Ricardo Carreras déplorait, dans *Cultura Española* d'Août 1909, p. 509, le regrettable mauvais goût. C'est une sobre et nostalgique histoire d'amour, à laquelle on n'a reproché sa grande brièveté que par ignorance des conditions de sa publication première, dans un numéro du nouvel an 1909 d'un magazine sud-américain. On y voit un jeune consul d'Espagne en Australie, Don Luis Aguirre, s'attarder à Gibraltar, orphelin lui-même, aux amours avec une orpheline israélite, née à Rabat d'un Benamor exportateur de tapis et de la fille du vieil Aboab, de la maison de banque et de change *Aboab and Son* à Gibraltar, Hébreux originaires d'Espagne. En cent pages, Blasco Ibáñez a su condenser une action poignante, qui se déroule sur le fond bigarré du pandémonium cosmopolite qu'est l'antique roc de Calpe, qui vit passer les galères phéniciennes allant, sous la protection de leur Hercule Melkart, quérir l'étain britannique, pour, mêlé avec le cuivre d'Espagne, en faire le bronze, et qu'aujourd'hui occupent depuis 1704 les phlegmatiques fils d'Albion, toujours Anglais irréductibles et sachant implanter leurs coutumes insulaires, bien que respectant celles d'autrui, dans les conditions de climat les plus invraisemblables, comme c'est le cas pour cette extrême pointe d'Andalousie. Aguirre, dont la passion pour Luna est partagée par la jeune Israélite, sera, lui aussi, la victime de ces Morts dont la sombre tyrannie endeuille les pages ensoleillées de l'essai d'idylle de Jaime Febrer avec la *chueta* et celle dont il avait rêvé de faire sa compagne d'aventures à travers le monde échappera à l'Espagnol, parce que d'une autre race que la sienne, parce que liée par des traditions, des préjugés, des rites en opposition avec ceux de la Péninsule Ibérique. Aussi le consul partira-t-il seul pour l'Orient et Luna partagera sa vie avec le juif Isaac Núñez, personnage falot qui l'emmènera à Tanger. Car «il était impossible qu'ils continuassent à s'aimer. Le passé ne serait plus pour lui qu'un beau songe, le meilleur peut-être de sa vie. Elle se marierait conformément aux obligations de sa famille et de sa race. Tout le reste n'était que folie, enfantillage exalté et romantique, comme le lui avaient bien fait voir les hommes sages de sa nation, en lui démontrant quels immenses périls eût entraînés son étourderie. Il fallait donc qu'elle obéît à son destin, à celui de sa mère, à celui de toutes les femmes de son sang...» Telle est cette «idylle tragique», d'une poésie fluante et triste—la poésie des quais et des embarcadères, où les destins s'accomplissent dans le déchirement des séparations fatales—et c'est avec raison que M. Ricardo Carreras l'a définie un modèle des «*mejores aptitudes*»[178] de Blasco. Elle a été traduite en russe et en anglais, le traducteur en cette dernière langue étant le Dr. Isaac Goldberg, auteur des versions de *Sangre y Arena: Blood and Sand* et de *Los Muertos Mandan: The Dead Command*, publiées à New-York, cependant que celle de *Luna Benamor* a paru à Boston[179].

XII

Le programme «américain» de Blasco Ibáñez en 1914 et aujourd'hui.—*Los Argonautas.*—Sujet et valeur de ce roman.—Amour ancien et profond de Blasco pour l'Amérique.

Dans l'interview que M. Diego Sevilla avait prise à Blasco Ibáñez pour le n° de Mai 1914 de *Mundial Magazine*, le romancier déclarait n'être venu à Paris que pour y rédiger ses *Argonautas*. Après quoi, il repartirait pour Buenos Aires, où il ne ferait qu'un court séjour, puis reviendrait en Europe, qu'il abandonnerait, une fois de plus, pour l'Amérique. La réalisation de ce programme, qui nous eût, après un nouveau voyage de documentation à travers les républiques non encore visitées par Blasco, dotés d'un cycle de vingt romans américains réunis sous le titre générique: *Las Novelas de la Raza*[180], a été différée par la guerre, mais cette œuvre monumentale, à la gloire de l'Espagne et de sa colonisation, n'en verra pas moins le jour, simplement dans un ordre différent de celui que le maître projetait originairement. Il avait dit, en effet, au rédacteur de la revue parisienne de langue espagnole, qu'il commencerait par l'Argentine, à laquelle il dédierait plusieurs romans, continuerait par le Pérou, auquel il en consacrerait trois, et ainsi de suite jusqu'à arriver à Saint-Domingue, la première des îles américaines qu'ait rencontrées Colomb, qui l'avait appelée *La Española*: méthode qui impliquait donc une marche opposée à celle qui présida à la découverte du Nouveau Monde.

J'ai demandé à Blasco Ibáñez de me préciser ce qu'il en était aujourd'hui de ce plan grandiose et les explications qu'il m'a fournies ont été les suivantes:

«En 1914, j'avais, très nettement, arrêtés dans la tête, trois volumes qui eussent traité de tous les aspects de la vie argentine et dont le premier, intitulé: *La Ciudad de la Esperanza*[181], eût été dédié en entier à Buenos Aires; dont le second se fût appelé: *La Tierra de Todos*[182] et eût traité de la pampa; dont le troisième, enfin: *Los Murmullos de la Selva*[183], eût eu pour théâtre le Nord de la République, avec ses fleuves immenses et ses cascades merveilleuses, mais eût reflété aussi divers aspects de l'existence au Paraguay et en Uruguay. J'avais également conçu plusieurs volumes sur le Chili, trois au moins: l'un, traitant des déserts patagoniens et de l'archipel de Chiloé; le second, se déroulant à Santiago et à Valparaiso et le troisième dans les salpêtrières du Nord. Au Pérou, je pensais consacrer un nombre d'œuvres égal, dont le titre de l'une était déjà fixé: *El Oro y la Muerte*[184]. J'eusse procédé de la sorte avec chacune des autres Républiques hispano-américaines, que je me proposais de parcourir et d'étudier en détail. Ces romans eussent été, en même temps que des peintures de la vie actuelle, des évocations du passé. Vous aurez remarqué que les protagonistes de mes *Argonautas* saluent, à la dernière page du livre, la

Coupole du *Congreso*[185], dont la perspective clôt le fond de l'*Avenida de Mayo*, à Buenos Aires. C'est vous dire que, commençant mon cycle de romans au Sud, je l'eusse mené jusqu'à la frontière du Texas et peut-être ne me serais-je arrêté qu'à New York. Je n'aurais pas reculé devant la grandeur de la tâche, décidé que j'étais alors à écrire *tous* les romans que m'aurait suggérés l'observation des réalités hispano-américaines. 20 romans, disais-je dans l'hiver de 1914? Ils fussent vraisemblablement montés jusqu'à 30. Vous savez que je ne suis pas homme à reculer devant la grandeur d'une entreprise, quelle qu'elle soit, ni, non plus, à m'effrayer devant l'énormité d'un travail continu. Mais tout cela, je le répète, se passait à une époque où je pouvais légitimement prétendre à fixer l'attention du public européen sur des pays trop peu connus de lui et cependant si dignes de son attention. Je me flattais d'être le premier écrivain dont la plume mettrait à la mode, dans la littérature européenne, les narrations de cadre sud-américain. La guerre est venue, brusquement, bouleverser tous mes projets. Qui eût osé s'occuper du Nouveau Monde, quand l'Ancien Continent se trouvait en proie à la plus horrible des convulsions qu'ait, depuis des siècles, connue son Histoire?

«Mes *Argonautas*, publiés en Juin 1914, disparurent dans cette tempête[186], comme tout le vaste programme dont ils n'étaient que l'avant-propos. Cependant, au cours de mon voyage aux Etats-Unis, un journaliste m'ayant demandé si j'avais renoncé à reprendre jamais l'œuvre ainsi commencée, je n'ai pas hésité à lui dire qu'au contraire, j'entendais bien ne pas l'abandonner. Seulement, au lieu de tracer ces immenses fresques conformément au plan arrêté en 1914, celles-ci subiront, dans leur coloris et dans l'ordre de leur exécution, des modifications profondes, résultant de ce que ma façon de voir les choses américaines a considérablement varié, depuis ces sept dernières années. Sans doute, les grandes lignes du dessin resteront les mêmes, mais, au lieu de commencer à peindre par la gauche, c'est par la droite que j'attaquerai la besogne. Ce n'est pas en vain que j'ai parcouru les Etats-Unis et le Mexique. Quelque jour, le tour viendra pour les Républiques de la Sud-Amérique. Car vous me connaissez assez pour ne pas douter que j'aie le temps à mes ordres. En tout cas, en ce moment, ce qui m'absorbe et me tient sous son emprise, c'est l'Amérique que je viens de voir et dont les impressions possèdent pour moi la fraîcheur de la nouveauté. C'est pourquoi mon prochain livre, *El Aguila y la Serpiente*, traitera du Mexique et de ses révolutions. Je dois ajouter que je pressens l'obscure genèse d'autres œuvres, dont la scène sera New York, la Californie et d'autres territoires limitrophes. Retenez bien ceci: que mon programme reste le même, que j'aurai simplement changé de côté pour l'écrire...»

Le roman *Los Argonautas* doit, pour qu'on l'apprécie équitablement, être examiné à la lueur des déclarations qui précèdent. Mais, dénué qu'il était de tout *prologue*, il risquait fort d'être mal compris des critiques et tel a été le cas de presque tous ceux qui ont entrepris d'en parler. Je n'en signalerai ici qu'un seul, mais représentatif: M. Ramón M. Tenreiro, qui exerçait dans les pages de l'excellent organe mensuel madrilène, malheureusement disparu il y a quelques mois: *La Lectura*. Entreprenant, donc, de présenter *Los Argonautas* à ses lecteurs[187], M. Ramón M. Tenreiro écrivait ce qui suit: «Il y a plusieurs années que Blasco Ibáñez ne nous donnait plus de romans. Et n'allions-nous pas jusqu'à penser, avec chagrin, que l'exercice d'autres activités avait épuisé en lui le romancier et qu'il ne créerait plus jamais d'œuvres qui, tels ses récits valenciens, luiraient à jamais, comme des soleils, dans le firmament de notre roman provincial? Or, voici un gros volume portant la signature qu'ont rendue célèbre tant d'excellents livres. Il serait superflu de dire avec quelle attention et quel vif intérêt nous nous mîmes à le lire. La personnalité littéraire de Blasco Ibáñez, les influences qui ont agi sur lui, l'école à laquelle se rattachent ses productions: tout cela était parfaitement défini avant que parût ce nouveau roman. Mais, dès ses premières pages, nous comprenons que rien n'y modifiera le concept ancien du romancier; qu'au contraire, ce concept y apparaîtra confirmé et fortifié...» Après ce beau préambule, M. Ramón M. Tenreiro s'avise de redécouvrir cette vérité d'antan, que renforceraient *Los Argonautas*: que Blasco Ibáñez est resté à jamais ce disciple de Zola qu'un sophisme, dont l'origine a été exposée plus haut, voulait, en Espagne, qu'il eût été à l'origine de sa carrière! Mais continuons à traduire le philologue de *La Lectura*. «Après je ne sais combien d'années (*sic*), ce sont maintenant *Los Argonautas* qu'on nous offre. Nous y restons rigoureusement, plan et détails, dans les limites de la méthode naturaliste. Et peut-être n'a-t-on pas écrit, dans toute cette misérable année 1914, de roman qui soit aussi complètement zolesque..., *etc. etc.*»

Rien, en vérité, n'est moins zolesque que l'imposante masse de *Los Argonautas*. Dans ces 600 pages d'impression dense—matière d'une demi-douzaine de nos actuels romans français à 7,50—, Blasco nous décrit, sans doute, l'existence à bord d'un transatlantique de la *Hamburg-Amerika Linie*, le *Gœthe*, sur lequel les deux protagonistes—dont l'un n'est autre que celui de *La Horda*, Isidro Maltrana—se sont embarqués, à Lisbonne, pour n'en descendre qu'au terme du voyage, après deux semaines de vie en commun avec la société bigarrée de ces palais flottants. Mais il y pose aussi les divers personnages qui, dans les romans qu'il projetait—romans cycliques, à la façon de la *Comédie Humaine* et des *Rougon-Macquart*—eussent eu à représenter les héros, chacun dans son milieu propre, de ces futures narrations. Et, enfin, il intercale, sous forme de récits dont s'agrémente la longue oisiveté de ces jours de totale inaction, un historique enthousiaste et fidèle des principaux épisodes de la découverte de l'Amérique par Colomb et des premières phases de la colonisation de ce pays. Ce roman d'une traversée, où les amours alternent avec les fêtes, où la misère des émigrants de tous pays contraste avec les folles dépenses des passagers de première, est comme une longue et délicieuse suite de conversations sur les sujets les plus variés, que l'on n'interromprait que pour assister au défilé cinématographique de paysages et d'êtres évoqués avec une telle puissance de suggestion, que l'on n'en conserverait pas une impression plus vive, semble-t-il, si, au lieu de réaliser cette croisière dans un fauteuil, immobile en son cabinet, on l'eût faite sur le pont tanguant du *Gœthe*. Pour écrire ce livre, il fallait l'expérience d'un Blasco, acquise au cours de ses voyages d'aller et retour d'Europe en Amérique et vice-versa, dont j'ai parlé dès le chapitre I. M. Ramón M. Tenreiro reconnaissait que «la force avec laquelle Blasco Ibáñez sait, dans ses narrations, obliger chaque chose à se présenter à nos yeux comme douée de vitalité, n'a pas diminué au cours des ans où sa plume est restée sans exercice. Il n'est pas un personnage de ce livre—vraie arche de Noé, où grouillent toutes les races de la terre—qui ne nous apparaisse portraituré au naturel...» C'est parfaitement exact, mais il eût fallu ajouter que seul un Blasco, familier, à la date où il écrivit *Los Argonautas*, avec les divers types raciaux des républiques de la Sud-Amérique, pouvait en risquer, sans crainte de tomber dans une odieuse caricature, le crayon légèrement humoristique et reproduire jusqu'aux si pittoresques manières de dire par quoi un Péruvien se révèle, après deux minutes de discours, distinct, par exemple, d'un Vénézuélien. Ce dernier détail ne sera guère apprécié que par ceux des lecteurs étrangers de Blasco Ibáñez parlant le castillan et ayant eu l'occasion d'entendre des Hispano-Américains le parler. A la page 264 du livre, l'un des deux protagonistes espagnols du roman fait remarquer à l'autre combien l'apparente similitude de l'idiome est en réalité trompeuse. «Les premiers jours, dit-il, en les entendant parler, je me disais: *Nous sommes égaux, à part quelques différences d'accent et de syntaxe...* Eh bien, non, nous ne le sommes pas, égaux! Comment m'expliquerai-je? Les uns et les autres nous jouons du même instrument, mais nous avons une oreille qui n'apprécie pas les sons de la même manière. Si, par hasard, il m'arrive d'échapper ce qui me semble devoir être un trait d'esprit, quelque chose qui, du moins en Espagne, passerait pour tel, ces excellentes dames, mes auditrices, restent insensibles, comme si elles ne m'eussent pas compris. Et voici que, continuant de parler avec elles, j'émets une enfantine niaiserie, une de ces plaisanteries de collège qui me vaudraient, à Madrid, d'être conspué: aussitôt mon public de s'esclaffer sur cette stupidité et de se la redire, comme si c'était une brillante manifestation de talent...!» Et ce n'est point seulement, en l'espèce, divergence dans l'appréciation des sons de l'instrument commun, mais bien opposition frappante dans les conditions d'agilité et de force de son maniement. «Dans beaucoup de pays de l'Amérique latine, les gens parlent avec une lenteur pénible, comme si les douleurs d'une sorte d'enfantement accompagnaient chez eux la recherche du vocable. Les femmes, spécialement, n'ont de corde vocale que pour cinq minutes; après quoi, elles se taisent, se contemplant l'une l'autre. Elles ne s'animent que lorsqu'il s'agit de «débiner», de «*pelar*», quelqu'un, comme on dit là-bas. Mais c'est la phénomène oratoire non spécial à l'Amérique, mais, hélas! commun à tous les pays du globe... S'ils parlent peu, en revanche ils aiment à écouter. Cependant, ici encore, leurs capacités auditives sont presque aussi limitées que leur puissance verbale. A la longue, ils se fatiguent d'entendre, bien que la conversation les intéresse. On dirait que ce qui les offense, c'est d'être demeurés longtemps en silence. Et ils s'en vengent en traitant de «raseur», de «*macaneador*», celui même dont ils ont demandé la parole. Ce que l'on ne comprend pas, ce que l'on n'aime point, il est entendu, une fois pour toutes, que c'est une «*macana*»...»[188]. Il y aurait toute une *Anthologie* à composer à l'aide d'observations de cette nature, extraites des *Argonautas* et d'où ressortirait un tableau pittoresque de la «différence des humeurs» entre Espagnols et Sud-Américains.

Et quelle quantité de délicieuses observations sur d'autres traits de mœurs, plus spécifiquement argentins! Voici, à la page 259, un paragraphe sur les conférenciers venus du dehors pour apporter la bonne parole européenne à ces traficants du blé et de la viande. «Les peuples jeunes possèdent une curiosité analogue à celle de ces écoliers appliqués et indiscrets qui, après avoir écouté les leçons de leurs maîtres, entendent connaître encore les intimités de leur vie. Les livres et les œuvres d'art envoyés par le vieux monde ne leur suffisant pas, ils ont voulu voir de près la personnalité physique de leurs auteurs. Et tous les ans, arrivent à Buenos Aires des hommes illustres sous le prétexte d'y donner des conférences, en réalité pour satisfaire la curiosité des Argentins et l'orgueil des nombreuses colonies européennes qui, exhibant et fêtant le compatriote célèbre, ont l'air de dire aux autres: «*Nous ne sommes pas des ânes, labourant le sol ou vendant derrière un comptoir, nous autres, et il est bon que ces «créoles» se convainquent que nous avons, chez nous, des «docteurs» qui l'emportent sur ceux de leur pays!*» Et les Argentins, en apprenant qu'est arrivé chez eux l'auteur d'un livre que le hasard leur a fait lire il y a longtemps, ou le personnage politique dont ils retrouvent chaque matin le nom dans leur journal, se disent: *Allons voir quel est cet oiseau-là!* Ils sacrifient donc quelques pesos pour s'enfermer dans un théâtre de cinq à sept, où, bercés par la voix du conférencier, ils comparent sa figure aux portraits qui en ont été publiés, étudiant la coupe de sa redingote—pour en conclure, une fois de plus, qu'en Argentine on s'habille mieux qu'en Europe—et vont jusqu'à compter le nombre de fois qu'il a bu de l'eau. De plus, ils se paient le luxe de le tourner en ridicule, lui attribuant des anecdotes où on le voit stupéfait d'apprendre qu'en Amérique personne ne porte de plumes, à la mode indienne. Car il faut savoir qu'en ce pays l'on tient beaucoup à ce que les Européens continuent à s'imaginer ainsi les citoyens argentins, à seule fin de pouvoir se moquer ensuite, avec une joie enfantine, de l'ignorance crasse des gens du vieux monde... Quant aux femmes qui, par curiosité, remplissent les loges, elles disparaissent dès la troisième conférence et font bien, car elles s'y ennuient à mort. Elles n'aiment qu'une catégorie de conférenciers: ceux qui récitent des vers... Mais il reste les intellectuels du pays, les «docteurs», qui assistent avec une hostilité manifeste à ces lectures; qui, dès l'entrée, se disent: *Voyons un peu ce que va nous conter le monsieur!* et qui, à la sortie, protestent en chœur: *Il n'a rien dit de nouveau; nous n'avons rien appris de lui, rien, absolument!* Comme si quelque chose de neuf était un accident quotidien! Comme si un homme, qui avait trouvé quelque chose de neuf dans son pays, n'avait qu'à dire à ses compatriotes: *Attendez un peu! Patience! Je saute dans un transatlantique et vais conter ma découverte à ces MM. d'Amérique... Et je reviens, à l'instant!* Comme si les moyens de communication de notre époque et la diffusion du livre permettaient à quiconque d'aller quelque part proclamer une idée de création récente, sans qu'à l'instant trente ou quarante individus ne protestent: *Pardon! Ça, c'est connu! Il y a longtemps que nous le savions!*»

Voici, encore, à la page 276, un passage sur les banques. «Fonder une banque était chose courante dans ces pays. Il en naissait une chaque semaine. Il n'est pas de rue principale de Buenos Aires qui n'en possède un certain nombre. L'important, c'était de trouver un bon immeuble, de le doter d'un mobilier anglais «sérieux et distingué» et de comptoirs en acajou brillant. En outre, il fallait une enseigne énorme et toute dorée et aussi des panoplies de drapeaux pour les fêtes patriotiques et une façade à la merveilleuse illumination nocturne. Le capital de début: de deux à trois millions de pesos. Vous croyez avoir raison de moi en me demandant: *Où est ce capital?* Il n'y a qu'à faire figurer tous ces millions, et davantage encore si on le désire, dans les *Statuts* et surtout à la devanture et sur l'enseigne, en lettres colossales. En réalité, l'on commence avec 30 ou 40.000 pesos... Vous me demanderez également: *Où sont-ils?* Il faut compter sur les braves gens du Comité Directeur. On trouve toujours une demi-douzaine de boutiquiers désireux de figurer à la tête d'une banque. C'est une jouissance que de pouvoir dire aux amis: *Ce soir, je suis en séance au Comité Directeur.* Et quelle joie aussi d'écrire aux parents d'Europe et aux nigauds du pays sur un papier à en-tête de la Banque, qui leur cause du respect par la série respectable des millions du capital social et les chiffres mensuels d'affaires de l'établissement...»

Je n'aurais que l'embarras du choix, si je voulais citer, à côté de ces passages teintés de légère et riante satire, des morceaux d'une beauté épique, où Blasco,—qui s'est donné la peine d'étudier, dans ses moindres détails, l'histoire légendaire de Colomb, qu'il possède aussi à fond que feu Henry Harrisse et que M. Henry Vignaud,—a retracé la geste de la découverte du Nouveau Monde et dissipé mainte absurde légende sur la personnalité même de l'«*Almirante*», de ce prétendu Génois dont on ignore, en réalité, à peu près tout de la naissance et de la vie, antérieurement à 1492. Mais de tels morceaux devraient être traduits sans coupures et ils sont trop longs pour que je les insère dans le présent chapitre. Les réflexions que fait Blasco Ibáñez, à la p.

327, sur ce que coûta à l'Espagne la colonisation du Nouveau Monde, méritent cependant qu'on s'y arrête un instant. Poète doublé d'un érudit, dont les lectures sont parties des ouvrages les plus anciens et les plus rares sur cette grande matière si controversée, Blasco peint admirablement l'immense effort que représentait une entreprise civilisatrice allant de l'actuelle moitié des Etats-Unis au détroit de Magellan. Certains auteurs étrangers n'ont pas craint d'affirmer qu'en trois siècles l'Espagne avait jeté dans ce gouffre une trentaine de millions d'hommes. Le chiffre est certainement exagéré, mais que l'on songe à l'apport de sève européenne que suppose la radicale transformation du type physique original américain et combien les virilités espagnoles durent, pour éclaircir le sang indien de son cuivre autochtone, dépenser de fougue amoureuse! Si l'Espagne comptait de 18 à 20 millions d'habitants quand fut découverte l'Amérique, il est avéré qu'à la fin du XVIIᵉ siècle, elle n'en avait guère plus de 8 millions et cette effroyable régression ne laisse pas de donner à réfléchir. Mais de quelles tragédies en mer ne furent pas victimes ces bandes anonymes d'aventuriers qui se confiaient, séduits par l'appât trompeur de richesses légendaires, à des esquifs de hasard pour franchir, sans autres guides que des pilotes de fortune, des cartes ridicules et leur boussole, cette «Mer Ténébreuse»[189] dont Blasco a si bien représenté l'effroi et dont Roselly de Lorgues, historien mystique de Colomb et de ses voyages traduit en espagnol par D. Mariano Juderías Bénder, a dit que tous les ouvrages de géographie d'alors justifiaient la fatale appellation, car, sur les cartes, on voyait, dessinées autour de ce mot effroyable, des figures si terribles que, par comparaison, les Cyclopes, les Lestrigons, les Griffons et les Hippocentaures semblaient avoir été des créatures charmantes. «Pendant le premier siècle de la conquête, écrit Blasco, les aventuriers s'embarquaient sur tous les navires venus, vieux esquifs à peine radoubés que conduisait un quelconque pilote côtier, décidé lui aussi à tenter sa chance. A cette époque, les administrations ignoraient les statistiques et il n'était, en outre, pas rare que l'on partît clandestinement, sans papiers d'aucune sorte. Personne ne se souciait de la sécurité d'autrui. Chacun pour soi et Dieu pour tous! Car c'est en Dieu seul que l'on avait confiance et, pour le reste, l'on était sans craintes. Une expédition commandée par un vieux capitaine des Indes partait de Cadix pour l'Ile des Perles, sur les côtes du Vénézuéla. Le jour était serein, la mer unie et calme. Mais le galion était si désarticulé et pourri, qu'il n'avait pas navigué une heure, qu'il coulait à fond brusquement, en vue de la ville et que tout son équipage périssait dans les ondes. Cette catastrophe fit quelque bruit, parce qu'au nombre des victimes se trouvait le fils unique de Lope de Vega Carpio, mais combien d'autres tragédies analogues sont à jamais ensevelies dans les ondes de la mer et de l'oubli!»—Quand on réfléchit à ces causes, dont Blasco a si bien su démêler, pour le lecteur non géographe, ni historien de profession, l'écheveau embrouillé à plaisir par des pamphlétaires pour qui la haine de l'Espagne justifiait tout, sous quel jour historique différent apparaît la décadence, tant prômée et si peu comprise, de cette grande nation! «Notre pays, écrit excellemment Blasco Ibáñez, est, par son histoire, quelque peu semblable à une marmite qui aurait bouilli des siècles et des siècles, sans que personne se soit jamais soucié de l'écarter du feu pour que son contenu se refroidisse. Les grands peuples de l'Europe, après la crise de fusion bouillonnante où se sont mêlées leurs races et effacés leurs antagonismes, ont pu se reposer dans la paix. Ce repos leur a servi pour se solidifier, s'agrandir, pour acquérir de nouvelles forces. L'Espagne n'a pas connu de tels repos. Durant sept siècles, elle a bouillonné sous la flamme des luttes de races et des antagonismes religieux. Enfin, la fusion des divers ingrédients s'est, tant bien que mal, réalisée. La mixture nationale est faite, peut-être de mauvaise sorte, mais elle est faite. Il faut retirer la marmite du feu pour que son contenu se cristallise, qu'il cesse de se perdre en vapeurs vaines. Or, c'est à ce moment critique que

BLASCO DANS SON CABINET DE TRAVAIL, RUE RENNEQUIN, A PARIS, PENDANT LA GUERRE

**BLASCO A NICE, LORSQUE SON ÉTAT DE SANTÉ, ÉBRANLÉ
PAR UN TRAVAIL EXCESSIF, EUT NÉCESSITÉ SON SÉJOUR
DANS LE MIDI DE LA FRANCE**

l'Espagne découvre les Indes, elle qui, en vertu d'alliances monarchiques, était déjà maîtresse d'une moitié de l'Europe! Au lieu du repos nécessaire, il va lui falloir bouillonner derechef sous un feu plus intense, s'enfler en une expansion folle, absurde, la plus extraordinaire, audacieuse et insolente que consigne l'Histoire. Une nation relativement petite, située à l'un des bouts du vieux monde et qui, de plus, avait la prétention de réaliser son unité en expulsant de son sein, sous le prétexte de religion différente, ceux de ses fils qui étaient hébreux ou musulmans, c'est elle qui entreprenait en même temps de coloniser la moitié du globe, tout en maintenant sous son sceptre de lointains peuples d'Europe, qui ne parlaient pas sa langue et n'étaient pas de sa race...!»

   Los Argonautas, disais-je, ne pouvaient être écrits que par le seul Blasco, dont la familiarité avec le monde des transatlantiques était avérée par une rare pratique. Mais je tiens à marquer, en outre, que, dès son enfance, Blasco Ibáñez ressentit, pour les choses de l'Amérique, une curiosité passionnée. Il m'a avoué lui-même que «de souvenir de ses premières lectures est celui de vieux livres à gravures sur bois où étaient narrées les aventures de Colomb et de ses compagnons, ainsi que les conquêtes de Cortés et de Pizarre». Nul doute que ces impressions de jeunesse n'aient été transposées au premier chapitre de *Mare Nostrum*, où l'on voit le jeune Ferragut distraire, dans l'immense «*pòrche*»[190] de la maison paternelle, ses précoces nostalgies en se plongeant dans l'étude d'un «volume qui racontait, sur deux colonnes aux nombreuses planches gravées sur bois, les navigations de Colomb, les guerres d'Hernán Cortés, les exploits de Pizarre, livre qui influa sur le reste de son existence»[191]. Et Blasco a tenu, d'autre part, à m'affirmer que «plus encore qu'un Espagnol de la péninsule, il était un Hispano-Espagnol, considérant comme sa propre maison tous les pays de langue espagnole que limitent l'Atlantique et le Pacifique». En fait, il n'est pas, *tras los montes*, d'autre écrivain pour s'intéresser comme lui aux choses d'Amérique et les sentir aussi profondément. Et s'il a critiqué si rudement l'anarchie mexicaine—en des termes dont le lecteur français aura quelque idée en se reportant aux extraits de son livre que M. G. Hérelle a traduits au n° de Mars 1921 de la *Revue de Genève*—, c'était que, dans l'excès de son amour, il éprouvait comme une colère âpre et désespérée au spectacle d'une république qui retournait vers la barbarie, quand elle eût dû suivre l'exemple d'autres républiques sœurs, qui progressent, elles, visiblement vers le plus merveilleux, vers le plus brillant avenir.

XIII

Les romans de «guerre»: *Los Cuatro Jinetes del Apocalipsis, Mare Nostrum, Los Enemigos de la Mujer.*—Conclusion: L'œuvre future de Blasco Ibáñez et sa signification actuelle dans les lettres espagnoles.

«*Un grand trône était dressé. Un arc-en-ciel formait, derrière la tête de celui qui était assis, comme un dais d'émeraude... Quatre animaux énormes et pourvus chacun de six ailes gardaient le trône magnifique.*

»*Et les sceaux du mystère étaient, par l'Agneau, rompus en présence de celui qui était assis. Les trompettes clangoraient pour saluer le bris du premier sceau. L'un des animaux criait: «Regarde!»*

»*Et le premier Cavalier apparaissait, sur un Cheval Blanc. Et ce Cavalier tenait à la main un arc. Il avait sur la tête une couronne...* C'était LA PESTE.

»*Au deuxième sceau: «Regarde!», criait le second animal, roulant des yeux innombrables.*

»*Et du sceau rompu issait un Cheval Roux. Le Cavalier qui le montait brandissait une géante épée au-dessus de sa tête...* C'était LA GUERRE.

»*Au troisième sceau: «Regarde!», criait le troisième des animaux ailés.*

»*Et ce fut un Cheval Noir qui bondissait. Pour peser les aliments des hommes. Celui qui chevauchait la bête tenait en main une balance...* C'était LA FAMINE.

»*Au quatrième sceau: «Regarde!», vociférait le quatrième Animal.*

»*Et c'était un Cheval de couleur blême qui s'élançait. Et le Cavalier qui montait le Cheval blême, c'était* LA MORT.

»*Et pouvoir leur fut octroyé de faire périr les hommes par La Faim, par La Contagion, par L'Epée et par les Bêtes Sauvages.*»

Ce brelan de sinistres chevaucheurs, disait Laurent Tailhade dans son article de 1918, figurés en 1511 à l'aube de la réforme par Albrecht Dürer,— jeune alors et qui, dans les bois «sublimes et baroques» de son *Apocalypse*, déjà préconisait le furieux galop des hommes d'armes à travers l'Europe du XVIe siècle—, cette cavalcade réapparaît, chaque fois que, sous le vernis mensonger de la «civilisation», de «d'équité», de la «science», la primitive barbarie éclate, chez des peuples qui se croyaient affranchis des antiques erreurs. Cavaliers féaux de la Bête Humaine, ce sont eux qui, cinq années durant, ont, comme aux premiers âges, parcouru nos campagnes funèbres, accumulant ruines et cadavres sur leur passage, propageant la hideuse ivresse du meurtre, l'homicide folie, les haines et la cupidité, le tragique appétit de la volupté, du sang et de la mort. Ces *Cuatro Jinetes del Apocalipsis*, nous tous qui les avons vus poursuivre leur galop furieux à l'horizon des Temps

Nouveaux—identiques à eux-mêmes, tels que les avait rêvés le prophète de Nuremberg—et conduire à l'abattoir le troupeau des «Ephémères», nous nous devons d'être, à jamais, reconnaissants à Blasco Ibáñez d'en avoir éternisé, pour notre mémoire, hélas! si oublieuse, la sublime et terrible image dans la fresque immortelle où, avec une puissance évocatrice restée sans égale, il a retracé les affres de ce drame dont la France tressaille toujours et dont les conséquences troubleront longtemps encore l'Univers civilisé tout entier.

Et, puisque nul n'a mieux su l'exprimer que Tailhade, pourquoi ne pas lui emprunter encore cette courageuse et franche confession: que ce n'aura pas été la moindre singularité d'une guerre où tout n'était que surprise, étonnement et paradoxe—guerre scientifique et forcenée, où le Primate cannibale réapparut, déguisé en chimiste, en ethnologue, en mécanicien, où la suprématie de l'Argent s'affirma par des horreurs laissant fort loin en arrière la cruauté des fauves du désert—, d'avoir inspiré le plus beau commentaire de ses gestes à un écrivain sans attaches autres que sentimentales avec les nations belligérantes. «C'est un Espagnol venu à la France non comme un fils, mais comme un ami, qui semble avoir, jusqu'à présent, donné le plus beau roman de la guerre, l'épopée en prose digne de tant d'héroïsme, d'épouvante, de malheur et de gloire. Cet homme, au nom duquel on ne saurait adjoindre sans quelque hésitation l'épithète d'*étranger*, a, dans une œuvre que sa beauté met à l'abri des vicissitudes communes, exprimé ce qui fut le sentiment public chez les peuples de culture latine au début de la guerre. Haine de l'envahisseur, optimisme guerrier, foi dans le triomphe de la justice, dévouement, illusion: tous les enthousiasmes et toutes les chimères sont incarnés, ici, dans des êtres qui vivent, souffrent, agissent et pleurent comme nous.»

Qui voudrait achever de se convaincre des différences spécifiques qui séparent le faire de Blasco de celui de Zola n'aurait qu'à comparer la manière de l'un et de l'autre, dans ce roman et dans *La Débâcle*. Chez Zola, les monstres—investis, surtout à partir de *Germinal* et de *La Bête Humaine*, d'un rôle prépondérant et symbolique—fussent devenus une chimère tétracéphale, des Gorgonnes quadruples, entités vivantes et agissantes, à la façon de la Locomotive de *La Bête Humaine*, de l'Escalier de *Pot-Bouille*, du Paradou de *La Faute de l'Abbé Mouret*. Chez Blasco, ils servent de fond à la très simple et très humaine histoire d'un chef de famille français, Desnoyers, transplanté au nord de l'Argentine et revenu, après fortune faite, en France peu de temps avant qu'éclatât le conflit de 1914. Un rameau détaché de son arbre généalogique s'est greffé sur une souche allemande, la sœur cadette de sa femme, fille d'un richissime *estanciero* argentin, Madariaga, ayant épousé le jeune Allemand Karl Hartrott, qui l'avait séduite. Ainsi posé, le drame se déroule dans sa logique nudité. Marcel Desnoyers, l'ancêtre, le *paterfamilias*, qui désertait en 1870 pour conquérir, dans la pampa, grâce à son mariage, une fortune princière, connaît, devant la furie et l'emportement guerriers de la jeunesse française, un immense regret de ne pouvoir endosser le harnais des poilus. Son fils aîné, Julio, jusqu'à la guerre s'était borné à «peindre les âmes», à cueillir les myrtes de Joconde. Et sa Joconde, c'était une certaine Marguerite Laurier, femme divorcée d'un ingénieur, propriétaire d'une fabrique d'automobiles de la banlieue parisienne, qu'il avait épousée à 35 ans, alors qu'elle n'en avait que 25, et dont la vertu n'avait pas su résister aux grâces de ce parfait danseur de tango, si bien que le pauvre Laurier, averti du scandale par quelque bon camarade, avait fini par surprendre sa femme dans un de ses rendez-vous d'amour, et, renonçant à tuer le jeune gandin, s'était borné à renvoyer chez sa mère la trop volage épouse. Né Argentin, Julio eût pu rester tranquillement à Paris durant toute la guerre. Le sang français fut plus fort. Il s'engagea dans un régiment de ligne, fut blessé, gagna les galons de sous-lieutenant et fut tué dans une offensive, en Champagne, au moment où il allait passer lieutenant et était proposé pour la Légion d'Honneur. «Comme la guerre, observait Tailhade, est par essence civilisatrice, l'épouse adultère, Marguerite Laurier, consciente, enfin, de ses devoirs, regagne le domicile conjugal, près de l'homme—aveugle de guerre, ou peu s'en faut— qu'elle minautorisait. L'épisode est touchant. Il aurait pu dériver dans le comique, entre les mains d'un conteur moins adroit que Blasco Ibáñez. Emouvoir avec un récit dont le point de départ prête à rire, c'est cela même qui fait la gloire du poète. Hugo a déchaîné *Ruy Blas* sur la donnée hilarante des *Précieuses Ridicules*.»

Les Desnoyers possédaient à «Villeblanche-sur-Marne», à un peu plus de deux heures de chemin de fer de Paris, un merveilleux château historique, qui leur avait valu l'amitié d'un châtelain voisin, ex-ministre, le sénateur Lacour, dont le fils, René, héros, lui aussi, de la guerre, finira, amputé du bras gauche et une jambe ankylosée, par épouser Chichí, sœur unique de Julio Desnoyers. Lors de la retraite de la Marne, le vieux Desnoyers, qui avait laissé une baignoire en or massif—emblème et honte à la fois de sa fortune de millionnaire—dans son manoir, eut la folle idée de vouloir aller la sauver des déprédations boches, et c'est à cet incident que nous sommes redevables des plus belles pages du roman: celles des chapitres III et V de la *Deuxième Partie: La Retraite* et *L'Invasion*. Il importe, pour bien comprendre l'exactitude de ces peintures, de se souvenir de ce qui a été dit précédemment, au chapitre VII, des voyages de Blasco Ibáñez au front, alors que les traces de la bataille qui sauva la France y étaient encore fraîches et comment l'auteur put y recueillir, au Quartier-Général de Franchet d'Esperey, plusieurs témoignages directs sur l'énorme choc entre les deux armées. Ce sont ces particularités, uniques, qui lui ont permis de reconstituer la réalité, de même que la description du «centaure» Madariaga et de la vie dans son *estancia*, au chapitre II de la *Première Partie*, n'eût jamais été possible, si Blasco n'avait pas vécu lui-même une vie semblable en Argentine, lors de sa période colonisatrice. Sa germanophobie, ancienne et invétérée, lui a, d'autre part, servi admirablement dans l'invention de maints personnages secondaires[192]. Qui oubliera jamais ce type délicieux de pédant boche qu'est le cousin germain de Julio Desnoyers, Otto von Hartrott, qui préconise la domination du Germain dolichocéphale sur les peuples dont le crâne a le malheur d'être autrement constitué, attestant Broca, Hovelaque, Letourneur ou Gobineau pour légitimer le meurtre, l'incendie

PORTRAIT DE BLASCO PUBLIÉ PAR LES JOURNAUX DE NEW YORK, A L'OCCASION DE SON VOYAGE AUX ETATS-UNIS

SÉANCE SOLENNELLE DE L'UNIVERSITÉ «GEORGE WASHINGTON» OÙ BLASCO IBÁÑEZ A ÉTÉ REÇU DOCTEUR ÈS LETTRES «HONORIS CAUSA»

et le viol? Mais toute la tribu de ces von Hartrott n'est-elle pas aussi admirablement prise du réel, junkers fanatiques de la chose militaire qui marchent à la tête de leurs «pantins pédants» comme les maigres hobereaux de Heine? Et faut-il évoquer la silhouette de ce commandant Blumhard, père de famille aussi tendre que violateur homicide, personnage de *Hermann und Dorothea* en même temps que de *Justine*, ou encore de Son Excellence le Général Comte de Meinberg, esthète aux mœurs thébaines qui dut s'asseoir, aux bons temps de Guillaume, à la Table Ronde d'Eulenburg et qui, composant des ballets, se plaît également à fusiller les jeunes hommes convaincus de laideur? Planant au-dessus de ces figures, amères ou repoussantes, le nihiliste Tcherkoff et l'artiste Argensola déduisent la philosophie et la doctrine de ce roman, où l'armature du récit, la mise en jeu de l'action, l'ordonnance des plans révèlent la plus incomparable des maîtrises. Jamais les épisodes ne traînent en longueur. Ils s'incorporent, ainsi que les paysages, à la principale action. Ils sont la pulpe même et la chair, non pas le simple ornement, du récit.

Laurent Tailhade terminait son article d'*Hispania* en se gaussant de la partialité, ou de l'étroitesse d'esprit du professeur anglais James Fitzmaurice-Kelly, lequel reprochait, indirectement, à Blasco de travailler «pour l'exportation». Tailhade eût, sans nul doute, accentué l'ironie, s'il eût su que cet illustre hispanologue de Londres se trouvait, à son insu, avoir fait chorus avec le représentant, à l'Académie Espagnole, de ces germanophiles transpyrénaïques dont les patronymiques ornèrent, en Octobre 1916, les colonnes d'*Amistad Hispano Germana*, et dont la haine de la France n'a eu d'égale, tout au long de la guerre, que la pitoyable cécité intellectuelle. C'est au tome II de *Crítica Efímera*[193] que l'employé de ministère Don Julio Casares—critique littéraire qui obtint, naguère, un succès de scandale, en traitant, dans son volume: *Crítica Forma*, de plagiaires les écrivains rattachés à la période de rénovation de 1898—a réimprimé un article où il croyait du dernier fin d'écrire que *Los Cuatro Jinetes del Apocalipsis* avaient d'abord été rédigés en français, puis traduits en espagnol, et où il définissait ce roman: «*una torpe é insoportable recopilación de cuanto el odio y la ignorancia han escrito recientemente contra una de las naciones más cultas de Europa*»[194]. Mais à quoi bon s'attarder à de telles pauvretés? Le succès inouï de *Los Cuatro Jinetes del Apocalipsis* a dépassé les espoirs même les plus optimistes. Au dire de *The Illustrated London News*[195], la 200ème édition anglaise en aura été épuisée avant que fussent satisfaites les demandes en cours, émanant de lecteurs dispersés à travers le monde, et cet organe ajoutait, je tiens à le répéter, que: «*it is said to have been more widely read than any printed work, with the exception of the Bible*»[196]. Car cette comparaison avec la Bible,—dont présentement la *Société Biblique* a édité des versions en 500 langues ou dialectes, aux noms inconnus de l'immense majorité des mortels—ne laisse pas d'être fort caractéristique. Leur popularité ira croissant encore avec le temps et il n'y aura pas de coin de l'Univers où elle ne pénétrera, avec le merveilleux film que la *Metro Pictures Association* vient de réaliser et dont toutes les scènes ont été tournées au pied des montagnes de San Bernardino, cette ville de la Californie du Sud fondée en 1851 par les Mormons et qui s'est si rapidement développée, en sa qualité de centre d'un district prodigieusement riche en fruits. Ce film, qui laisse loin derrière lui l'informe essai tenté à Paris en 1917 et qui portait le titre: *Debout les Morts!* et la mention: «*Inspiré du roman de M. Blasco Ibáñez Les Quatre Cavaliers de l'Apocalypse...*»[197], a coûté à la *Metro Pictures Association* la bagatelle d'un demi-million de Livres et aura battu le record de l'industrie cinématographique aux Etats-Unis.

Mare Nostrum sera le seul des trois romans de «guerre» de Blasco Ibáñez que le public français—le public anglo-saxon a fait à *Our Sea*[198] une fortune presque égale à celle des *Four Horsemen*—connaîtra dans son intégralité, puisque les *Quatre Cavaliers de l'Apocalypse* et *Les Ennemis de la Femme* lui auront été présentés avec de sensibles mutilations et même—du moins le premier— de regrettables remaniements. Sa traduction, que j'ai entreprise, est assez avancée et verra le jour cette année même. C'est incontestablement un chef-d'œuvre et, je le crois, le chef-d'œuvre de Blasco Ibáñez. La mention de date mise à la page finale, qui est la page 446, dit: «*París, Agosto-Diciembre 1917.*» Mais le livre fut commencé en réalité à Nice en Janvier 1917 et Blasco dut en interrompre la rédaction jusqu'en Août de la même année, pour vaquer à ses campagnes de propagande en faveur de la cause alliée. A sa publication, un des Directeurs du *Bulletin Hispanique*, M. G. Cirot, professeur d'espagnol à l'Université de Bordeaux, qui, mobilisé, y signait alors: *St-C.*,—et dont j'ai cité plus haut le livre sur l'historien Mariana—écrivit, dans le n° de Janvier-Mars 1918 de cette revue, une *note* dont je crois qu'il ne sera pas superflu de reproduire le texte: «MARE NOSTRUM, par *V. Blasco Ibáñez.*—L'ironie tragique du titre annonce la pensée de l'œuvre. L'un des romanciers les plus en vue de l'Espagne, l'auteur de *La Barraca*, de *Flor de Mayo*, de *Cañas y Barro*, auquel le traducteur de D'Annunzio n'a pas dédaigné de consacrer l'effort de son rendu exact et limpide, a senti son âme, celle de sa race, frémir sous l'outrage répété, systématique et calculé, que les Allemands se disent obligés de commettre par la nécessité de se défendre. C'est au moment où le nombre de bateaux espagnols coulés passait la soixantaine, que M. Blasco Ibáñez a lancé ce manifeste émouvant, rédigé suivant la formule de son art méthodique, avec toute la puissance émotive d'une imagination exercée par tant d'activité antérieure, excitée par un spectacle si terrifiant, si honteux. Sans doute, il a ménagé les susceptibilités de ses compatriotes, les siennes propres, en faisant, du héros de cette triste histoire, le jouet d'une femme, non un salarié. Comme le personnage homérique dont il porte le nom, Ulysse Ferragut, capitaine de la marine espagnole, est fasciné par une Calypso qui le retient loin du foyer, de la patrie et du devoir; mais sa destinée est plus lamentable. Il ne reverra pas son fils, victime des pirates que lui-même a ravitaillés. Il ne reverra qu'une épouse en larmes, méprisante et froide. Lui-même finira, frappé comme son fils, après avoir racheté héroïquement sa faute, si bien que la pitié efface la honte. Il n'y en a pas moins, dans ce romanesque récit, une réprobation synthétique de tout un ensemble de faits dont l'histoire multiple ne peut s'écrire et ne s'écrira probablement jamais, parce qu'il y a des choses qu'il vaut mieux, dans l'intérêt de l'avenir, ne pas retracer, même sur le sable... A moins que ne perce quelque jour la vérité, provoquant un scandale salutaire et réparateur, découvrant, dans la réalité autrement mesquine et vulgaire, quelque Ferragut, combien moins sympathique et moins excusable! Quoi qu'il en soit, c'est un honnête homme qui parle, dans ce livre attachant et grave, pour fixer le jugement, peut-être encore flottant, de ses concitoyens. C'est un homme aux idées généreuses. *Vox clamantis in deserto?* Non, elle trouvera un écho, cette voix, comme celle de D'Annunzio, dans la patrie inquiète et humiliée...»[199].

La Calypso qui fait qu'Ulysse Ferragut abandonne le chemin du devoir et sert, encore que passagèrement—mais suffisamment pour que sa félonie entraîne la mort tragique de son propre fils, que M. Edmond Jaloux n'eût pas dit «sentir son feuilleton»[200], s'il eût assisté, comme l'auteur de ce volume en 1917, aux drames quotidiens de la piraterie sous-marine allemande en Méditerranée—la cause du Boche en ravitaillant un de leurs *Unterseeböte*, Blasco l'a appelée du nom mythologique de Freya, la Vénus nordique qui a donné son nom au vendredi—*Veneris Dies: Freitag*, c'est-à-dire *Tag der Fria*, ou *Freia*—des Allemands. Et, ici, la supposition se présente à l'esprit que l'auteur ait songé, pour créer ce type, à la célèbre espionne Mata Hari, de son véritable nom Margareta-Gertrud Zelle, arrêtée en France le 13 Février 1917, condamnée à mort le 24 Juillet de la même année et fusillée en Octobre à Vincennes—tout cela bien après que, dans *El Liberal* madrilène, un journaliste espagnol l'eût signalée, dans un article intitulé: *La dama de las pieles blancas*, à la vindicte des Alliés, comme étant à la solde des ennemis de leur cause en Espagne. Franchissant la distance périlleuse et tentante qui sépare la simple hypothèse de la catégorique affirmation, l'on voit, en effet, l'hispanologue italien Ezio Levi écrire, dans le *Marzocco* du 9 Janvier 1921, que «*il fatto da cronaca da cui trae inspirazione l'ultimo (sic) romanzo di Vincenzo Blasco-Ibáñez, è lo spionaggio della ballerina Mata-Hari, il suo processo davanti al consiglio di guerra di Parigi, la sua fucilazione nel forte di Vincennes*»[201]. En vérité, rien n'est moins exact et j'ai écrit, dans *La Publicidad* de Barcelone[202], un article spécial pour dissiper cette légende, établissant que, «lorsque Blasco commença la rédaction de *Mare Nostrum*, personne—sauf quelques rares agents de nos services d'information étrangère—ne connaissait cette danseuse et que le maître développa la trame de son récit sans penser le moins du monde à elle. Ce ne fut que lorsqu'il approchait de la fin qu'on fusilla l'espionne. L'auteur songea alors à profiter de cette coïncidence tragique et c'est ainsi qu'il fit fusiller sa Freya, qu'originairement il entendait tuer de tout autre façon. Il était allé voir l'avocat de Mata Hari, maître Clunet, son ami, qui lui conta la scène finale, dont il avait été témoin et que le romancier transcrivit presque textuellement pour son douzième et dernier chapitre. C'est là tout ce que *Mare Nostrum* a à voir avec Mata Hari. Le reste, soit donc presque tout le roman, est sans relations aucunes avec la Zelle. Ni Blasco Ibáñez, ni personne ne la connaissait alors comme agent à la solde des Allemands en pays belligérants et neutres et il n'aura pas été superflu de fixer ici ce point délicat de controverse littéraire. Du reste, il suffirait de lire le livre pour se convaincre que Freya est une quelconque espionne, une espionne, risquerai-je de dire, «aquatique» et qui, en tout cas, n'est point danseuse de métier.»

De génération en génération, les Ferragut ont été marins. En vain, le grand-père a-t-il envoyé a l'Université l'oncle Antonio pour en faire un médecin, un «*señor de tierra adentro*»[203]. Le Docteur est un homme de mer. On l'appelle le *Triton* et son plus grand plaisir est de se livrer à la pêche et à des fugues en Méditerranée sur les vapeurs qui veulent bien l'accueillir. En vain, le père Ferragut, notaire à Valence, veut-il que son fils Ulysse suive la carrière paternelle. Ulysse obéit à l'appel de son sang et sera marin, en dépit de tout et de tous, même de sa femme, Cinta Blanes, et du fils qu'elle lui donna, Esteban. Cet Ulysse catalan eût pu répéter ce que Dante avait mis sur les lèvres de l'autre, le fils de Laërte:

Nè dolcezza di figlio, nè la pièta
Del vecchio padre, nè il debito amore
Lo qual dovea Penelope far lieta,

Vincer potero dentro a me l'ardore
Ch'i' ebbi a divenir del mondo esperto,
E degli vizj umani e del valore:

Ma misi me per l'alto mare aperto
Sol con un legno, e con quella compagna
Picciola, dalla qual non fui deserto...[204]

Le «*sol con un legno*» dantesque doit s'entendre d'une fragile tartane, vite échangée contre un voilier, qui cède à son tour la place à un vapeur, jusqu'à ce que, de fortune en fortune, la déclaration de guerre trouve Ulysse Ferragut, devenu riche armateur, à bord du *Mare Nostrum*, acquis en Ecosse. Les hostilités multiplient les trafics maritimes des neutres et leurs profits. Ulysse est en train de réaliser des gains fabuleux, lorsqu'un accident survenu dans les eaux de Naples à son navire l'immobilise sur ces rivages enchanteurs, où, errant un jour à travers les ruines de Pompéï et les roseraies de Pesto, le sourire de la fatale Freya fait de lui l'esclave de cette aventurière allemande.

Le loup de mer oublie donc Cinta qui, nouvelle Pénélope, file sa laine en l'attendant et il ne vit plus que pour la Circé parthénopéenne, dont le mystérieux passé est pour lui un attrait de plus. Il n'apprend sa véritable qualité d'espionne au service du Kaiser que lorsqu'il est trop tard pour réagir et peut-être consentirait-il à mettre le *Mare Nostrum* au service de l'Allemagne, si son second, l'honnête Tòni, dans un élan d'honneur outragé, n'emmenait le navire à Barcelone. Mais, sur un voilier, il ira approvisionner de benzine, dans les eaux des Baléares, un sous-marin allemand. C'est lors que, de cette moderne *Odyssée*, surgit Télémaque en la personne d'Esteban Ferragut. Le jeune homme, affolé par l'absence totale de nouvelles paternelles, a su, grâce à Tòni, qu'une mauvaise femme retenait captif, à Naples, le capitaine du *Mare Nostrum* et s'est bravement rendu en cette ville pour l'y chercher. Ne l'y ayant point trouvé, il revient en Espagne sur un vapeur français et y périt torpillé par le même sous-marin que la trahison de Ferragut a peut-être alimenté d'essence. La déclaration de guerre de l'Italie à l'Allemagne, qui ramène à Barcelone le père enfin dégrisé, fait que celui-ci apprend en cours de route la catastrophe où a péri son enfant. Désormais, il n'aura plus qu'une pensée: la vengeance. Son navire est mis au service des Alliés et court les mers, chargé d'armes et d'explosifs, cependant que Freya, qui ressent pour Ferragut le premier amour profond de sa vie, s'emploie vainement à le sauver des représailles boches. Mais, entre ces deux êtres, s'est, désormais, interposée l'image d'un mort et Ulysse, dans une entrevue qu'il a avec Freya à Barcelone, centre, je l'ai dit, des intrigues sous-marines allemandes, va jusqu'à frapper brutalement l'espionne qui, désespérée, abandonnée par les siens, va se faire prendre en France et mourir à Vincennes, pour, du seuil d'Adès, appeler à elle l'amant soumis d'autrefois. Et, en effet, le *Mare Nostrum* saute, torpillé, en vue des rivages riants de la côte levantine, à la hauteur de Carthagène, et les flots de la Méditerranée se referment, indifférents et silencieux, sur cette catastrophe semblable à tant d'autres en ces années d'épouvante, et bien faite pour qu'on lui applique encore les vers qui, dans l'*Inferno*, closent—en conformité avec les dires de Pline et de son compilateur, Solinus—le récit du vieil Ulysse:

Noi ci allegrammo, e tosto tornò in pianto;
Chè dalla nuova terra un turbo nacque,
E percosse del legno il primo canto.

Tre volte il fé girar con tutte l'acque;
Alla quarta levar la poppa in suso,
E la prora ire in giù, com'altrui piacque,

Infin che 'l mar fu sopra noi richiuso[205].

Ce serait commettre une erreur grossière que de voir en *Mare Nostrum* un roman d'amour. Dans cette mâle Odyssée catalane, ce ne sont ni Circé, ni Pénélope qui donnent le ton. Le héros, c'en est le Ferragut dont la mort glorieuse ne signifie pas la défaite, mais présage, au contraire, cette victoire gagnée à travers tant de douleurs, de larmes et de sacrifices. *Mare Nostrum* est une œuvre énergique, où transparaît l'invincible personnalité de l'auteur, de ce héros d'action et de pensée pour qui la vie n'est pas un paradis terrestre où se nouent des idylles, mais un vaste champ de bataille où les forts, s'il leur arrive de devoir céder, ne s'avouent jamais vaincus, parce qu'ils professent la philosophie des Surhommes, pour lesquels notre passage ici-bas n'est que le moyen de faire triompher une volonté de puissance. Et, dominant cette virile poésie, il en est une autre, plus irrésistible parce que purement physique: la poésie de la mer. J'ai déjà dit que personne, avant Blasco, n'avait célébré aussi éperdument la Méditerranée. Quand Ferragut, dans l'attente de sa maîtresse, à l'Aquarium de Naples, distrait ses nostalgies en déroulant le mystère des profondeurs marines, la prose du romancier acquiert cette splendeur épique qu'avaient déjà les pages des *Argonautas* où sont évoquées les errances de Colomb et le calvaire des premiers conquistadors. Du vieux Cadmus à la mitre phénicienne au Niçois Masséna, ce *Fils aimé de la Victoire* dont la bonne étoile s'éclipsa au Portugal en 1810, c'est toute l'histoire maritime méditerranéenne, toute la gloire de l'*homo mediterraneus* qu'a, mieux qu'écrite, chantée Blasco. Et à l'heure où je rédige ces lignes, sous le pâle et grisâtre ciel d'un village de Bourgogne Champenoise, songeant à ces fresques admirables de *Mare Nostrum*, je vois l'hivernale pénombre céder la place aux horizons ensoleillés du Midi et je sens, à travers la brume glaciale de l'Est, comme passer l'âcre et salubre brise des rivages heureux de la mer latine.

J'ai demandé à Blasco de me dire dans quelles conditions il avait écrit *Los Enemigos de la Mujer*. «Je dus, m'a-t-il déclaré, passer, comme vous le savez, les derniers mois de la guerre sur la Côte d'Azur pour refaire une santé gravement compromise par des excès de travail de quatre années. Les médecins m'avaient rigoureusement prescrit de m'abstenir de toute occupation mentale. Mais il me semble ne plus vivre, lorsque mon activité doit chômer. Les jours de paresse, j'ai l'air honteux et confus de quelqu'un dont la conscience ne serait pas tranquille. Au bout de quelques semaines de ce repos forcé, je sentis la nécessité de composer un nouveau roman et c'est ainsi que—lentement, à cause d'un état physique précaire—j'écrivis mon livre. Par un étrange phénomène, à mesure que j'avançais dans la composition, je sentais ma santé se fortifier et quand j'en eus achevé le dernier chapitre, rien, désormais, ne s'opposait à ce que je songeasse aux préparatifs de mon voyage aux Etats-Unis. *Los Enemigos de la Mujer* ont donc été rédigés à Monte-Carlo, où j'ai résidé une année entière et si j'y suis resté la paix signée, c'est que je tenais à terminer cette œuvre à l'endroit même où s'en déroulait l'intrigue.»

Je ne sache pas qu'il existe—et cependant le nombre des romans dont l'action se passe dans la Principauté est considérable—d'ouvrages d'imagination où le milieu monégasque ait été reconstitué de façon plus parlante, en sa phase de guerre, qu'aux chapitres IV, VI, VII, VIII et XII des *Ennemis de la Femme*. Mais le but de Blasco, en composant ce volume, était tout autre que de se livrer à des fantaisies de peintre et de satirique. Son dernier roman est le livre des égoïstes, des jouisseurs qui surent, pendant presque tout le cours de la tragédie, rester en marge des événements, continuant, dans l'un des plus beaux recoins du globe et à quelques centaines de kilomètres du sanglant abattoir, leur existence vide de toujours jusqu'à ce que, touchés par la grâce, les plus représentatifs d'entre eux se jetèrent, à leur tour, dans la mêlée, pour en sortir meurtris de corps, mais rajeunis d'âme et devenus d'autres hommes. Le Prince Miguel-Fédor Lubimoff était fils d'un général de Don Carlos, Don Miguel Saldaña, marquis de Villablanca, dont la participation à la dernière guerre carliste—déclarée sous le prétexte de l'élection du Duc d'Aoste au trône d'Espagne en 1871, puis de la proclamation de la République en 1873—eut pour conséquence, à l'échec final de celle-ci en 1876, l'exil de ce personnage à Vienne, d'où, lors de la guerre Russo-Turque, il passa en Russie pour épouser, à Pétersbourg, la richissime princesse Lubimoff, une neurasthénique qui finira ses jours à Paris, remariée, après veuvage, à un gentilhomme écossais. Lubimoff fils, qui a gaspillé sa jeunesse dans les plus folles aventures, se trouve, lorsqu'éclate la guerre et près de la quarantaine, à la tête d'une fortune déjà fort ébréchée et que les événements de Russie compromettront très sensiblement. Ce mélange hybride de Slave et de Latin, blasé mais non déséquilibré, s'est réfugié dans la splendide villa qu'il possède à Monte-Carlo, la *Villa-Sirena*, où il a résolu, en raffiné qui sait que la femme est cause de tout mal—mais aussi de tout bien—entre les hommes, de vivre, dans la compagnie de parasites, une sorte d'existence cénobitique où tous les vices seront permis, sauf celui qu'à la p. 303 du livre l'on définit: «*la única embriaguez interesante de nuestra existencia*»[206]. Ces parasites constituent un autre brelan, moins redoutable certes que celui évoqué par Dürer, le peintre terrifique, mais qui n'en reste pas moins extrêmement original. Voici, d'abord, Don Marcos Toledo, épave des guerres carlistes, qui, après avoir connu les misères de l'abandon à Paris, avait fini par échouer dans le palais de la Princesse Lubimoff, à la Plaine Monceau, en qualité de maître de castillan du jeune Miguel, dont il est devenu le chambellan, non sans s'être adjoint préalablement le titre, aussi honorifique qu'irréel, de Colonel. Doué d'un bon sens assez perspicace, Don Marcos a parfois des reparties curieuses, telle celle qui lui fait dire, p. 222, qu'en sa qualité d'Espagnol—l'action du roman se passe au cours de l'année 1918—et de patriote, «il souffre de voir l'Espagne en marge de la lutte, s'efforçant d'ignorer ce qui se passe dans le reste du monde, se cachant la tête sous son aile à la façon de certains échassiers, qui s'imaginent ainsi que, de ne pas voir le péril, celui-ci les épargnera. Si sa patrie ne figurait pas parmi les nations «indécentes», elle ne comptait pas, cependant, parmi les peuples «décents», puisqu'elle laissait systématiquement échapper l'occasion d'une gloire qui le faisait, lui, frémir...» Ou cette autre, sur Guillaume II, à la page 227: «Je connais parfaitement le Kaiser. Ce n'est qu'un lieutenant. Un lieutenant qui a vieilli, tout en conservant l'étourderie et la pétulance de sa jeunesse. Mais il a l'honneur de l'officier et, se voyant perdu, il se brûlera la cervelle. Vous verrez qu'en cas de défaite, il se suicidera ainsi...» Atilio Castro, lointain parent du prince, n'est qu'un de ces pique-assiettes du monde comme il faut, dont Monte-Carlo a possédé et possède tant de spécimens bizarres. Vague consul d'Espagne, naguère, nul ne sait au juste où, mais, en tout cas, fort peu de temps, il s'est fait joueur professionnel: «*el señor del 17*»[207], et, toujours décavé, n'en vit pas moins, en apparence, comme le gentleman correct et le parfait «*caballero*»[208] que ce genre d'individus apparaît par définition. Teófilo Spadoni, lui, n'est qu'un vulgaire pianiste qui, ayant fait partie des équipes musicales du prince à bord de ses yachts successifs—sur l'un desquels Lubimoff reçut, en cousin, Guillaume II—, restera son commensal. Né de parents italiens, peut-être au Caire, à moins qu'à Athènes ou à Constantinople, il constitue le plus parfait type de crétin que l'on puisse imaginer, partageant son existence entre une mélomanie presque machinale et la hantise de la roulette et du trente-et-quarante, pauvre pantin qui ne joue, lui, que le 5 et dont l'idée fixe serait de découvrir la bienheureuse martingale qui lui permettrait de faire sauter la banque de M. Blanc et de détrôner Son Altesse Sérénissime, le Prince Albert. Carlos Novoa, enfin, n'est qu'un simple pédagogue espagnol, c'est-à-dire, en dehors de la science, un être sans intérêt. Son Gouvernement l'avait envoyé au *Musée Océanographique* pour y étudier la faune marine, mais il finit par laisser là le plankton et cultiver, lui aussi, avec l'application professionnelle les 36 numéros et les 6 jeux de cartes du Casino.

Tel est le brelan des cinq *Ennemis de la Femme*. Leur association, où la seule langue parlée est l'espagnol, sera cependant de courte durée. La Femme, qu'ils ont bannie de leur milieu, ne tarde pas à se venger d'eux et l'aphorisme de Lucrèce—*De Rerum Natura*, I, 23-24—que citait D. Juan Valera en 1874 à l'épilogue de sa *Pepita Jiménez*:

Nec sine te quidquam dias in luminis oras
Exoritur, neque fit lætum, neque amabile quidquam,[209]

trouve, une fois de plus—comme, déjà, c'était le cas dans l'un des premiers essais dramatiques attribués à Shakespeare: *Love's Labour is lost*, dont Michel Carré et Jules Barbier tirèrent leurs *Peines d'amour perdues*—en le triomphe rapide de Vénus honnie, son éternelle application. Le «Colonel» tombe amoureux de Madó, fille du jardinier de *Villa-Sirena*, et finit par l'épouser. On devine ce que sera cette union et si la jeune femme, à la fin du livre, fait les yeux doux à un sous-officier yankee, l'on peut être certain que ce n'est là qu'un commencement et que la chose aura plus d'une suite! Castro, toujours distingué, courtise d'abord vaguement Doña Enriqueta, la «*Infanta*», fille de Don Carlos, une joueuse passionnée, puis tombe dans les bras d'une rastaquouère sud-américaine, *gaucho* en jupons, Doña Clorinda, que ses allures d'Amazone du Tasse ont fait dénommer «*la Generala*» et avec laquelle il disparaît—lui, trouvant, comme soldat de la Légion, une mort glorieuse au front; elle, évanouie à Paris, dans les troubles remous de la guerre. Spadoni, irréductible, s'il continue à abhorrer la femme, ce n'est que pour sombrer dans la plus dangereuse débauche du jeu. Novoa, passionnément esclave d'une soubrette, se voit abandonné

BLASCO IBÁÑEZ PORTANT, A L'UNIVERSITE «GEORGE WASHINGTON», LA ROBE, BORDEE DE VELOURS BLANC ET DOUBLÉE DE SOIE JAUNE ET BLEUE, DES DOCTEURS «IN ARTS AND LETTERS»

LES ÉTUDIANTES DE «BRYN MAWR COLLEGE», ÉCOLE SUPÉRIEURE POUR FEMMES EN PENNSYLVANIE— RECEVANT, EN PLEIN HIVER, BLASCO, A CHEVAL, DANS LE PARC DU COLLEGE

par celle-ci, qui lui préfère un officier américain et retourne tristement en Espagne, où sa science marine sera royalement rétribuée à raison de cinq cents *pesetas* mensuelles. Le prince, malgré ses dédains de nabab repu, a à peine retrouvé une amie d'enfance, fille du frère de son beau-père et d'une niaise et orgueilleuse créole mexicaine, la duchesse Alicia de Delille, qu'il recommence avec cette opiomane de 40 ans, fervente du tapis vert où elle perd et reperd des fortunes, son existence d'autrefois. Mais la duchesse, qui tenait son titre d'un duc français, mari plus âgé qu'elle de vingt ans et qui a dû l'abandonner lorsqu'elle l'eut fait père sans sa collaboration, apprend soudainement que ce fils adultérin, Français pourvu d'un faux état-civil et— naturellement—pilote aviateur, est mort, en captivité, en Allemagne et son désespoir est tel qu'elle éconduit définitivement Miguel. Celui-ci, qui n'en est pas à une folie près, se bat en duel avec un pauvre diable de blessé de guerre, un lieutenant espagnol de la Légion, Antonio Martínez, qu'il soupçonne, dans sa stupide jalousie, de l'avoir remplacé dans les faveurs d'Alicia, puis, sermonné par une angélique infirmière anglaise, lady Lewis—dont l'oncle partage sa vie entre le whisky et le Casino—finit par reconnaître, un peu tard, qu'il a fait, jusqu'ici, lamentablement fausse route, s'engage, à son tour, dans la Légion, où sa qualité d'ancien capitaine de la Garde Impériale le fait admettre au titre de sous-lieutenant, passe dix mois et vingt jours au front, y perd un bras et ne revient, après l'armistice, à Monte-Carlo, que pour y apprendre qu'Alicia, morte des suites d'un empoisonnement du sang contracté comme dame de la Croix-Rouge dans un hôpital militaire, lui a légué tout ce qu'elle possédait outre-mer, et, en particulier, ses mines d'argent du Mexique, «rien en ce moment, mais demain, peut-être, une fortune presque égale à celle que Lubimoff possédait, naguère, en Russie.»

Le roman est touffu, mais, à travers ces halliers de verdures méditerranéennes, un sentier serpente, qui nous conduit à une clairière inondée de glorieuse lumière, d'où, comme des esplanades du cimetière de Beausoleil, la vie sourit à la mort. Cette clairière, Miguel Lubimoff n'y arrive qu'aux dernières pages du livre, où la purification de son âme s'est réalisée dans la douleur. Ce mutilé que la double flamme de la souffrance physique et morale a converti, retrouve, en face des horizons radieux de la mer latine, le sens de la vie, et, plus noble que le prince Nekhludov de *Résurrection*, dans Tolstoï, consacrera désormais ses jours, non au salut d'une seule existence, mais «au bonheur de cinquante infortunés, parmi les centaines de millions qui peuplent la terre». Il connaîtra le mélancolique plaisir de «contempler la vie»[210]. Cette vie de demain, que sera-t-elle? Blasco, écrivant ce splendide chapitre XII et dernier de *Los Enemigos de la Mujer* en Juillet 1919, ressent quelques doutes amers sur notre avenir européen. Il met dans la méditation de Lubimoff une ombre sinistre. «Le prince pense avec amertume à une possible déception. Voir renaître intacte la bestialité primitive, après un cataclysme accepté comme une rénovation! Contempler la faillite de tant d'esprits généreux, de tant de nobles intelligences aspirant au triomphe du bien, désirant aux hommes la paix et aux peuples la douce société, travaillant contre la guerre, comme les associations d'hygiène luttent pour éviter les contagions!» En lisant ces lignes, un nom vient aux lèvres: Wilson! Et Blasco, qui a tous les courages, a eu le noble et mâle courage de rendre justice à ce grand homme, dont la gloire aura pu être niée par une coalition d'esprits à courte vue, mais qui n'en rayonnera pas moins, dans les temps futurs, comme celle d'un précurseur. D'ailleurs son très juste éloge de l'Amérique et de son intervention à nos côtés—intervention qui nous a sauvés—est allé au cœur des Américains et lorsque Mr. William Millier Collier recevra Blasco docteur de l'Université *George Washington* avec la phrase rituelle: «*Doctor Blasco Ibáñez, I welcome you into the fellowship of the Alumni of The George Washington University*»[211], le Président de cet illustre Institut se complaira à féliciter le récipiendaire pour avoir «*appreciated the motives of the people of the United States, and in your last novel, «The Enemies of the Woman», you have given them a generous measure of praise for their intervention*»[212].

Arrivés au terme de ce travail, il apparaît légitime de se demander ce que pourra être l'ultérieure évolution du romancier et de déterminer, en attendant, sa place actuelle dans la littérature espagnole. Avec une nature comme celle de Blasco, qui a réduit au minimum la tyrannie de la chair sur l'esprit—il ne joue jamais[213], ne fume plus, ne goûte que médiocrement le théâtre[214], et, s'il continue à croire à la réalité du dogme formulé par Lubimoff à la page 303 des *Ennemis de la Femme* et cité plus haut, ce n'est que parce qu'homme complet, dont la robuste virilité ne saurait se contenter de la viande creuse des idéologies et, défiant les années, serait capable de consommer, octogénaire, le sacrifice à l'Anadyomène avec la même vigoureuse exaltation qu'un éphèbe—, l'argent, en tant qu'instrument de liberté et d'indépendance sociale, est sans doute un but de la carrière littéraire, comme, en définitive, de toute activité humaine organisée, mais ce n'en saurait être le but suprême. Blasco vient d'en donner, d'ailleurs, une preuve nouvelle, éclatante, en différant, pour des raisons qui ne relèvent que de ses scrupules littéraires, la publication de *El Aguila y la Serpiente*—achevé depuis le 15 Mars—et en lui substituant celle d'une œuvre fantastique, composée en 40 jours, différente de toutes celles jusqu'ici parues: *El Paraiso de las Mujeres*[215], dont l'édition espagnole ne verra, cependant, le jour qu'après sa version anglaise dans un magazine new yorkais. Ce but suprême, c'est celui qu'en véritable artiste,—dominant le calcul des gains matériels et insoucieux des préoccupations de la vente,—il précisait, dans son discours du 23 Février 1920 à l'Université de Washington, comme étant «le grand secret du génie» et qui consiste dans la conquête d'une gloire de plus en plus pleine et mondiale par la réalisation d'œuvres de plus en plus triomphantes et par leur signification et par leur forme. La volonté de fer de Blasco, en union avec ses facultés d'observation élargies, nous réserve donc, certainement, quelques surprises. Je lui ai demandé, il y a fort peu de temps, ce qu'il pensait du roman cinématographique et il m'a confessé que sa préoccupation dominante était de lui trouver une forme nouvelle originale. Dans ce désir véhément, je crois bien que collaborent l'homme d'action—toujours désireux de lutter avec l'inconnu—et le romancier professionnel, anxieux de se rajeunir, de rénover sa formule, d'inventer une variété inédite d'illusion en trois ou quatre cents pages. «Si le cinématographe m'intéresse tant, m'a-t-il dit, c'est que, contrairement à ce que pensent beaucoup, il n'a rien à voir avec le théâtre. Ainsi s'explique le fait que les comédies filmées ennuient le public, alors qu'au contraire les romans cinématographiés l'enchantent. Qu'est-ce qu'un film? Un roman exprimé par des images. Le théâtre est victime de sa limitation dans l'espace. Il faut que tout s'y passe sur la scène et il ne peut s'y passer que peu de choses à la fois. Dans les romans, comme sur le film, on peut développer en même temps diverses histoires, dont le champ d'action se trouve aux endroits les plus divers et qui, finalement, convergent en un dénouement unique, en une action commune. A chaque instant, il est loisible de changer de lieux et de personnages, ce que l'on ne peut se permettre au théâtre que de façon très restreinte. Et puis, une pièce de théâtre a tout juste cinq actes au maximum, avec, si l'on veut, quelques tableaux supplémentaires. Or, un film reste libre, comme un roman, de multiplier scènes et décors au gré de l'auteur, pour la réalisation de l'effet voulu par ce dernier. Mes romans viennent d'être acquis par les principales maisons cinématographiques de New York pour être filmés. J'ai vu moi-même, lors de mon séjour aux Etats-Unis, fonctionner de près la technique du film et j'ai connu dans l'intimité la plupart des meilleurs artistes cinématographiques de là-bas. Vous comprendrez que, dans ces conditions, ce qui touche au cinéma ne me laisse pas indifférent...»

Attendons donc, confiants en la maxime favorite de Blasco, que «tout s'arrange en ce monde». Sans doute, le plus souvent, tout s'arrange fort mal. Mais l'essentiel, pour que continue la comédie de la vie, n'est-ce pas le mouvement, l'action, bonne ou mauvaise? Blasco, dont les nerfs sont à fleur de peau, est, d'ailleurs, essentiellement bon. Son plus que septuagénaire traducteur, M. Hérelle, m'écrivait, ces jours derniers: «J'ai autant de sympathie pour le caractère généreux de Blasco que d'admiration pour la puissante fécondité de son talent, et, quant à lui, je crois ne pas exagérer en disant qu'il me considère comme un ami, au moins autant que comme un traducteur.» M. F. Ménétrier, de son côté, m'a adressé le plus chaleureux éloge du caractère de Blasco, qu'il a pu étudier à loisir à Madrid, dans le séjour de plusieurs semaines qu'il y fit au printemps de 1905, époque où le député de Valence le présenta à son ami, député également, D. Luis Morote, et aux écrivains D. Mauricio López-Roberts—qui habitait alors, dans une petite rue voisine de celle de Blasco, un hôtel luxueux—, D. Gregorio Martínez Sierra, à l'inimitable Rubén Darío et enfin,—*last not least*—à Pérez Galdós lui-même, ainsi qu'aux artistes D. Agustín Querol y Subirats, de Tortosa—, sculpteur mort à Madrid en 1909, dont l'Amérique latine possède plusieurs monuments notables, tel celui élevé à Lima à la mémoire du colonel Bolognesi—et à D. Joaquín Sorolla. «Blasco, m'a dit M. F. Ménétrier à la lettre, est l'un des hommes les plus aimables, les plus complaisants que je connaisse. J'ai pour lui une véritable affection, parce que j'estime beaucoup son caractère...» Je pourrais multiplier ces témoignages, en y ajoutant le mien propre, dont maintes curieuses vicissitudes ont éprouvé la constante fermeté. De cette bonté, légendaire, Blasco m'a fourni, naguère, en ces termes l'explication philosophique: «Beaucoup de gens écrivent que je suis bon, extrêmement bon. Ce n'est pas si certain. Je ne suis ni bon ni méchant. Je suis tout simplement un impulsif. A la première impression, je m'emballe et suis l'entraînement de mes nerfs. Puis, à la réflexion, il se trouve que je ne constate, au fond de mon âme, ni haine ni rancœur. J'ignore le plaisir de la vengeance. Je vous avouerai que j'en ai cependant, et plus d'une fois, ressenti le désir. L'on n'est pas homme pour rien, n'est-ce pas? Mais je me suis dit aussitôt: «A quoi bon? Il en coûte plus de faire le mal que le bien. Et il faut être bon, ne serait-ce que parce que c'est plus commode!»... Le romancier, après une courte pause, ajouta: «*Todo el que es fuerte verdaderamente es bueno, no sólo por imposiciones de la moral, sino por un resultado de su equilibrio y de su fuerza: los débiles y los ruines son los que guardan un recuerdo siempre vivo de lo que han sufrido y acarician la esperanza de vengarse...*[216] Puis, comme pesant lentement ses paroles, il me fit ces ultimes aveux: «Je me connais mieux que personne. Si ce que l'on écrit contre moi est vrai, ce n'est pas du nouveau pour moi. J'en suis informé depuis longtemps. Si c'est une injustice et le fruit de l'envie, c'est chose inutile, car l'on n'arriverait jamais à me rendre pire que je suis. L'éloge et le blâme, en somme, mon cher ami, sachez-le bien, ne sont que des accidents momentanés de la carrière littéraire et incapables d'influer sérieusement sur la vocation d'un artiste véritable.»

Tel est Blasco Ibáñez. Quant à lui assigner une place dans les lettres espagnoles contemporaines, à quoi bon? Il reste lui-même et bien lui-même, comme l'a vu et dit le vieux docteur juif Max Nordau dans son tout récent et si curieux volume d'*Impressions Espagnoles*. N'est-ce point suffisant? Voici, cependant, deux témoignages, que je fais miens, parce qu'ils représentent assez exactement ma propre façon de voir. Celui de Laurent Tailhade d'abord,

BLASCO IBÁÑEZ DANS SON SALON DE NICE
D'après une photographie publiée en 1921 dans un organe anglais de
la Côte d'Azur

BLASCO DANS SON CABINET DE TRAVAIL A NICE (1921) Au fond, sur un meuble, divers souvenirs indiens rapportés de l'Amérique du Nord, ainsi qu'un drapeau américain, don d'un club de New York

en 1918: «A coup sûr, Blasco Ibáñez est plus notoire en France que Pérez Galdós, José de Pereda et même que la Comtesse Pardo Bazán. Cela, peut-être, ne tient point à ce que Blasco «*escribe para la exportación*»[217], mais, à ce que, pourvu d'une puissance d'expansion œcuménique, l'art du maître ne prend point souci des frontières, montagnes ou préjugés. Il est connu en France comme Rudyard Kipling, ou cet emphatique D'Annunzio; mais avec un renom plus vaste et de meilleur aloi. Déjà, les écrivains, ses frères, et les humanistes, les experts dans le métier d'écrire, le tiennent pour un héros de l'Art, comme il fut un héros de l'Action et de la Politique. Ce n'est pas une gloire viagère qu'ils promettent à ses écrits. En effet, Blasco Ibáñez— écrivain, penseur, poète—appartient à la lignée auguste des Maîtres qu'applaudit l'Univers. Et c'est un héritier de Balzac, un émule de Maupassant ou de Zola que donne à la France le pays de Calderón et de Cervantes.» Ces paroles, dans l'organe de l'*Institut d'Etudes Hispaniques de l'Université de Paris*, dont M. E. Martinenche, professeur à la Sorbonne, est Président, ont leur signification, sans doute. Voici, maintenant, celles de l'ex-ambassadeur à Madrid, actuel Président de la *George Washington University*, lors de la cérémonie du 23 Février 1920: «*In your person, sir, we see the modern glory of Spanish literature effulgent. You have written much and your readers are numbered by millions and are found in all lands. Your «Four Horsemen» have already galloped around the globe. More than two hundred editions of that one novel have been printed. Your works show the highest literary genius. You have the power not only of vividly describing things, but of interpreting their inner significance. Thoroughly realistic, there is in all that you have written a full tide of human sentiment. There is a strength and a vigor in the characters that you have created that suggest the statues of Rodin. Upon the pages of the printed book, you, a Spanish writer, have drawn pictures that have all the vital energy and all the passionate realism that distinguish the paintings of your great compatriots, Sorolla and Zuloaga. Critics were not uttering empty compliments, when they said of you: «Zola was not more realistic; Victor Hugo was not more brilliant.» We North Americans do not challenge the statement of one of our own greatest novelists, William Dean Howells, who has said of one of your novels that it is «one of the fullest and richest in modern fiction, worthy to rank with the greatest Russian works and beyond anything yet done in English, and in its climax as logically and ruthlessly tragical as anything that the Spanish spirit has yet imagined». We accept the verdict of those who have pronounced you the foremost of living novelists and who have declared that your works have a permanent place in the world's literature»*[218].

A ces deux témoignages, il sera bon, sans doute, d'adjoindre un témoignage d'Espagne. Je le choisirai parmi les plus récents et l'emprunterai à l'organe des francophiles catalans, cette *Publicidad* qui a si vaillamment défendu la cause alliée pendant la Guerre et qui, saluant—dans son édition du soir du 27 Avril 1921—l'arrivée de Blasco Ibáñez à Barcelone, voit en lui avant tout l'écrivain «homme d'action» et—préludant par ses louanges aux fêtes que Valence prépare à son romancier—exalte, en ce descendant spirituel des grands génies coureurs de monde du XVIème Siècle espagnol, «*el único hombre de España que ha sabido, con gran tumulto, correr mundo...*»

VÉRONNES (COTE-D'OR), Mars-Avril 1921.

NOTES:

[1] «Celui que je vais écrire.»

[2] «J'ai l'idée d'un roman, demain je me mets au travail.»

[3] Madrid, 1910. L'interview remonte, en réalité, à 1909.

[4] «Ah! C'est de Blasco Ibáñez que vous me parlez?»

[5] «Valence est terre divine, puisque là où hier poussait le froment, croît aujourd'hui le riz...»

[6] «La viande est de l'herbe, l'herbe de l'eau, l'homme une femme et la femme rien.»

[7] «Un paradis habité par des démons.»

[8] «Je ne saurais le faire.»

[9] «Mais donnez-moi du temps et, certainement, je l'entreprendrai.»

[10] «Père Michel», en valencien. On appelle *cura de escopeta* un type de Nemrod en soutane très courant en Espagne chez les curés de campagne, dits aussi *curas de misa y olla*, par ce que toutes leurs ambitions sont de dire la messe pour faire bouillir leur marmite.

[11] «Tout Espagnol est avocat à moins de preuve du contraire.»

[12] «Oiseau messager de la tempête.»

[13] «Quels temps! Quelle audacieuse jeunesse! Depuis quand les morveux écrivent-ils donc des romans?»

[14] «La cape recouvre tout.» Ce proverbe s'emploie aussi parfois, au figuré, pour indiquer que, sous de belles apparences, se cachent souvent de grands défauts.

[15] Nom que portent les quartiers bas de Madrid, qui sont ceux où habite la populace.

[16] «Ce n'est pas mal! En vérité, jeune homme, tu possèdes quelque talent pour ce genre de choses!»

[17] «Petit étudiant.» Ainsi appelait-on alors, dans ces milieux, Blasco Ibáñez.

[18] «Vous êtes arrêté.»

[19] «Tête brûlée.»

[20] Article paru aussi dans *El Figaro* de La Havane, n° du 13 Février 1921.

[21] C'est du moins ce que Bark prétendait en 1910 à la p. 6 de sa plaquette sur Alejandro Lerroux. Mais Bark est personnage très sujet à caution. Et, dans mon exemplaire des *Nacionalidades*, la dédicace du livre est imprimée à l'adresse de *D. Enrique Pérez de Guzmán el Bueno* et nullement de ce suspect pamphlétaire.

[22] En revanche, M. F. Ménétrier ne mentionnait pas une œuvre, d'ailleurs épuisée depuis fort longtemps, de Blasco, intitulée: *París, Impresiones de un Emigrado*.

[23] «Combien de fois nous a-t-on conduits ici, la nuit!»

[24] «Le chef». Ainsi désignait-on alors Blasco Ibáñez, à la rédaction de *El Pueblo*.

[25] Dans un article inséré dans *Soi-Même* (1ère Année, n° 10, 15 Novembre 1917), Blasco a évoqué, sous le bombardement allemand, au front, ces lointains souvenirs du *Pueblo*, dans un passage qui sera traduit au chapitre VII.

[26] «Tous à la guerre, riches et pauvres!»

[27] On remarquera que, dans ce volume, l'auteur, pour des raisons faciles à deviner, parle de son départ d'Espagne comme d'une chose naturelle et comme s'il se fût embarqué à Cette sur le vapeur français *Les Droits de l'Homme*.

[28] Nom par lequel on désigne, en Espagne, un jeune déshérité de la Fortune, un gueux.

[29] «C'est là ce que je considère comme le mieux; mais, si vous pensez le contraire, je vous suivrai, advienne que pourra...»

[30] «Comment ai-je pu vivre de la sorte?»

[31] «Mais ce Blasco Ibáñez, est-ce un parent du député républicain?»

[32] Réunions en petit comité.

[33] Un très lointain article de Blasco Ibáñez, au n° 1 de *La República de las Letras*, intitulé: «*El arte social*», traitait simplement du roman à thèse et renfermait des considérations ingénieuses sur ce point littéraire délicat.

[34] On sait que, dans ses *Désenchantées*, Loti souhaitait qu'Allah conservât le peuple turc, «religieux et songeur, loyal et bon». Il est intéressant d'observer qu'avant lui, Blasco Ibáñez avait formulé le même vœu.

[35] M. Pierre Mille qui, à la même époque, visitait les rives du Bosphore, a donné, dans le *Temps* du Jeudi 3 Octobre 1907, une description de Brousse, qu'il eût été piquant de rapprocher de celle de Blasco. Du moins,

pourra-t-on se livrer à ce petit exercice pour les derviches tourneurs, que M. Pierre Mille décrivit dans le *Temps* du Jeudi 26 Septembre 1907.

[36] Je tiens de source officielle qu'on voulut, pour le récompenser de sa propagande désintéressée pendant la guerre, l'élever d'un rang supérieur dans l'Ordre. Sa modestie, cependant, allègue qu'à son âge, ce qu'il possède est suffisant et que si on l'en juge toujours digne, l'on pourra plus tard songer de nouveau à lui.

[37] *Nouveaux Lundis*, V. 213.

[38] «Mais ce sont des choses militaires!»

[39] «Tout ce qu'on lit sert, une fois ou l'autre, dans la vie.»

[40] «Pour moi, l'histoire est le roman des peuples et le roman, l'histoire des individus.»

[41] *De oratore*, II, 9, 36: «L'histoire est le témoignage des temps, la lumière de la vérité, la vie de la mémoire, la maîtresse de la vie, la messagère du passé.»

[42] «Douze archéologues, treize opinions distinctes.»

[43] Voir: *Antonio de Hoyos y Vinent*, par V. Blasco Ibáñez, dans la *Revue Mondiale* du 15 Octobre 1919.

[44] *The Merchant of Venice*, V, 1, 83-88: «L'homme qui n'a pas une musique en lui-même, qui n'est pas mû par l'harmonie de doux accords, est apte aux trahisons, aux ruses, à la ruine. Les mouvements de son esprit sont sombres comme la nuit et ses affections ténébreuses comme l'Erèbe. Défiez-vous d'un tel homme. Prenez garde à la Musique!»

[45] Baudelaire, *Œuvres Complètes*, I (Paris, 1868), p. 92.

[46] «Quelle vérité, quelle vérité, à commencer par moi! Mais, qui donc lit tellement, tellement, tellement?»—Cité par A. Morel-Fatio, *Etudes sur l'Espagne, Troisième Série* (Paris, 1904), p. 312.

[47] «C'est dans cette foi que je veux vivre et mourir.»

[48] «Qu'il n'avait pas peur.»

[49] «Parfois j'ai touché; d'autres fois, j'ai été touché. De quelle utilité cela a-t-il été dans ma vie? Qu'est-ce que cela a bien pu prouver?... Quand je songe que je fus blessé presque mortellement trois mois avant d'écrire *La Barraca*!»

[50] Feu!

[51] Vierge.

[52] «On peut être écrivain sans cesser d'être homme bien élevé.»

[53] *La Volonté de Vivre*. L'œuvre fut écrite et imprimée entre *La Maja Desnuda* et *Sangre y Arena*.

[54] En préparation.

[55] «La Mère-Patrie».

[56] «Si tu veux que je pleure, il faut que toi-même tu commences par éprouver de la douleur.»

[57] Campement d'Indiens.

[58] *L'Argentine et ses Grandeurs*. Plusieurs photographies y représentent Blasco au cours de ses randonnées: ainsi p. 36, 79, 82, 108, 646, 654.

[59] Fabrique de sucre.

[60] Cette conférence, lue par M. Alfred de Bengoechea, traducteur des *Ennemis de la Femme*, est imprimée p. 404-422 du *Journal de l'Université des Annales*, N° du I er Novembre 1918.

[61] Territoire, dans l'Argentine.

[62] Localité.

[63] Journaliers.

[64] Danse populaire au Chili, au Pérou, en Bolivie et d'autres pays encore de l'Amérique, sorte de sarabande ou de fandango des nègres, des souteneurs et gens de même acabit. On l'appelle aussi *cueca*.

[65] Nouvelle-Valence.

[66] Cabane, en Amérique Latine.

[67] «Et je pensai qu'un mois avant je déjeunais, au Bois de Boulogne, au restaurant d'Armenonville!»

[68] «Par sa grande variété.»

[69] «Employé dernièrement son talent à dénigrer l'Allemagne.»

[70] Titre que le Gouvernement impérial accordait aux commerçants et industriels qui avaient bien mérité du régime.

[71] Qualificatif honorifique en usage avec cette catégorie sociale d'Allemands.

[72] Banquet.

[73] Indien.

[74] Patrie.

[75] «Cette fois, c'est sérieux.»

[76] «L'éminent écrivain du voisin royaume et l'un des bons amis du Portugal.»

[77] «L'illustre auteur de *La Catedral* et de tant d'autres belles œuvres littéraires.»

[78] «Autour du conflit.» L'ouvrage de M. B. d'Alcobaça a paru à Lisbonne à partir de Mars 1915, d'abord comme feuilleton du journal républicain *A Capital*, puis en fascicules successifs chez les éditeurs J. Romano Torres et Cⁱᵉ dans la même ville.

[79] «Quand les Allemands m'auront présenté deux gaillards de la taille de ces deux méditerranéens, je commencerai à croire en leur infaillibilité militaire.»

[80] Texte sténographié, paru dans le *Journal de l'Université des Annales* du 15 Mai 1918, p. 516.

[81] *G. Q. G. Secteur I* (Paris, 1920), tome I, p. 192.

[82] «En me rendant au front.»

[83] *The Morning*, périodique alors publié en langue anglaise par *Le Matin*, n° du Mercredi 29 Mai 1918.

[84] «Gigantesque «no man's land» (espace compris entre les deux tranchées ennemies), où les Alliés combattaient sans trêve les Huns.»

[85] «Sa fuite de Barcelone, où il ne put rester un seul jour...» (*Article cité page 146.*)

[86] «Les affaires sont les affaires.»

[87] *The Illustrated London News*, 12 Février 1921, p. 209. «Ouvrage qui, dit-on, a été le plus lu de tous les livres imprimés, à l'exception de la Bible.»

[88] «C'est pour la France, c'est pour la patrie de Victor Hugo!»

[89] Calembours.

[90] «Vente modèle.»—Les tirages de la maison E.-P. Dutton and C° sont ordinairement de 10.000 exemplaires. La première édition des *Four Horsemen* date de Juillet 1918. Au commencement de Janvier 1920, l'œuvre atteignait sa 150ᵉᵐᵉ édition, ce qui représentait déjà environ 5 millions de lecteurs.

[91] «Monceaux d'or.»

[92] LA FONTAINE, *Fables*, Livre VI, 13: «Le Villageois et le Serpent.»

[93] Discours.

[94] *L'espagnol aux Etats Unis*, feuilleton du journal *Le Siècle*, 26 Janvier 1905.

[95] *El español en los Estados Unidos*, Salamanca. 1920.

[96] Dans son livre de 1918: *El Hispanismo en Norte-América* (Madrid, 433 pp. in-8°). Le détail de la réception doctorale de Blasco, le 23 Février 1920, et le texte des discours prononcés à cette occasion se trouvent p. 1-54 du *George Washington University Bulletin* de Février 1920 (vol. XVIII, numéro 7).

[97] Un court exposé.

[98] Consentement unanime.

[99] «M. le Président, c'est avec un grand plaisir que j'annonce à la Chambre que nous avons aujourd'hui la visite de Blasco Ibáñez qui, comme chacun sait, est le premier écrivain espagnol du monde, l'auteur des *Quatre Cavaliers de l'Apocalypse* et d'autres ouvrages qui nous sont familiers à tous. Il sera peut-être intéressant pour les membres de cette maison de savoir que Blasco Ibáñez a été aussi pendant sept ans membre des «Cortes», ou Parlement espagnol; qu'il a toujours été un républicain...»

[100] «dans le cabinet du Président sous peu et serait heureux d'y faire la connaissance personnelle des membres du Congrès et je suis sûr que ce sera un grand plaisir pour nous de faire la connaissance d'un représentant si distingué du meilleur de la littérature européenne et espagnole, d'un homme, aussi, que nous devons mieux admirer et connaître à cause de ses principes républicains et démocratiques.»

[101] «Sur Pérez Galdós», p. 1.369.

[102] N° de Juillet 1903, p. 105-128.

[103] Premier chef.

[104] «Lettres espagnoles», p. 422 et suivantes.

[105] Voir à la fin du chapitre XII l'indication relative aux extraits traduits par M. Hérelle.

[106] Littérature universelle.

[107] *Emile Zola, sa vie et ses œuvres*.

[108] Marché des Fêtes de Noël.

[109] *Etudes d'Art étranger*, p. 345.

[110] *VIe Série*, T. X, p. 311: *Le Rossignol de M. Gabriele D'Annunzio.*

[111] «Les traces de Zola, que l'on découvre dans beaucoup de ses romans, lui ont valu le titre de «Zola espagnol»...»

[112] Une allusion, p. 647, à *La Maja Desnuda*, «*le nouveau roman de Blasco Ibáñez*», date ce ch. VIII. L'œuvre fut couronnée, à l'unanimité, du prix Charro-Hidalgo, que *l'Ateneo* de Madrid distribue tous les deux ans.

[113] La pêche du *bòu* est celle où les deux barques couplées traînent un long filet en naviguant toujours de conserve; c'est notre pêche au boulier.

[114] *Confesiones del Siglo, 2ª Serie*, Madrid, sans date, Calleja, p. 161-174: «Blasco Ibáñez». Cette interview n'a pas été reproduite exactement et plusieurs passages en sont erronés.

[115] «Vengeance mauresque.»

[116] «Ce que je ne vois pas du premier coup, je ne le verrai pas ensuite.»

[117] «Ce que je n'écris pas du premier jet, je ne l'écrirai pas à la réflexion.»

[118] Cette édition est en 16 volumes, mais il en existe une infinité d'autres, de tous formats et de tous prix. Quelques romans ont même été traduits par cinq traducteurs différents et publiés par cinq éditeurs distincts. Depuis la révolution russe, Blasco est naturellement dans la plus complète ignorance de tout ce qui a trait à ses œuvres en Russie, où elles jouissaient d'une popularité incroyable.

[119] *IIème Série*, Paris, 1901, ch. XXVII: «Du style comme condition de la vie», p. 330.

[120] «Où l'on n'a écrit qu'en vers, soit dans le genre badin, soit pour le théâtre, se mettre à écrire en prose sérieuse est une grande révolution...»

[121] *L'Evolution d'un romancier valencien*, p. 58.—C'est, d'ailleurs, en castillan aussi qu'écrivit un autre romancier valencien, dont *Cultura Española* prétendit que les œuvres avaient été traduites en français, M. B. Morales San Martín, afin d'obtenir un succès qui ne vint pas (voir l'article de D. Ramón D. Perés dans le n° de *Cultura Española* de Novembre 1909, p. 903.)

[122] Paysans.

[123] Souteneurs.

[124] Aragonais venus chercher fortune à Valence.

[125] Plus douce que le miel.

[126] «Riz et tartane, casaque à la mode, et roule la boule à la Valencienne.» L'expresion *¡ròde la bola!* est légendaire pour indiquer l'insouciance devant l'avenir.

[127] *Flor de Mayo* est le nom donné à la barque de pêche luxueuse que le héros du roman, le *Retor*, fait construire avec les profits de son expédition de contrebande à Alger et qui a été baptisée ainsi par la suggestion d'une estampe ornant les livres de tabac *May-Flower* (fleur d'aubépine, librement rendu par *Flor de Mayo*), importé de Gibraltar.

[128] «Monsieur enfermé pour avoir écrit dans les journaux.»

[129] Inséré dans *Luna Benamor* en 1909, p. 113.

[130] Assassins.

[131] Voleurs.

[132] N° XII, p. 939. M. Gómez de Baquero, fonctionnaire monarchiste, avait préalablement consacré à divers romans de Blasco Ibáñez plusieurs articles, dont deux sur *Sangre y Arena* dans *El Imparcial*, où ce roman avait paru en feuilleton, et un troisième sur le même livre dans *La España Moderna* de D. José Lázaro. Sous la signature *Andrenio*, il écrivit aussi dans le journal conservateur *La Epoca*, ainsi, d'ailleurs, que dans la revue hebdomadaire populaire *Nuevo Mundo*, diverses notules sur le romancier, qu'il n'a, toutefois, pas incluses dans son recueil de 1918: *Novelas y Novelistas*, paru chez l'éditeur Calleja à Madrid.

[133] Tome IX, p. 555 et suivantes.

[134] «Ses romans sont chastes, sobres comme la Nature.»—M. F. Vézinet remarquera aussi à propos de *La Maja Desnuda*, dans son ouvrage de 1907, p. 277, que Blasco «s'interdit les succès faciles en écartant de son œuvre les situations scabreuses, ou, quand il s'en présente, en les traitant avec une légèreté de touche qui nous étonne et nous ravit chez un réaliste». Et cela était l'évidence même.

[135] «Député toujours sûr d'être réélu.»

[136] «L'Amour ne passe qu'une fois dans la vie.»

[137] «Des appuis bien faibles.»

[138] Etude mise en tête de la traduction Panckoucke, avec texte latin en regard, des *Punicorum Libri XVII*.

[139] Barcelona, 1888, 2 t. de XIII-507 et 520 pp. in-8°, préfacés par Llorente et recensés par Hübner dans la *Deutsche Literaturzeitung*, 1889, n° 26.

[140] Paris, 1870-1878 (*atlas* en 1879), t. I, p. 295-306.

[141] Article intitulé: «Sagunt und seine Belagerung durch Hannibal.» On lira avec intérêt, dans le *Mariana historien* de M. G. Cirot (Bordeaux, 1905), p. 320-322, le résumé des efforts du Jésuite Mariana pour concilier, sur Sagonte, les récits discordants des historiographes anciens.

[142] 11ème éd., Cambridge, 1911, p. 587: *Blasco Ibáñez lacks taste and judgement...*» C'est dans sa *Littérature Espagnole* de 1913, p. 446, que le professeur de Londres a émis ce jugement sur *Sónnica* et renvoyé, lui aussi, à Flaubert: «Ces évocations ambitieuses d'un lointain passé sont réservées aux Flaubert...» Tout le jugement sur Blasco, dans ce livre, est à l'avenant.

[143] Voir sur cette catapulte mes deux *notes* dans la *Revue des Etudes Anciennes*, t. XXII (1920), p. 73 et p. 311.

[144] Colline.

[145] Pour la traduction italienne prête à paraître, l'hispanologue florentin Ezio Levi écrira une *préface* fort documentée sur Blasco. Tout récemment a paru, sous le titre: *La Tragédie sur le Lac*, une nouvelle édition de la traduction française de *Cañas y Barro*, mais signée, cette fois, de Mme Renée Lafont.

[146] «C'est l'œuvre qui constitue pour moi le souvenir le plus agréable, celle que j'ai composée le plus solidement, celle qui me paraît le plus «finie»...»

[147] D'après M. Ernest Mérimée, qui le cite p. 298 de son article de 1903.

[148] Le «palais» de la Malvarrosa a été construit entre la publication de *Entre Naranjos* et celle de *Sónnica la Cortesana*.

[149] La «villa bleue», que Povo a dessinée sur la couverture de *Entre Naranjos*.

[150] *Etudes de Littérature Méridionale*, p. 53.

[151] «Je le trouve lourd, il y a en lui trop de doctrine.»

[152] *Letras é Ideas*, Barcelona, p. 144.

[153] N° du 25 Juin 1905.—Dans le *Temps* du dimanche 21 Juillet 1907, M. Gaston Deschamps—qui, dans ce même journal, le 2 Avril 1903, avait déjà exalté le romancier de *Terres Maudites* et de *Fleur de Mai*—vantait la version de *La Catedral* par Hérelle et proclamait ce truisme: que Blasco «avait conquis le droit de cité dans la République des Lettres françaises»,—truisme que répétera, à près de trois lustres de distance, en termes simplement différents M. Homem Christo dans *La Revue de France* du 1er Avril 1921. Notons, enfin, que la traduction américaine de *La Catedral: The Shadow of the*

Cathedral, est munie d'une excellente *introduction* par feu William Dean Howells, dont il a été question plus haut.

[154] Dans son deuxième fascicule de l'année 1912, p. 488, comme je le rappelle au cours de mon étude: «Sur quelques savants espagnols contemporains», publiée en 1921 dans *Hispania*. La *Revue d'Histoire Littéraire de la France*, tout en croyant que *El Intruso* était une «œuvre de propagande anti-chrétienne et socialiste» dirigée contre la «tyrannie immorale du capital», voulait bien en reconnaître la «fougue», l'«énergie» et la «rudesse».

[155] «Voici la joyeuse Andalousie!»—Allusion à un passage de *La Bodega*, ch. V, p. 192.

[156] «Ceux d'en-bas».—D'un merveilleux morceau de *La Bodega* (ch. III) décrivant la misère alimentaire des plèbes rurales andalouses, un court extrait, donné par Mlle Paraire et M. Rimey, p. 156-161 de leur livre de lectures espagnoles: *La Patria Española* (Paris, 1913), a eu le don de faire frémir plus d'une jeune génération d'étudiants d'espagnol, en France.

[157] T. VII, p. 307: *La Bodega*, de V. Blasco Ibáñez.

[158] Grandes propriétés foncières.

[159] La *gañanía* désigne le dortoir des journaliers terriens du *cortijo* (ferme); les *aperadores* sont chargés de la direction d'une exploitation agricole; les *arreadores* sont une espèce de chefs de travaux; les *capataces* équivalent à des contre-maîtres; les *mayorales* sont des maîtres bergers; les *braceros* sont des manœuvres.

[160] Nom donné aux bandes de révoltés qui, parallèlement aux *Comuneros* de Castille, tentèrent, au début du règne de Charles-Quint, de modifier l'ordre social, à Valence et dans les Baléares.

[161] Salvochea fut l'un des collaborateurs du journal de Francisco Ferrer: *La Huelga General*, feuille anarchiste trimensuelle, dont le premier n° parut le 15 Novembre 1901 à Barcelone et le dernier le 20 Juin 1903. Voir A. Fromentin, *La vérité sur l'œuvre de Francisco Ferrer* (Paris, 1909), page 32.

[162] «*La última novela de Baroja*», p. 14. Le lecteur qui voudrait avoir une idée de la nature du talent de M. Baroja n'aura qu'à lire l'étude que lui a dédiée M. Peseux-Richard au t. XXIII (1910) de la *Revue Hispanique*.

[163] La vie de la pègre madrilène.

[164] F. Vézinet, *Les Maîtres du roman espagnol contemporain* (Paris, 1907), p. 254, *note* I.

[165] T. XV (1906), p. 865-868.

[166] Op. cit., p. 256-279.

[167] Dans ce roman, paru en 1892, le poète belge Rodendach nous dépeint Hugues Viane qui, ayant cru retrouver sa femme défunte dans une danseuse d'opéra, imagine d'habiller celle-ci, Jeanne Scott, dont il a fait sa maîtresse par amour pour la morte, d'une des robes de l'épouse: «Elle, déjà si ressemblante, ajoutant à l'identité de son visage, l'identité d'un de ces costumes qu'il avait vus naguère adaptés à une taille toute pareille! Ce serait plus encore sa femme revenue, etc.»

[168] *La Littérature Castillane d'aujourd'hui*, p. 649-669 de: *España económica, social y artística* (*Lecciones del VII° Curso Internacional de Expansión Comercial*), Barcelona, 1914. Le passage sur Blasco est p. 654.

[169] *Le Spectacle national par excellence*. Ce volume compte XVIII et 590 pp. et le passage que j'en cite est à la page 360.

[170] Voir sur Hoyos mon article dans *Hispania*, 1920, p. 279. Pour *Los Toreros de Invierno*, Blasco a écrit un fort intéressant *prologue*.

[171] T. XVIII (1908), p. 290-294.

[172] *Biblioteca Mignon*, Madrid, 1910. p. 82-83.

[173] T. XI (1909), p. 200: A propos de *Sangre y Arena*, de V. Blasco Ibáñez.

[174] «Une phase complète de la vie populaire d'Espagne». Méndez Núñez, que citait *Zeda*, est célèbre pour avoir prononcé la phrase fameuse: «*España más quiere honra sin barcos que barcos sin honra.*» («L'Espagne aime mieux l'honneur sans navires que des navires sans honneur.») C'est cet amiral qui commandait la flotte espagnole qui bombarda Valparaíso et El Callao en 1866.

[175] Il existe, de *Sangre y Arena*, deux traductions anglaises: l'une, publiée chez Nelson à Londres: *The Matador*, et l'autre, que je signale à la fin de ce chapitre, parue à New-York.

[176] Haute noblesse.

[177] Voir sur George Sand, Majorque et Gabriel Alomar, mon article d'*Hispania*, 1920, p. 103 et p. 243, *note 1*.

[178] «Meilleures facultés.»

[179] Il existe une autre version américaine de *Los Muertos Mandan*, par Frances Douglas, parue également à New York et sous le titre: *The Dead Command*, comme celle du Dr. Goldberg.

[180] *Les Romans de la Race*.

[181] *La Ville de l'Espérance*.

[182] *La Terre de tout le monde.*

[183] *Les Murmures de la Forêt.*

[184] *L'Or et la Mort.*

[185] Palais des Représentants de la Nation.

[186] Ce roman n'en a pas moins atteint son quarantième mille et s'approche rapidement du cinquantième.

[187] *La Lectura.* XIVe année, n° 168 (Décembre 1914), page 467.

[188] Vocable américain désignant originairement une arme de guerre et signifiant aujourd'hui, spécialement au Chili et en Argentine, ce qu'en castillan classique on dénomme «*disparate*», soit donc une «niaiserie».

[189] C'était un dogme de la religion catholique d'alors que la terre était le corps le plus vaste de la création et le centre fixe de l'Univers, le but des mouvements de tous les astres. On admettait généralement qu'elle formait un cercle aplati, ou un quadrilatère immense, borné par une masse d'eau incommensurable—*el mar de tinieblas*—et l'on objectait aux déductions de Colomb les Divines Ecritures, qui comparent les cieux à une tente déployée au-dessus de la terre, chose impossible si la sphéricité de cette dernière était admise!

[190] Grenier, en valencien.

[191] *Mare Nostrum,* p. 17.

[192] J'ai suffisamment caractérisé l'antigermanisme de Blasco Ibáñez, d'autant plus méritoire si on le compare à celui d'autres amis de la France en Espagne, Pérez Galdós, par exemple—pour ne citer que le plus illustre d'entre les morts. J'ai traduit et commenté en 1906, dans le *Bulletin Hispanique,* une lettre de lui à un organe allemand de Berlin (*Das Litterarische Echo, 1905, n° 15*), où se trouvait cette phrase: «Nous vénérons l'Allemagne à cause de sa puissance politique et militaire, à cause de son grand capital intellectuel. Nous voyons en elle le foyer auguste de l'Intelligence, où tout progrès scientifique, toute grandeur intellectuelle résident...» (*Bul. Hisp.,* t. VIII, p. 328.)

[193] (*Con una carta de Palacio Valdés*), Madrid, 1919, Calleja, p. 83-86.

[194] «Une maladroite et insupportable compilation de tout ce que la haine et l'ignorance ont écrit récemment contre une des nations les plus civilisées de l'Europe.»

[195] Article déjà cité, vol. 158, n° 4.269, 12 Février 1921: *A £500.000 film with 12.000 performers: «The Four Horsemen of the Apocalypse.»*

[196] Cette suggestion a été reproduite par le journal *Excelsior*, n° du vendredi 18 Février 1921, p. 4.

[197] Le film de *Sangre y Arena*, tourné également en 1917, mais en Espagne, vient d'être détruit pour être remplacé par une nouvelle production américaine, après qu'aura été joué, sur un des plus grands théâtres de New York, le drame tiré de ce célèbre roman tauromachique par un auteur américain fort connu.

[198] A l'heure présente, il s'en est vendu plus de 500.000 exemplaires et l'édition espagnole en est au 60ème mille.

[199] L'écho espagnol retentit, faiblement, dans une revue d'intellectuels temporairement disparue, après avoir été rudement persécutée par le gouvernement espagnol. Au n° 157 d'*España*, 1918, p. 12, M. Díez-Canedo affirme que le «principal mérite de Blasco Ibáñez est d'avoir écrit de près et d'avoir suivi dès l'origine, avec un fervent esprit d'amour pour la justice, le développement de la lutte actuelle, ce qui lui a permis de toucher, dans son livre, l'aspect qui affecte le plus l'Espagne». Cette douloureuse réalité, M. Díez-Canedo a eu le courage de l'évoquer. «La voix du romancier s'élève avec toute la solennité de l'heure et prononce les paroles qui vont au cœur de tous. Ces paroles, elles sortent aussi du cœur de beaucoup. Mais les recueillir et leur conférer l'expression définitive, c'était là mission propre à l'auteur. Blasco Ibáñez leur a donné une vibration adéquate et tel est le suprême mérite de son œuvre, qui gardera, entre toutes celles qu'il a écrites, cette vertu souveraine: d'avoir associé, aux jours les plus douloureux, à l'universelle clameur le cri de l'Espagne blessée...»

[200] Article cité, *Revue de Paris* du 1er Août 1919.

[201] «Le fait divers dont s'inspire le dernier roman de Vicente Blasco Ibáñez est l'espionnage de la danseuse Mata Hari, son procès devant le conseil de guerre de Paris et son exécution au fort de Vincennes.»

[202] N° 296, jeudi 10 Février 1921: *Sobre Blasco Ibáñez*.

[203] «Un monsieur de l'intérieur des terres.»

[204] *Inferno*, XXVI, 94-102. «Ni la douceur d'un fils, ni la pitié d'un vieux père, ni l'amour dû, qui devait rendre Pénélope joyeuse, ne purent vaincre au-dedans de moi l'ardeur que j'eus à explorer le monde et à connaître les vices des hommes et leurs vertus: mais je me lançai à travers la grande mer ouverte (*la Méditerranée, par opposition à la mer Ionienne*), seul sur un navire, avec ma petite troupe, de laquelle je ne fus pas abandonné...»

[205] XXVI, 136-142. «Nous nous réjouîmes, et cela tourna vite en pleurs: car, de cette nouvelle terre, naquit un tourbillon, qui frappa la proue du navire. Trois fois, il le fit tourner avec toutes les vagues; à la quatrième, il

mit la poupe en l'air et la proue en bas, comme il plût à Dieu. Jusqu'à ce que la mer se fût sur nous refermée.»

[206] «L'unique ivresse intéressante de notre vie.»

[207] «Le monsieur qui ne joue que le 17.»

[208] «Gentilhomme.»

[209] «Car, sans toi, ô Vénus, rien ne jaillit au séjour de la lumière, rien n'est beau ni aimable...»

[210] *Los Enemigos de la Mujer*, pp. 442 et 443.

[211] «Docteur Blasco Ibáñez, je vous souhaite la bienvenue au sein de la société des membres de l'Université George Washington.»

[212] «Apprécié les motifs du peuple des Etats-Unis, et, dans son dernier roman: «*Les Ennemis de la Femme*», lui avoir accordé, pour son intervention, une généreuse mesure de louanges.» *Bulletin* cité de la *George Washington University*, p. 33.—A mon sens, le titre choisi par le traducteur américain de *Los Enemigos de la Mujer. Woman Triumphant*, n'est pas heureux et Hayward Keniston eût dû songer que le triomphateur final, dans ce roman, ce n'est point la Femme, mais l'Homme.

[213] Pendant l'année qu'il vécut à Monte-Carlo, il alla presque chaque jour aux salles de jeu du Casino, pour y étudier les joueurs, mais ne céda jamais à la tentation classique d'y risquer une somme, si bien que les employés avaient fini par l'appeler: *le Monsieur qui ne joue jamais*, et que des joueurs fanatiques le suppliaient de leur servir de porte-chance!

[214] Cette aversion pour le théâtre a été cause que Blasco s'est jusqu'ici obstinément refusé à rien écrire directement pour la scène. «*No quiero*, dit-il, *va contra mis gustos. Resulta para mí algo así como si me propusiesen hacer crochet.*» («Je ne veux pas, c'est contre mes goûts; c'est comme si on me proposait de faire du crochet.») Et c'est dommage, car je suis convaincu que sa plume pourrait nous donner des pièces admirables de vie, de mouvement et d'humaine vérité. En revanche, Blasco adore les concerts, qu'il savoure, en fermant les yeux, dans une posture abandonnée et commode. L'opéra, auquel il assiste par amour pour la musique, n'est, pour lui, qu'une «transaction».

[215] *Le Paradis des Femmes.*

[216] «Quiconque est fort véritablement, est bon, non seulement par obligation morale, mais comme conséquence de son équilibre et de sa force. Les faibles et les méchants seuls conservent le souvenir toujours vif de ce qu'ils ont souffert et caressent l'espoir de se venger...»

[217] «Écrit pour l'exportation»: reproche indirect de M. James Fitzmaurice-Kelly, plus haut cité, et qui n'est qu'une variante du vieux cliché courant—dont l'auteur de l'article: *Novela*, au t. 38 de l'*Enciclopedia Espasa*, p. 1.219, a cru devoir resservir, en Juillet 1918, la banalité usée—, lequel consiste à censurer Blasco pour avoir abandonné le champ du roman provincial valencien!

[218] «*En votre personne, Monsieur, nous voyons resplendir la moderne gloire de la littérature espagnole. Vous avez écrit beaucoup et vos lecteurs, disséminés dans l'Univers, se comptent par millions. Vos «Quatre Cavaliers» ont déjà, dans leur galop, fait le tour du monde et il s'est imprimé plus de deux cents éditions de ce seul roman. Vos œuvres révèlent le plus grand génie littéraire. Vous n'avez pas seulement le pouvoir de peindre avec vivacité les choses, mais d'en rendre la signification secrète. Profondément réalistes, tous vos écrits palpitent de sentiment humain. Les caractères que vous dessinez ont une force et une vigueur qui suggèrent les effigies d'un Rodin. Sur les pages du livre imprimé, vous, l'écrivain d'Espagne, avez tracé des peintures qui possèdent toute la vitale énergie, tout le passionné réalisme caractéristiques de ces grands peintres, vos compatriotes: Sorolla et Zuloaga. Ce ne furent pas vains compliments que formulèrent les critiques, en disant de vous que Zola n'avait pas été plus réaliste, ni Hugo plus brillant. Et nous autres, Nord-Américains, nous ne récuserons pas ce témoignage de l'un de nos plus grands romanciers, de William Dean Howels, proclamant, à propos d'un de vos romans, que «c'était l'un des plus pleins et des plus riches romans modernes, digne d'être placé à côté des plus grandes œuvres russes et au-dessus de tout ce qui a été fait jusqu'à présent en langue anglaise, roman dont le dénouement est aussi logiquement et cruellement tragique que celui des meilleures productions espagnoles existantes.»—Nous acceptons donc le verdict de ceux qui vous ont défini le premier des romanciers modernes, qui ont assigné à vos œuvres une place permanente dans la littérature universelle...*»

Milton Keynes UK
Ingram Content Group UK Ltd.
UKHW031913201124
451474UK00006B/547